21世纪法学系列教材教学案例

房绍坤　郭明瑞　总主编

婚姻家庭继承法案例教程

（第二版）

范李瑛　张洪波　编著

北京大学出版社
PEKING UNIVERSITY PRESS

图书在版编目(CIP)数据

婚姻家庭继承法案例教程(第二版)/范李瑛,张洪波编著.—北京:北京大学出版社,2010.4
(21世纪法学系列教材教学案例)
ISBN 978-7-301-16498-3

Ⅰ.婚… Ⅱ.①范…②张… Ⅲ.①婚姻法-案例-中国-高等学校-教材②继承法-案例-中国-高等学校-教材 Ⅳ.D923.05

中国版本图书馆CIP数据核字(2009)第230990号

书　　　　名:	婚姻家庭继承法案例教程(第二版)
著作责任者:	范李瑛　张洪波　编著
责 任 编 辑:	白丽丽
标 准 书 号:	ISBN 978-7-301-16498-3/D·2535
出 版 发 行:	北京大学出版社
地　　　　址:	北京市海淀区成府路205号　100871
网　　　　址:	http://www.pup.cn
电　　　　话:	邮购部 62752015　发行部 62750672　编辑部 62752027 出版部 62754962
电 子 邮 箱:	law@pup.pku.edu.cn
印 　刷 　者:	北京宏伟双华印刷有限公司
经 销 者:	新华书店
	730毫米×980毫米　16开本　20.75印张　329千字 2010年4月第1版　2010年4月第1次印刷
定　　　　价:	29.00元

未经许可,不得以任何方式复制或抄袭本书之部分或全部内容。
版权所有,侵权必究
举报电话:010-62752024　电子邮箱:fd@pup.pku.edu.cn

总　序

　　法学是一门实用性很强的社会科学,法学教育应当紧密联系立法与司法实践,以培养学生分析和解决实际问题的能力。为实现这一目标,传统的法学教学方法、教学内容必须进行改革。目前,各高等法律院校广泛采用的案例教学法,就是众多法学教育改革措施中最为重要的一项。案例教学法的实施,促进了法学教学水平的提高,增强了学生的实践能力,是值得推广和倡导的一种教学方法。为配合案例教学的开展,我们在北京大学出版社的大力支持下,主编了"21世纪法学系列教材教学案例",并于2003年陆续出版。本套教材具有如下特点:

　　第一,体系新颖。本套案例教材以法学的基本理论为线索,就每个具体理论问题设案情简介、思考方向、法律规定、学理分析、自测案例五个部分,这一体例可以充分地体现实践、法律、理论的有机结合。

　　第二,内容简洁。本套案例教材力求以简洁的语言阐述问题,解析实例,说明法理,使学生能够一目了然。

　　第三,紧密结合法律规定。为避免案例教材脱离法律规定的现象,本套案例教材特别强调现行法的规定,并通过实例的解析帮助学生理解法律的规定,以增强学生掌握和运用法律的能力。

　　第四,具有启发性。本套案例教材在每个具体问题的设计上都包括有思考方向及自测案例,其目的就是给学生以充分的思考空间,启发学生运用理论与法律分析和解决实践问题。

　　为了适应新形势下法学案例教学的需要,配合北京大学出版社"21世纪法学系列教材"的应用,体现法学教学改革的研究成果,我们对"21世纪法学系列教材教学案例"进行了全面修订,使教材和案例相辅相成。本套丛书的修订版仍由房绍坤教授、郭明瑞教授担任总主编,同时约请具有丰富教学经验和较高理论水平的学者担任各分册的主编。由于我们编写案例教材的经验不足,加之司法实践经验的缺乏,书中不妥之处在所难免。我们真诚希望广大读者批评指正,使本套案例教材能够更好地适用法学教学的需要。

房绍坤　郭明瑞
2010 年 3 月

修 订 前 言

婚姻家庭继承法作为调整特定的亲属之间人身关系和财产关系的法律,具有很强的理论性和实践性。为培养学生分析问题和解决实际问题的能力,我们在婚姻家庭继承法教学各个环节强化基础理论的同时,突出了教学的实践性,将案例教学引入课堂。为了更好地适应教学改革的要求,配合"法学名师讲堂"系列之《婚姻家庭继承法学》教材的应用,我们编写了这套婚姻家庭继承法案例教程。

本案例教程以章的结构形式,对婚姻家庭继承法律规范在适用过程中可能出现的问题,设典型案例,以婚姻家庭继承法的基本理论为线索,以法律规定为基础,以具体问题为知识点,设案情简介、思考方向、法律规定、学理分析、自测案例五个部分,以体现理论、法律、实践的结合,帮助学生理解法律的规定,启发学生运用法律解决具体案例的思路。同时本案例教程作为配套辅助教材,其章的结构和《婚姻家庭继承法学》主教材完全一致,但在节的问题上,因为主教材中涉及概念、历史发展、类型等难以通过案例方式表现的知识点,因此本教程只对能够通过案例方式表现的知识点,设案例进行分析阐述,并与主教材中以节的形式出现的知识点保持结构顺序上的一致。

本书由范李瑛、张洪波编著。具体分工为:范李瑛,第一章至第十章;张洪波,第十一章至第十六章。

编著者

2010 年 3 月

目　录

第一章　婚姻家庭法概述　　1
　　一、包办婚姻、买卖婚姻和其他干涉婚姻自由行为的法律后果　　1
　　二、借婚姻索取财物的法律后果　　4
　　三、重婚的法律后果　　6
　　四、有配偶者与他人同居的法律后果　　9
　　五、不同性别的家庭成员权利平等　　11
　　六、妇女婚姻家庭权益的特别法律保护　　13
　　七、儿童婚姻家庭权益的特别法律保护　　15
　　八、老人婚姻家庭权益的特别法律保护　　18
　　九、夫妻的计划生育义务　　20

第二章　亲属关系原理　　24
　　一、配偶关系的发生和终止　　24
　　二、血亲关系的发生和终止　　26
　　三、姻亲关系的发生和终止　　29
　　四、亲属关系在婚姻家庭法上的法律效力　　31
　　五、亲属关系在其他民事法律上的效力　　33
　　六、亲属关系在刑法上的效力　　35
　　七、亲属关系在诉讼法上的效力　　37

第三章　婚姻的成立　　40
　　一、结婚程序的效力　　40
　　二、结婚程序要件欠缺的法律后果　　42
　　三、补办结婚登记的效力　　45
　　四、婚姻无效的原因　　47

  五、婚姻无效的确认   49

  六、婚姻无效的后果   51

  七、婚姻撤销的条件   54

  八、婚姻被撤销的后果   56

第四章 夫妻关系   59

  一、夫妻有各自独立的人格权   59

  二、夫妻共同财产的范围   61

  三、夫妻对共同共有财产的权利   64

  四、夫妻特有财产的范围   67

  五、夫妻财产约定的条件   69

  六、夫妻财产约定的对内效力   72

  七、夫妻约定财产制对第三人的效力   74

第五章 婚姻的终止   77

  一、被宣告死亡人重新出现后，与原配偶婚姻关系的效力   77

  二、登记离婚的条件   79

  三、假离婚的法律后果   82

  四、离婚登记后，一方对财产问题反悔要求人民法院给予重新
    处理的问题   84

  五、诉讼离婚的条件   87

  六、判决离婚的条件   89

  七、失踪人配偶提起离婚诉讼案件的处理   92

  八、军人配偶对军人提起的离婚诉讼的处理   94

  九、在离婚问题上对女方的特殊保护   96

  十、离婚后的父母子女关系   98

  十一、离婚后子女抚养费的负担   100

  十二、离婚后父或母的探望权   103

  十三、祖父母（外祖父母）对孙子女的探望权   106

  十四、夫妻共同财产的分割   108

  十五、离婚时对特殊财产的分割   110

十六、离婚时房改房屋的处理　　113

十七、夫妻共同债务的清偿　　115

十八、夫妻个人债务的清偿　　118

十九、离婚时侵占财产的行为和法律责任　　121

二十、离婚损害赔偿责任的承担　　123

二十一、夫妻忠实原则与离婚损害赔偿制度　　126

二十二、离婚过错赔偿原则与夫妻共同财产分割、对经济困难方的帮助原则　　128

二十三、夫妻婚内损害赔偿问题　　131

第六章　亲子关系　　135

一、婚生子女的推定　　135

二、婚生子女的否认　　137

三、欺诈性抚养的处理　　139

四、非婚生子女的自愿认领　　142

五、非婚生子女的强制认领　　144

六、继父或继母与无抚养关系的继子女之间的关系　　146

七、继父或继母与形成抚养关系的继子女的关系　　148

八、继父或继母与形成收养关系的继子女的关系　　150

九、继父或继母与形成抚养关系的继子女关系的解除　　152

第七章　收养　　155

一、收养人收养孤儿和残疾儿童的条件　　155

二、收养人收养查找不到生父母的弃婴和儿童的条件　　157

三、收养人收养三代以内同辈旁系血亲子女的条件　　159

四、继父或继母收养继子女的条件　　161

五、有特殊困难无力抚养子女的生父母送养子女的条件　　163

六、监护人作为送养人送养被监护人的条件　　165

七、被收养人的条件　　167

八、未经收养登记形成的收养关系的效力　　169

九、收养的拟制效力　　172

十、收养的解消效力 173
　　十一、收养关系的协议解除 175
　　十二、收养关系的诉讼解除 178
　　十三、收养关系解除后成年养子女的生活费给付义务 180
　　十四、收养关系解除后,养子女与生父母及其近亲属的关系 182

第八章　扶养 185
　　一、夫妻间的扶养 185
　　二、父母对子女的抚养 187
　　三、子女对父母的赡养 189
　　四、孙子女(外孙子女)对祖父母(外祖父母)的赡养 191
　　五、祖父母(外祖父母)对孙子女(外孙子女)的抚养 193
　　六、兄姐对弟妹的扶养 195
　　七、弟、妹对兄、姐的扶养 197

第九章　监护 199
　　一、监护人的设立 199
　　二、监护人的监护职责 202
　　三、监护人对被监护人致人损害责任的承担 205
　　四、监护人监护职责的转移 207
　　五、监护人的变更 209
　　六、监护人资格的撤销 211

第十章　特殊婚姻家庭关系 214
　　一、涉外结婚 214
　　二、涉外离婚 217
　　三、涉外收养 220
　　四、涉侨、涉港澳台的结婚登记 223
　　五、涉侨、涉港澳台的离婚登记 226

第十一章　继承法概述 229
　　一、继承的种类 229

二、继承法的基本原则　　232

第十二章　继承法律关系　　236
　　一、胎儿的继承能力　　236
　　二、失踪人的继承能力　　238
　　三、继承权的丧失　　240
　　四、继承权放弃的要件　　244
　　五、继承权放弃的效力　　246
　　六、继承权的放弃与撤销权的行使　　249
　　七、继承权回复请求权　　251
　　八、遗产的范围　　254
　　九、继承开始的时间　　257
　　十、同时死亡的推定　　260

第十三章　法定继承　　263
　　一、法定继承的适用条件　　263
　　二、法定继承人的范围　　265
　　三、法定继承顺序　　268
　　四、法定继承的遗产分配原则　　271
　　五、酌情分得遗产权　　274
　　六、代位继承的条件　　276
　　七、转继承的条件　　280

第十四章　遗嘱继承和遗赠　　283
　　一、遗嘱能力　　283
　　二、遗嘱的形式　　286
　　三、共同遗嘱　　288
　　四、遗嘱的效力　　291
　　五、遗嘱的变更和撤销　　294
　　六、遗嘱的执行　　297
　　七、遗嘱自由的限制——必继份制度　　298

  八、遗赘的有效条件　　302
  九、遗赠扶养协议　　304

第十五章　遗产的处理　　308
  一、遗产债务的清偿　　308
  二、遗产的分割　　311
  三、无人继承又无人受遗赠的财产的处理　　313

第十六章　涉外继承　　316

第一章　婚姻家庭法概述

婚姻家庭法是调整婚姻家庭关系的法律。作为婚姻家庭法立法指导思想的婚姻家庭法基本原则，是研究、解释、适用婚姻法的依据和出发点。我国婚姻家庭法的基本原则包括婚姻自由原则，一夫一妻原则，男女平等原则，保护妇女、儿童和老人的合法权益原则以及计划生育原则。违反婚姻家庭法基本原则的，应当承担相应的法律责任。

一、包办婚姻、买卖婚姻和其他干涉婚姻自由行为的法律后果

包办婚姻是指包括父母在内的第三者，违背婚姻自由原则，包办强迫他人婚姻的行为；买卖婚姻是指包括父母在内的第三者以索取大量财物为目的，包办强迫他人婚姻的行为；其他干涉婚姻自由的行为，是指第三者阻挠他人婚姻自由的行为，父母干涉子女结婚、子女干涉父母再婚、干涉他人离婚或复婚等。包办、买卖婚姻和其他干涉婚姻自由的行为，侵害了自然人的婚姻自由权利，产生民法上的侵权责任、婚姻法上的婚姻无效责任和刑法上的拐卖妇女等刑事责任。

（一）案情简介

> **案例**
>
> 甲男与乙女自由恋爱，乙的父母因甲家境贫寒，坚决反对乙与甲交往。后乙母托媒人介绍乙认识了丙。丙家境殷实，虽腿有残疾，但能满足乙父母索要5万元彩礼的要求。乙的父母收取丙的5万元彩礼后，不顾乙的强烈反对，采用暴力手段强迫乙与丙登记结婚。婚后不到一年，乙以其与丙的婚姻系父母采用暴力手段干涉为由，请求人民法院确认无效。

（二）思考方向

婚姻自由是法律赋予婚姻当事人的权利,当事人依法缔结婚姻的权利受法律保护,任何人不得包办、强迫、干涉他人婚姻。第三人包办、强迫他人婚姻的,根据手段和目的的不同,分别构成包办婚姻、买卖婚姻和暴力干涉他人婚姻自由的行为,应当承担相应的法律责任。在本案中,乙向人民法院申请宣告婚姻无效的请求是否符合法律规定,应依其父母的行为性质加以确定。

（三）法律规定

1.《中华人民共和国婚姻法》(以下简称《婚姻法》)第 3 条第 1 款第 1 项 禁止包办、买卖婚姻和其他干涉婚姻自由的行为。

第 10 条 有下列情形之一的,婚姻无效:

（一）重婚的；

（二）有禁止结婚的亲属关系的；

（三）婚前患有医学上认为不应当结婚的疾病,婚后尚未治愈的；

（四）未到法定婚龄的。

第 11 条 因胁迫结婚的,受胁迫的一方可以向婚姻登记机关或人民法院请求撤销该婚姻。受胁迫的一方撤销婚姻的请求,应当自结婚登记之日起一年内提出。被非法限制人身自由的当事人请求撤销婚姻的,应当自恢复人身自由之日起一年内提出。

2.《中华人民共和国民法通则》(以下简称《民法通则》)第 103 条 公民享有婚姻自主权,禁止买卖、包办婚姻和其他干涉婚姻自由的行为。

3.《中华人民共和国刑法》(以下简称《刑法》)第 257 条第 1 款 以暴力干涉他人婚姻自由的,处二年以下有期徒刑或者拘役。

第 2 款 犯前款罪,致使被害人死亡的,处二年以上七年以下有期徒刑。

第 3 款 第一款罪,告诉的才处理。

第 240 条第 1 款 拐卖妇女、儿童的,处五年以上十年以下有期徒刑,并处罚金;有下列情形之一的,处十年以下有期徒刑或者无期徒刑,并处罚金或者没收财产;情节特别严重的,处死刑,并处没收财产:

（一）拐卖妇女、儿童集团的首要分子；

（二）拐卖妇女、儿童三人以上的；

（三）奸淫被拐卖的妇女的；

（四）诱骗、强迫被拐卖的妇女卖淫或者将被拐卖的妇女卖给他人迫使其卖淫的；

（五）以出卖为目的,使用暴力、胁迫或者麻醉方法绑架妇女、儿童的；

（六）以出卖为目的,偷盗婴幼儿的；

（七）造成被拐卖的妇女、儿童或者亲属重伤、死亡或者其他严重后果的；

（八）将妇女、儿童卖往境外的。

第2款 拐卖妇女、儿童是指以出卖为目的,有拐骗、绑架、收买、贩卖、接送、中转妇女、儿童的行为之一的。

(四) 学理分析

在本案中,乙请求人民法院确认其婚姻无效的请求,不能得到支持。第三人对他人婚姻包办、强迫的行为,分别产生以下法律后果：(1)包办、买卖婚姻和其他干涉婚姻自由的行为是一种民事违法行为,受害人可根据我国《民法通则》的规定请求第三人停止侵害。(2)包办、买卖和其他干涉婚姻自由的行为中,婚姻当事人中的一方同时对另一方实施了胁迫行为,因此而成立的婚姻属于可撤销婚姻的,受胁迫方可申请撤销该婚姻；包办、买卖和其他干涉婚姻自由行为而产生的婚姻,具备无效婚姻情形的,可请求宣告婚姻无效。(3)第三人在干涉婚姻自由时使用暴力的,应按照我国《刑法》的规定追究犯罪者的刑事责任。

本案中,乙的父母以索取财物为目的,采取暴力手段包办、强迫乙的婚姻,构成买卖婚姻和暴力干涉他人婚姻自由的行为。乙与丙之间的婚姻,属于买卖婚姻,但不符合无效婚姻的法定情形,不构成无效婚姻。乙以婚姻系父母包办、强迫为由,请求确认其与丙的婚姻为无效婚姻,不能成立；乙的父母暴力干涉他人婚姻自由,符合刑法暴力干涉他人婚姻自由罪的犯罪构成。但暴力干涉他人婚姻自由罪属于自诉案件的范畴,受害人告诉的才处理。乙没有请求追究其父母暴力干涉婚姻自由的刑事责任,人民法院不能依职权主动追究。

（五）自测案例

被告人李保胜的儿子幼年因病致残，成了聋哑人，在朋友的帮忙下，娶了一个智力发育迟缓的儿媳。这个儿媳非但不干活，还经常出外乱跑，不知回家。李家为此多次外出寻找走失的儿媳，使原本艰难的日子更加困难。于是，李保胜产生了再给儿媳找个婆家，要点钱也好补贴家用的想法。2003年9月，李保胜通过他人牵线搭桥，将儿媳介绍给他人为妻，从中获利2600元。①

问题：

1. 李保胜出卖儿媳的行为性质如何界定？
2. 李保胜儿媳与他人的婚姻应如何处理？

二、借婚姻索取财物的法律后果

借婚姻索取财物是指婚姻当事人一方或者一方的亲属，向对方索取一定数量的财物作为结婚条件的行为。这种婚姻的当事人对婚姻基本上是自愿的，但以索取财物作为缔结婚姻关系的前提，不符合"结婚必须双方完全自愿"的条件，同样违反了婚姻自由的原则，为我国法律所禁止，索取的财物在一定条件下应当返还。

（一）案情简介

> **案例**
>
> 甲男与乙女相恋两年后准备结婚。乙的父母对甲、乙的婚事表示同意，但为了给乙弟弟购置结婚用房，要求甲支付3万元彩礼，甲借债满足了乙父母的要求。甲与乙结婚后，因债务负担沉重导致二人生活困难，于是甲向人民法院提起诉讼，请求乙的父母返还3万元彩礼。

---

① 案例引自《人民法院报》，2008年6月27日第3版，有删节。

（二）思考方向

男方以成立婚姻为目的向女方或女方父母给付的财物,主要有两种情况:一是按照习俗给付的彩礼,一是借婚姻所索取的彩礼。彩礼的性质不同,请求返还的条件和适用的法律依据也不同。本案中,甲请求乙的父母返还3万元彩礼的诉讼请求能否得到人民法院的支持,应以给付彩礼的性质和法律规定的返还条件加以确定。

（三）法律规定

1.《婚姻法》第3条第1款第2项 禁止借婚姻索取财物。

2. 最高人民法院《关于人民法院审理离婚案件处理财产分割问题的若干具体意见》第19条第1款 借婚姻关系索取的财物,离婚时,如结婚时间不长,或者因索要财物造成对方生活困难的,可酌情返还。

第2款 对取得财物的性质是索取还是赠与难以认定的,可按赠与处理。

3. 最高人民法院《关于适用〈中华人民共和国婚姻法〉若干问题的解释（二）》（以下简称《婚姻法解释二》）第10条第1款 当事人请求返还按照习俗给付的彩礼的,如果查明属于以下情形,人民法院应当予以支持:（一）双方未办理结婚登记手续的;（二）双方办理结婚登记手续但确未共同生活的;（三）婚前给付并导致给付人生活困难的。

第2款 适用前款第(二)、(三)项的规定,应当以双方离婚为条件。

（四）学理分析

本案中,人民法院不应支持甲的诉讼请求。男方以结婚为目的向女方或者女方父母支付的彩礼,主要有按照习俗给付的彩礼和借婚姻所索取的彩礼。（1）对于借婚姻关系索取财物性质的彩礼,离婚时,如结婚时间不长,或因索要财物造成对方生活困难的,可酌情返还。（2）对于当事人按照习俗给付的彩礼,不属于借婚姻索取的财物。离婚时,如双方办理结婚登记手续但确未共同生活的或者婚前给付并导致给付人生活困难的,应当予以返还;如双方未办理结婚登记手续的,应当予以返还。

本案中，甲向乙的父母支付的 3 万元彩礼，属于乙的父母借婚姻索取的财物。甲婚后即因彩礼的支付陷入困境，造成生活困难，如果这时甲与乙离婚，在离婚时甲可请求返还。但因甲没有向乙提出离婚请求，而是在婚姻关系存续期间向乙的父母请求返还，不符合借婚姻索取财物的返还条件，人民法院不应予以支持。

（五）自测案例

甲男与乙女经人介绍相识，后确定恋爱关系，并准备于 2006 年 8 月 10 日登记结婚。甲的母亲得知俩人要结婚的消息后，给乙女送去一万零一元的彩礼，意为"万里挑一"，并将祖传的"祖母绿"戒指送给乙。甲与乙登记结婚后，尚未共同生活即因婚礼问题产生矛盾，最终因矛盾无法调和乙提出离婚。甲同意离婚，但要求乙返还其母给付的一万零一元彩礼和"祖母绿"戒指，乙女以上述财物为甲的母亲自愿赠与为由拒绝返还。于是甲向人民法院提起诉讼，请求乙返还。

问题：

1. 甲之母给付乙的一万零一元彩礼和"祖母绿"戒指的财产性质是什么？

2. 乙是否有义务返还上述财物？

三、重婚的法律后果

重婚是有配偶者又与他人结婚的违法行为，即一个人同时存在两个以上的配偶。重婚包括法律上的重婚（有配偶者又与他人登记结婚）和事实上的重婚（虽未登记结婚，但又与他人以夫妻名义同居生活，对外也以夫妻名义相称）。重婚行为违反《婚姻法》的禁止性规定，会产生一定的法律后果。（1）重婚是婚姻无效的法定事由，产生无效婚姻的法律后果；（2）重婚是离婚的法定事由，无过错方可以此请求离婚；（3）因重婚导致离婚的，无过错方有权请求损害赔偿；（4）重婚行为构成犯罪的，应当承担重婚罪的刑事责任。

第一章　婚姻家庭法概述

（一）案情简介

案例

甲男与乙女在1993年6月8日符合婚姻法规定的结婚条件,但未办理结婚登记,仅按照民间仪式举行婚礼后即以夫妻名义共同生活。甲于2004年2月外出打工,打工期间与丙女相恋。2006年5月10日甲通知乙解除婚姻关系后,即与丙开始以夫妻名义共同生活。乙向人民法院提起诉讼,要求确认甲、丙的婚姻无效并追究甲、丙重婚罪的刑事责任。人民法院经过审理认为,甲、丙的婚姻构成重婚,属于无效婚姻,但甲、丙的重婚行为不构成重婚罪。判决确认甲、丙的婚姻无效,驳回乙的其他诉讼请求。

（二）思考方向

当事人一方或双方已经登记结婚或成立事实婚姻关系后,在婚姻关系存续期间,又与他人登记结婚或又与他人以夫妻名义公开同居生活,均构成重婚;重婚行为属于民事违法行为,产生婚姻无效的法律后果,但并不必然构成重婚犯罪。本案中,甲和丙的行为是否构成重婚,应否承担重婚犯罪的刑事责任,应当根据重婚的构成要件和法律后果加以确定。

（三）法律规定

1.《婚姻法》第3条第2款第1项　禁止重婚。

第10条第1项　有下列情形之一的,婚姻无效:

（一）重婚的。

第32条第3款第1项　有下列情形之一,调解无效的,应准予离婚:

（一）重婚或有配偶者与他人同居的。

第45条前半段　对重婚的,对实施家庭暴力或虐待、遗弃家庭成员构成犯罪的,依法追究刑事责任。

第46条第1项　有下列情形之一,导致离婚的,无过错方有权请求损害赔偿:

(一) 重婚的。

2.《刑法》第 258 条　有配偶而重婚的,或者明知他人有配偶而与之结婚的,处二年以下有期徒刑或者拘役。

3. 最高人民法院《关于人民法院审理未办结婚登记而以夫妻名义同居生活案件的若干意见》第 5 条　已登记结婚的一方又与第三人形成事实婚姻关系,或事实婚姻关系的一方又与第三人登记结婚,或事实婚姻关系的一方又与第三人形成新的事实婚姻关系,凡前一个婚姻关系的一方要求追究重婚罪的,无论其行为是否构成重婚罪,均应解除后一个婚姻关系。前一个婚姻关系的一方如要求处理离婚问题,应根据其婚姻关系的具体情况进行调解或作出判决。

4. 最高人民法院关于《〈婚姻登记管理条例〉施行后发生的的以夫妻名义非法同居的重婚案件是否以重婚罪定罪处罚的批复》(法复[1994]10 号文件)　新的《婚姻登记管理条例》发布实施后,有配偶的人与他人以夫妻名义同居生活的,或者明知他人有配偶而与之以夫妻名义同居生活的,仍应按重婚罪定罪处罚。

5. 最高人民法院《关于适用〈中华人民共和国婚姻法〉若干问题的解释(一)》(以下简称《婚姻法解释一》)第 5 条　未按婚姻法第八条规定办理结婚登记而以夫妻名义共同生活的男女,起诉到人民法院要求离婚的,应当区别对待:(1) 1994 年 2 月 1 日民政部《婚姻登记管理条例》公布实施以前,男女双方已经符合结婚实质要件的,按事实婚姻处理。(2) 1994 年 2 月 1 日民政部《婚姻登记管理条例》公布实施以后,男女双方符合结婚实质要件的,人民法院应当告知其在案件受理前补办结婚登记;未补办结婚登记的,按解除同居关系处理。

(四) 学理分析

在本案中,人民法院的判决是正确的。(1) 甲和乙虽然没有办理结婚登记即以夫妻名义同居生活,但在 1994 年 2 月 1 日《婚姻登记管理条例》实施以前,双方已经符合婚姻法规定的结婚实质要件。双方自符合结婚实质要件之日起以夫妻名义的同居生活关系,为事实婚姻关系,产生夫妻关系的后果;(2) 甲和乙的事实婚姻关系产生之后,未经审判程序,不产生婚姻关系解除的法律后果。甲单方解除婚姻关系的行为无效,不发生婚姻关系解除的效力。甲在与乙事实婚姻关系存续期间,又与丙以夫妻名义公开同居生活,甲与丙的婚姻构成重婚,属于无效婚姻。(3) 甲与丙的婚姻构成重婚,但不构成重婚罪。甲和乙的婚姻虽为事实婚姻,产生夫妻关系的效力,但该婚姻未履行结婚登记手续,程序违法。按照亲属法的基本原理,双方的关系不属于刑法中的配偶关系,因此甲的身份也不能认定为有配偶者。既然甲不属于有配偶者,而重婚罪构成的主体条件是"有配偶而重婚或者明知他人有配偶而与之结婚",根据"罪刑法定"的原则,甲不符合重婚罪的主体条件,其与丙的重婚行为自然不能构成重婚犯罪。

(五)自测案例

甲男与乙女2005年6月8日登记结婚,婚后乙发现甲结婚登记时为乙肝患者,但甲隐瞒了这一事实。乙不能容忍甲的欺骗,遂提出离婚,但甲不同意。此后,乙虽未再提离婚,但开始与甲分居生活。分居期间,乙与丙产生婚外恋情,并通过欺骗手段登记结婚,领取了结婚证。甲得知后向人民法院提起诉讼,要求确认乙和丙的婚姻无效并追究乙重婚罪的刑事责任。

问题:

1. 甲与乙的婚姻无效的效力何时产生?
2. 甲与乙的无效婚姻存续期间,乙与丙的婚姻是否构成重婚?

四、有配偶者与他人同居的法律后果

有配偶者与他人同居是指有配偶者与婚外异性,不以夫妻名义,持续、稳定地共同居住。有配偶者与他人同居虽不构成重婚但也为我国法律禁止,产生一定的法律后果。

(一)案情简介

> **案例**
>
> 甲男于2000年6月8日与乙女登记结婚。甲于2003年2月外出打工,与丙相识后开始同居生活,同居期间生有一女。2006年5月甲与丙同居的事实被乙发现,乙要求甲断绝与丙的关系,遭到甲的拒绝。乙向人民法院提起诉讼,要求追究甲和丙重婚罪的法律责任。人民法院经过审理,以甲和丙不是以夫妻名义同居生活为由,驳回了乙的诉讼请求。

（二）思考方向

有配偶者与他人同居，虽违反一夫一妻制原则，但因行为人在主观上对我国婚姻家庭制度不存在公然对抗，只是秘密地同居生活，因此该行为的违法性较有配偶者与他人以夫妻名义同居生活为轻，并不构成犯罪。在上述案例中，甲与丙的行为是否构成重婚，应当按照有配偶者与第三人同居的内容和形式加以确定。

（三）法律规定

1.《婚姻法》第32条第3款第1项 有下列情形之一，调解无效的，应准予离婚：

（一）重婚或有配偶者与他人同居的。

2.《婚姻法解释一》第2条 有配偶者与他人同居，是指有配偶者与婚外异性，不以夫妻名义，持续、稳定地共同居住。

（四）学理分析

本案中，人民法院驳回乙诉讼请求的判决是正确的。有配偶者与他人同居，和有配偶者与他人以夫妻名义同居生活不同。有配偶者与他人以夫妻名义同居生活，属于事实重婚行为，产生重婚的法律后果；而有配偶者与他人同居，不属于事实重婚行为，不产生重婚的法律后果。有配偶者与他人同居期间，与同居者开始以夫妻名义同居生活的，双方的关系则由同居关系转化为事实重婚关系，产生重婚的法律后果。

本案中，甲有配偶而与丙长期持续、稳定地共同生活，并生有子女，但双方对外并不以夫妻名义同居生活，甲的行为属于有配偶者与他人同居，而不是有配偶者与他人以夫妻名义同居生活。因此，甲与丙的关系为非法同居关系而不是事实重婚关系，甲与丙的行为不构成重婚，不应当承担重婚罪的刑事责任。但如果乙因此请求与甲离婚，甲与丙同居的事实可作为离婚并要求甲承担离婚损害赔偿责任的理由。

（五）自测案例

1993年5月8日，甲男与乙女未办理结婚登记手续即以夫妻名义共同生活，当时双方均符合结婚的实质要件。甲外出打工期间与丙相识并开始同居生活。2006年5月甲与丙同居的事实被乙发现，甲与丙索性以夫妻名义共同生活。乙向人民法院提起诉讼，要求追究甲与丙重婚罪的刑事责任。人民法院经过审理，以甲和丙不是以夫妻名义开始同居生活为由，判决驳回了乙的诉讼请求。

问题：

1. 甲的行为，是属于有配偶者与他人同居，还是有配偶者与他人以夫妻名义同居生活？

2. 甲和丙之间的关系是否构成重婚？

五、不同性别的家庭成员权利平等

《宪法》第48条第1款规定："中华人民共和国妇女在政治的、经济的、文化的、社会的和家庭的生活等各方面享有同男子平等的权利。"婚姻家庭法上的男女平等原则是该条规定的具体化，是指男女两性在婚姻和家庭生活的各个方面都享有平等的权利，承担平等的义务。

（一）案情简介

案例

> 2004年5月10日甲死亡时留有遗产房屋一栋，存款人民币50万元。甲有继承人儿子乙、丙和女儿丁。在安葬甲后对遗产进行处理时，乙、丙认为按照农村风俗出嫁女儿没有继承父母遗产的权利，遂将甲的遗产平分。丁要求乙、丙返还自己应继承的遗产份额，遭到乙、丙的拒绝。丁向人民法院提起诉讼，要求判令乙、丙返还侵占的遗产，人民法院支持了丁的诉讼请求。

（二）思考方向

男女平等原则是婚姻法的基本原则。根据男女平等原则的要求，在婚姻家庭领域，男女双方的民事权利和义务平等，无论是结婚和离婚的权利以及夫妻之间的人身和财产权利，还是其他家庭成员之间的抚养、扶养、赡养和相互之间继承遗产的权利,均不因男女性别差异而有区别。在上述案例中,人民法院判决支持丁的诉讼请求是否符合法律规定,应当依照男女继承权平等原则的要求加以确定。

(三) 法律规定

1.《中华人民共和国宪法》(以下简称《宪法》)第 48 条第 1 款 中华人民共和国妇女在政治的、经济的、文化的、社会的和家庭的生活等各方面享有同男子平等的权利。

2.《婚姻法》第 2 条第 1 款 实行婚姻自由、一夫一妻、男女平等的婚姻制度。

3.《中华人民共和国继承法》(以下简称《继承法》)第 9 条 继承权男女平等。

4.《中华人民共和国未成年人保护法》(以下简称《未成年人保护法》)第 13 条 父母或者其他监护人应当尊重未成年人受教育的权利,必须使适龄未成年人依法入学接受并完成义务教育,不得使接受义务教育的未成年人辍学。

(四) 学理分析

本案中人民法院的判决是正确的。继承权男女平等是婚姻法中男女平等原则在继承权利和义务方面的具体体现。子和女均有赡养父母的义务,不因性别而有所差别;相应的,子和女在对父母遗产的继承上,继承权也完全平等,不因性别而有所区别。否认女性继承人权利是男尊女卑封建思想的体现,违背了男女平等的原则。

上述案例中,丁作为甲的女儿,和乙、丙同为甲遗产的第一顺序继承人,乙、丙、丁有平等继承甲遗产的权利。乙、丙以丁为出嫁女为由剥夺其继承权,将丁的应继份额据为己有,侵犯了丁的继承权。丁向人民法院提起诉讼,要求判令乙、丙返还侵占的遗产,符合法律规定,应当得到法律的支持。

(五) 自测案例

张某夫妇有女甲子乙,甲、乙均适龄入学。后张某夫妇开一食品加工店,因为雇工费用较高,加之张某夫妇重男轻女的封建思想严重,认为甲是女孩子,迟早要嫁人,读几年书能认识汉字和简单的数学运算就可以了,于是决定让甲辍学帮助打理食品店。甲虽不愿意却又无力改变父母的决定,只得在小学五年级时辍学。

问题:
1. 张某夫妇让甲辍学的行为是否合法?
2. 甲如果要重返校园,有何法律途径?

六、妇女婚姻家庭权益的特别法律保护

保护妇女合法权益是对男女平等原则的必要补充,《婚姻法》、《中华人民共和国妇女权益保障法》(以下简称《妇女权益保障法》)中,对女方在离婚、离婚时财产的分割以及生育权的行使等方面都予以特别保护,作出了特别规定。

(一) 案情简介

> **案 例**
>
> 甲与乙(女)为夫妻关系,婚后生一子丙。婚姻关系存续期间,甲、乙购置了面积 100 平方米的房屋一套。2008 年 2 月 19 日,因感情破裂,乙向人民法院提起离婚诉讼,此时乙刚做完人工流产手术 2 个月。甲同意离婚,但要求抚养丙并主张房屋归己所有。人民法院经审理判决准予甲和乙离婚,丙由乙直接抚养,甲每月支付抚育费 500 元;房屋一套归乙所有,乙应当将房屋价款的一半支付给甲作为补偿。

(二) 思考方向

保护妇女合法权益原则是婚姻法的基本原则。根据保护妇女合法权益原则的要求,妇女在离婚、生育和夫妻共同财产中的合法权益受法律特别保护。上述案例中,人民法院的判决是否符合法律规定,应当依照保护妇女合法权益原则的要求加以确定。

（三）法律规定

1.《宪法》第 48 条第 1 款　中华人民共和国妇女在政治的、经济的、文化的、社会的和家庭的生活等各方面享有同男子平等的权利。

2.《婚姻法》第 2 条第 2 款　保护妇女、儿童和老人的合法权益。

第 34 条　女方在怀孕期间、分娩后一年内或中止妊娠后六个月内，男方不得提出离婚。女方提出离婚的，或人民法院认为确有必要受理男方离婚请求的，不在此限。

第 39 条第 1 款　离婚时，夫妻的共同财产由双方协议处理；协议不成时，由人民法院根据财产的具体情况，照顾子女和女方权益的原则判决。

3.《妇女权益保障法》第 48 条　夫妻共有的房屋，离婚时，分割住房由双方协议解决；协议不成的，由人民法院根据双方的具体情况，按照照顾子女和女方权益的原则判决。夫妻双方另有约定的除外。

夫妻共同租用的房屋，离婚时，女方的住房应当按照照顾子女和女方权益的原则解决。

（四）学理分析

本案中人民法院的判决是正确的。保护妇女合法权益原则要求妇女的以下婚姻家庭权益受法律特别保护：（1）女方在怀孕期间、分娩后 1 年内或中止妊娠后 6 个月内，男方不得提出离婚，女方提出离婚的不在此限；（2）离婚时夫妻共有房屋的分割，双方协议不成由人民法院根据照顾子女和女方权益的原则判决；（3）妇女结婚、离婚后其责任田、口粮田和宅基地等，应当受到保障；（4）女方有按照国家有关规定生育子女的权利，也有不生育的自由。

上述案例中，离婚诉讼虽是在乙人工流产后 6 个月内提起的，但因离婚诉讼是由乙作为原告提起的，不属于"女方中止妊娠后 6 个月内，男方不得提出离婚"的情形，人民法院应当受理乙的起诉。夫妻共有房屋的分割，因甲、乙双方协议不成，丙由乙直接抚养，在双方均主张享有房屋所有权时，人民法院根据照顾子女和女方权益的原则判决共有房屋归乙所有，甲享有共有房屋的价值补偿权，符合法律规定。

(五) 自测案例

甲男与乙女婚后生有一女。因产程过长大脑缺氧导致该女脑瘫,生活不能自理,夫妇两人协商申请二胎生育指标。二胎生育指标获得批准后,因乙担心再有一个孩子会影响对残疾女儿的照顾,决定放弃二胎生育指标。乙的决定遭到了甲的强烈反对,在不能用语言说服乙的情况下,甲对乙使用了暴力,乙无奈放弃了不生育的权利,十月怀胎后生一健康男婴。

问题:

1. 乙拒绝生育二胎是否是行使合法生育权的行为?
2. 甲采取暴力手段迫使乙生育子女的行为是否有效?

七、儿童婚姻家庭权益的特别法律保护

儿童是家庭、社会和国家的未来,保护儿童的合法权益是为了给儿童创造一个安全、健康、文明和积极向上的生活环境。《婚姻法》、《中华人民共和国未成年人保护法》(以下简称《未成年人保护法》)等法律对儿童婚姻家庭权益保护作出了特别规定。

(一) 案情简介

案例

甲12周岁时,其父母乙、丙离婚,甲随母丙与继父丁共同生活,生父乙每月支付300元抚育费。甲14周岁时,丙又生一子,因无人照看,便不顾甲的反对强迫甲辍学在家照看弟弟。后丙又为甲订立了婚约,收取彩礼5000元。乙得知甲的情况后,要求丙将甲送到学校继续学业并解除为甲订立的婚约,丙置之不理。于是,乙向人民法院提起诉讼,请求责令丙停止对甲的侵害。人民法院经过审理判决,丙为甲订立的婚约无效,丙应当将甲送到学校接受义务教育。

(二) 思考方向

保护儿童合法权益原则是婚姻法的基本原则。儿童合法权益的实现，在家庭中主要是通过父母和其他监护人法定义务的履行来保障的。父母或者其他监护人的抚养教育义务履行到位，儿童的合法权益即得到保护，相反则受到了侵害。上述案例中，人民法院的判决是否符合法律规定，应当依照保护儿童合法权益原则的要求加以确定。

(三) 法律规定

1.《婚姻法》第 2 条第 2 款　保护妇女、儿童和老人的合法权益。

第 21 条第 1 款前半段　父母对子女有抚养教育的义务。

第 21 条第 2 款　父母不履行抚养义务时，未成年的或不能独立生活的子女，有要求父母付给抚养费的权利。

第 28 条前半段　有负担能力的祖父母、外祖父母，对于父母已经死亡或父母无力抚养的未成年的孙子女、外孙子女，有抚养的义务。

第 29 条前半段　有负担能力的兄、姐，对于父母已经死亡或父母无力抚养的未成年的弟、妹，有扶养的义务。

第 36 条第 1 款　父母与子女间的关系，不因父母离婚而消除。离婚后，子女无论由父或母直接抚养，仍是父母双方的子女。

第 36 条第 2 款　离婚后，父母对于子女仍有抚养和教育的权利和义务。

第 38 条第 1 款　离婚后，不直接抚养子女的父或母，有探望子女的权利，另一方有协助的义务。

2.《未成年人保护法》第 10 条　父母或者其他监护人应当创造良好、和睦的家庭环境，依法履行对未成年人的监护职责和抚养义务。

禁止对未成年人实施家庭暴力，禁止虐待、遗弃未成年人，禁止溺婴和其他残害婴儿的行为，不得歧视女性未成年人或者有残疾的未成年人。

第 11 条　父母或者其他监护人应当关注未成年人的生理、心理状况和行为习惯，以健康的思想、良好的品行和适当的方法教育和影响未成年人，引导未成年人进行有益身心健康的活动，预防和制止未成年人吸烟、酗酒、流浪、沉迷网络以及赌博、吸毒、卖淫等行为。

第 12 条　父母或者其他监护人应当学习家庭教育知识，正确履行监护职责,抚养教育未成年人。

有关国家机关和社会组织应当为未成年人的父母或者其他监护人提供家庭教育指导。

第13条 父母或者其他监护人应当尊重未成年人受教育的权利,必须使适龄未成年人依法入学接受并完成义务教育,不得使接受义务教育的未成年人辍学。

第14条 父母或者其他监护人应当根据未成年人的年龄和智力发展状况,在作出与未成年人权益有关的决定时告知其本人,并听取他们的意见。

第15条 父母或者其他监护人不得允许或者迫使未成年人结婚,不得为未成年人订立婚约。

第16条 父母因外出务工或者其他原因不能履行对未成年人监护职责的,应当委托有监护能力的其他成年人代为监护。

(四)学理分析

本案中,人民法院的判决是正确的。根据保护儿童合法权益原则的要求,父母或其他监护人对未成年人有抚养义务,父母或者其他监护人有使适龄未成年人按照规定接受义务教育的法定义务;父母或者其他监护人不得允许或强迫未成年人结婚,不得为未成年人订立婚约。

上述案例中,丙作为甲的直接抚养人,在甲未成年时不顾甲的反对强迫甲辍学在家照看弟弟,违背了必须使适龄未成年人按照规定接受义务教育的法定义务,侵犯了甲的受教育权;丙为甲订立婚约的行为,违背了父母或者其他监护人不得为未成年人订立婚约的法定义务,侵害了甲的婚姻自由权利,该法定代理行为无效。乙作为甲的监护人,在甲的合法权益受到侵害的情况下,有权提起诉讼,请求人民法院责令丙停止对甲权利的侵害,保护未成年人甲的合法权益。

(五)自测案例

甲、乙系父子关系,甲为乙的父亲。乙从小顽皮,甲为管教乙煞费苦心,但收效甚微。转眼乙到了上学的年龄,和同龄孩子一样背起书包走进了学堂。一年级时乙尚能在课堂上听讲,但自二年级开始,乙对学校的管束已难以忍受,频频逃学,甲极为恼火却又无可奈何。某日,乙放学后又没有准时回家,甲遍寻无果,怒火顿升,待乙晚上回家后,将乙反手捆绑吊在屋梁上,让其反省。后甲被邻居招呼出门,回到家发现乙头部低垂,呼喊已无反应。甲急忙将乙从屋梁上放下,乙已无声息,医生查看后宣告乙窒息死亡。

问题:

1. 甲对乙的管教行为是否为正当行使权利的行为?
2. 甲对乙的死亡是否承担法律责任?

八、老人婚姻家庭权益的特别法律保护

我国已进入人口老龄化社会,在社会保障体系没有完全确立的情况下,家庭养老仍然是老有所养的主要形式,因此老年人在婚姻家庭中合法权益的法律保护显得尤为重要和迫切。《婚姻法》和《老年人权益保障法》对老年人婚姻家庭合法权益的保护作出了特别规定。

(一)案情简介

案例

甲夫早丧,夫妻共育有子女三人,子乙、女丙、丁。甲年老后身体健康且有生活来源,拒绝了乙和丙与其共同生活的请求,仍独自生活,乙、丙经常到甲住处探望甲。丁因其婚姻遭到甲的强烈反对,结婚之后便断绝了与甲的来往,只是每月付给甲500元的赡养费。甲多次请求丁回家探望均遭拒绝,愤而向人民法院提起诉讼,要求丁履行精神赡养的义务,每月回家探望一次。人民法院经过审理认为,甲的诉讼请求符合法律规定,判决支持了甲的诉讼请求。

(二)思考方向

保护老人合法权益原则是婚姻法的基本原则。老年人合法权益的实现,在家庭中主要是通过赡养人履行赡养义务和赡养人不妨碍老人合法权利行使来保障的。赡养人的赡养义务履行到位,老人物质和精神生活得到保障,其合法权益即能实现;相反如果老人得不到物质和精神赡养或其婚姻

自由等权利受到赡养人的侵害,则老人的合法权益就不能实现。上述案例中,人民法院判决支持甲的诉讼请求是否符合法律规定,应当依照保护老人合法权益原则的要求加以确定。

(三) 法律规定

1.《婚姻法》第 2 条第 2 款　保护妇女、儿童和老人的合法权益。

第 21 条第 1 款后半段　子女对父母有赡养扶助的义务。

第 21 条第 3 款　子女不履行赡养义务时,无劳动能力的或生活困难的父母,有要求子女付给赡养费的权利。

第 30 条　子女应当尊重父母的婚姻权利,不得干涉父母再婚以及婚后的生活。子女对父母的赡养义务,不因父母的婚姻关系变化而终止。

2.《中华人民共和国老年人权益保障法》(以下简称《老年人权益保障法》)第 11 条　赡养人应当履行对老年人经济上供养、生活上照顾和精神上慰藉的义务,照顾老年人的特殊需要。

赡养人是指老年人的子女以及其他依法负有赡养义务的人。

赡养人的配偶应当协助赡养人履行赡养义务。

第 12 条　赡养人对患病的老年人应当提供医疗费用和护理。

第 13 条　赡养人应当妥善安排老年人的住房,不得强迫老年人迁居条件低劣的房屋。

老年人自有的或者承租的住房,子女或者其他亲属不得侵占,不得擅自改变产权关系或者租赁关系。

老年人自有的住房,赡养人有维修的义务。

第 14 条　赡养人有义务耕种老年人承包的田地,照管老年人的林木和牲畜等,收益归老年人所有。

第 15 条　赡养人不得以放弃继承权或者其他理由,拒绝履行赡养义务。

赡养人不履行赡养义务,老年人有要求赡养人付给赡养费的权利。

赡养人不得要求老年人承担力不能及的劳动。

(四) 学理分析

本案中人民法院的判决是正确的。根据保护老人合法权益原则的要求,赡养义务人应当履行以下义务:(1) 子女对父母有赡养扶助的义务。

（2）父母有再婚自由的权利，子女应当尊重父母的婚姻权利，不得干涉父母再婚以及婚后的生活。子女对父母的赡养义务，不因父母的婚姻关系变化而终止。（3）赡养义务人履行的赡养义务的内容包括经济上供养、生活上照顾和精神上慰藉，照顾老年人的特殊需要。

上述案例中，丁作为甲的赡养义务人，她对甲的赡养不限于经济上供养，还应当履行生活上照顾和精神上慰藉的义务。甲需要丁的探望以得到精神慰藉而丁拒不探望时，丁的行为违背了其对甲应当履行的精神赡养义务，侵害了甲应当得到赡养的权利，甲有权向人民法院提起诉讼，请求人民法院责令丁履行精神赡养的义务，每月到甲的住处探望甲1次。

（五）自测案例

甲有房屋一套，其子乙结婚后与甲共同居住在甲的房屋里。2005年甲多年鳏居后决定与丙结婚，遭到乙夫妻的强烈反对。甲坚持与丙登记结婚后，乙夫妻即搬离甲的住处另择居生活。甲再婚后，因丙没有生活来源，甲需承担对丙的扶养义务，而甲每月800元的退休金难以维持两人的生活，遂向乙提出支付赡养费的请求，但乙以没有赡养丙的义务为由拒绝了甲的赡养请求。同时，为避免甲去世后丙继承甲的房屋，乙强行要求甲将其所有的房屋过户到自己的名下，甲被迫答应了乙的要求。乙取得房屋所有权后，即以房屋所有人的身份要求甲夫妇腾迁。

问题：

1. 甲再婚后导致生活困难，是否有请求乙支付赡养费的权利？
2. 甲将房屋过户到乙名下，丙是否有权干涉？
3. 乙取得房屋所有权后，是否有权请求甲、丙腾迁？

九、夫妻的计划生育义务

计划生育是指有计划地调节人口增长速度。根据我国《婚姻法》和《中华人民共和国人口与计划生育法》（以下简称《人口与计划生育法》），计划生育原则有以下要求：（1）夫妻双方有实行计划生育的义务；（2）夫妻生育实行许可证制度，在领取生育证之后方可生育；（3）一对夫妇只有生育一胎的权利，一定条件下有生育二胎的权利；（4）违法生育的夫妻应承担相应的法律责任。

（一）案情简介

> **案例**
>
> 甲女在吉林长春某事业单位工作，未婚。因为恋爱受挫，甲决定终生不婚。随着时间的推移，眼看周围朋友和同事的孩子纷纷出生、入学，甲的母性萌动，决定借助人工生殖技术生育子女。于是甲到单位所在地的某医院申请人工授精手术，但医院以甲为单身为由拒绝了甲的申请。

（二）思考方向

按照计划生育原则的要求，计划生育是夫妻双方的义务。夫妻在履行计划生育义务的前提下，享有按照法律规定是否生育子女和何时生育子女的权利。单身女性是否是生育的主体，是否享有计划生育的权利，则是理论和司法实践中一个有争议的问题。上述案例中，某医院拒绝为甲实施人工生殖手术是否符合法律规定，应当依照计划生育原则的要求加以确定。

（三）法律规定

1.《婚姻法》第 2 条第 3 款　实行计划生育。

2.《人口与计划生育法》第 17 条　公民有生育的权利，也有依法实行计划生育的义务，夫妻双方在实行计划生育中负有共同的责任。

3. 吉林省《人口与计划生育条例》第 30 条第 2 款　达到法定婚龄决定终生不再结婚并无子女的妇女，可以采取合法的医学辅助生育技术手段生育一个子女。

4. 卫生部《人类辅助生殖技术管理办法》第 3 条　人类辅助生殖技术的应用应当在医疗机构中进行，以医疗为目的，并符合国家计划生育政策、伦理原则和有关法律规定。

禁止以任何形式买卖配子、合子、胚胎。医疗机构和医务人员不得实施任何形式的代孕技术。

第 24 条　本办法所称人类辅助生殖技术是指运用医学技术和方法对

配子、合子、胚胎进行人工操作,以达到受孕目的的技术,分为人工授精和体外授精—胚胎移植技术及其各种衍生技术。

人工授精是指用人工方式将精液注入女性体内以取代性交途径使其妊娠的一种方法。根据精液来源不同,分为丈夫精液人工授精和供精人工授精。

体外授精—胚胎移植技术及其各种衍生技术是指从女性体内取出卵子,在器皿内培养后加入经技术处理的精子,待卵子受精后,继续培养,到形成早期胚胎时,再转移到子宫内着床,发育成胎儿直至分娩的技术。

(四)学理分析

本案中,某医院拒绝为甲实施人工授精手术是错误的。根据《人口与计划生育法》的规定,公民有生育的权利,也有依法实行计划生育的义务。这里的"公民"应该理解为夫妻,还是应该理解为一切公民,理论上存在争议,争议的实质在于生育权是身份权还是人格权。[①] 尽管理论界普遍认为生育权的主体是夫妻,不具备夫妻身份的公民不享有生育权,但吉林省《人口与计划生育条例》仍然赋予未婚女性一定条件下的生育权,达到法定婚龄决定终生不再结婚并无子女的妇女,可以采取合法的医学辅助生育技术手段生育一个子女。

上述案例中,甲作为吉林省的公民,受吉林省《人口与计划生育条例》的调整。而根据该条例的规定,甲作为独身女性有权采取合法的医学辅助生育技术手段生育一个子女。人工授精生育子女是我国临床医学实施的一种生育措施,也不为我国法律所禁止,甲按照吉林省《人口与计划生育条例》规定行使的通过人工授精方式生育的权利,应当得到法律的保护,某医院有义务满足甲的请求,为其实施人工授精手术。

应当注意的问题是,在我国除吉林省外,尚无其他省、直辖市、自治区制定相关条例赋予独身女性生育权。而吉林省《人口与计划生育条例》的出台,引起了社会各界讨论,核心问题围绕该条例确认独身女性的生育权是否有法律根据。肯定者认为,该条例并未违反《立法法》、《人口与计划生育法》、《妇女权益保障法》等的强制性规定和社会公共利益,也未与相关法律

[①] 杨遂全等:《婚姻家庭法新论》,法律出版社2003年版,第144—145页。

明显不一致。① 否定者认为,该条例赋予独身女性生育权无法律根据。依据我国《人口与计划生育法》的规定,在我国享有生育权的主体是公民,但此处的公民应当理解为作为夫妻一方的公民个人,而不包括未婚者。因为生育权的享有与履行计划生育的义务是相对应的,而计划生育的义务是夫妻双方应共同履行的义务。② 国家计划生育委员会副主任赵炳礼则认为,虽然单身女性也有生育的权利,但不宜通过法律法规的形式加以规定。③ 从目前情况下,其他各省制定的《人口与计划生育条例》中未见独身女性有生育权的规定。另外,医疗机构按照《人类辅助生殖技术管理办法》的规定,为女性实施体外人工授精手术时要求有配偶同意的签字,在没有地方法规规定的情况下,医院拒绝为独身女性实施手术也是有法律根据的。

(五) 自测案例

2001年5月29日,浙江省舟山海口港贸易有限公司职工罗某因与公司副经理王某发生争执,将其杀死。舟山市中级人民法院以故意杀人罪判处罗某死刑。罗某不服一审判决,向浙江省高级人民法院提起上诉。2001年9月26日,知悉罗某被一审判处死刑的消息后,罗某的新婚妻子郑某某想通过人工授精方式为罗某生子,便向舟山市中级人民法院口头提出申请,但被舟山市中级人民法院以无先例为由予以拒绝。同年11月11日,郑某某通过律师向浙江省高级人民法院提出书面申请,浙江省高级人民法院最终以"无法律规定"为由再次拒绝了郑某某的申请。2002年1月18日上午,罗某被执行死刑。④

问题:

1. 罗某被剥夺人身自由后是否还享有生育权?
2. 人民法院以"无法律规定"为由驳回郑某某申请的做法是否正确?

---

① 张伟:《从吉林省"单身女性可生育子女"谈对公民生育权的法律保护》,载《河北法学》2003年第3期。

② 汤擎:《单身女性生育权与代际平等——评吉林省人口与计划生育条例第30条第2款的非合理性》,载《法学》2002年第12期。

③ 陈杰人:《不提倡以法律形式规定独身女性生育权》,载《中国青年报》2002年11月13日。

④ 《死囚丈夫被枪决　人工授精愿望落空》,载 http://morning.scol.com.cn/2002/01/20/3591228.html,最后访问于2009年5月1日。

第二章　亲属关系原理

一、配偶关系的发生和终止

配偶关系因结婚而发生，因配偶一方死亡或双方离婚而终止。依照我国《婚姻法》，配偶关系发生和终止均基于一定的法律事实。

（一）案情简介

案　例

2002年12月20日，甲、乙双方具备结婚条件但未办理结婚登记即以夫妻名义同居生活，后于2006年8月10日补办了结婚登记。2007年10月8日，甲向人民法院提起离婚诉讼，经人民法院主持调解，双方达成离婚协议。人民法院制作离婚调解书后，甲于2007年12月10日签收了调解书，但乙于2007年12月12日前往法院签收离婚调解书的途中遭遇车祸死亡。乙死亡后，因继承问题甲与乙的父母发生纠纷，人民法院经审理认定：甲、乙双方的婚姻关系存续期间为2002年12月20日至2007年12月12日。

（二）思考方向

作为一种法律关系，配偶关系的发生，登记结婚的法律事实是结婚的民事行为，事实结婚的法律事实是基于双方以夫妻名义同居的事实；配偶关系终止的法律事实，基于配偶一方死亡的事实或双方离婚的民事行为。上述案例中，人民法院的认定是否符合法律规定，应当以配偶关系的发生和终止的法律事实为依据加以确定。

（三）法律规定

1.《婚姻法》第 8 条　要求结婚的男女双方必须亲自到婚姻登记机关进行结婚登记。符合本法规定的,予以登记,发给结婚证。取得结婚证,即确立夫妻关系。未办理结婚登记的,应当补办登记。

第 31 条　男女双方自愿离婚的,准予离婚。双方必须到婚姻登记机关申请离婚。婚姻登记机关查明双方确实是自愿并对子女和财产问题已有适当处理时,发给离婚证。

2.《中华人民共和国民事诉讼法》（以下简称《民事诉讼法》）**第 89 条第 3 款**　调解书经双方当事人签收后,即具有法律效力。

第 141 条　最高人民法院的判决、裁定,以及依法不准上诉或者超过上诉期没有上诉的判决、裁定,是发生法律效力的判决、裁定。

第 158 条　第二审人民法院的判决、裁定,是终审的判决、裁定。

（四）学理分析

本案中,人民法院认定甲、乙双方配偶关系发生于 2002 年 12 月 20 日,终止于 2007 年 12 月 12 日是正确的。配偶关系以结婚为发生原因,结婚行为是配偶关系发生的法律事实,包括登记结婚行为和事实结婚行为。登记结婚行为以结婚证取得的时间作为配偶关系发生的时间;1994 年 2 月 1 日以前实施的事实结婚行为,以男女双方符合《婚姻法》所规定的结婚实质要件的时间作为配偶关系发生的时间;男女双方实施补办结婚登记行为的,结婚登记具有溯及既往的效力,配偶关系的发生时间溯及至双方符合《婚姻法》所规定的结婚实质要件时。

配偶关系终止的法律事实是配偶一方死亡或双方离婚。配偶自然死亡的时间,以医院死亡证明书确定的时间或户籍登记的死亡时间为准。宣告死亡的时间应以人民法院判决书中确定的失踪人的死亡日期为准;判决书中没有确定死亡日期的,则以判决书生效的日期为死亡日期。配偶双方离婚而终止婚姻关系时,协议离婚的,取得离婚证的时间为配偶关系终止的时间;诉讼离婚的,以人民法院准予离婚的调解书或判决书生效的时间作为配偶关系终止的时间。

上述案例中,甲、乙双方未办理结婚登记即以夫妻名义同居生活,虽然同居生活时双方均符合婚姻法规定的结婚的实质要件,但因为双方缔结事实婚姻关系的行为发生在 1994 年 2 月 1 日后,不存在事实婚姻的认定。甲、乙双方于 2006 年 8 月 10 日补办结婚登记的行为,具有溯及既往的效力。补办结婚登记后,甲、乙的配偶关系不是自领取结婚证之日起发生,而应溯及至 2002 年 12 月 20 日,即双方符合婚姻法规定的结婚实质要件之日,因此人民法院关于甲、乙配偶关系发生时间的认定符合法律规定,是正确的。甲、乙配偶关系发生后,在婚姻关系存续期间,双方发生离婚纠纷,在离婚诉讼中甲、乙双方虽达成离婚协议,但因乙在签收离婚调解书前死亡,离婚调解书已没有通过乙签收生效的可能,因此双方的配偶关系终止的时间是乙死亡的时间,即 2007 年 12 月 12 日。因乙死亡时,离婚调解书尚未生效,甲、乙双方婚姻关系解除的效力尚未发生,因此,甲有权以配偶的身份继承乙的遗产。

(五)自测案例

甲和乙于 1994 年 1 月 30 日开始以夫妻名义同居生活,当时双方均符合婚姻法规定的结婚实质要件。甲婚后经常遭到其丈夫乙的打骂,无奈之下向人民法院提起离婚诉讼,人民法院审理后认为双方感情确已破裂,判决准予离婚,并对子女抚养和夫妻财产一并作出处理。甲认为一审判决关于财产分割的判决内容不公平,于是向上一级人民法院提起上诉。在二审审理期间,乙因意外事故死亡,二审法院遂裁定终结诉讼。

问题:

1. 甲和乙的配偶关系何时发生?
2. 人民法院一审判决是否发生法律效力?

二、血亲关系的发生和终止

我国法律上的血亲包括自然血亲和拟制血亲。血亲关系的发生和终止的时间,因血亲关系发生和终止的法律事实的不同而有差别。

（一）案情简介

> **案例**
>
> 甲的妻子因遭遇车祸突然去世，甲因此陷入郁闷之中不能自拔，整日酗酒度日。甲妻去世时，甲与前妻所生之子乙、甲妻与前夫所生之子丙均已成年但未结婚，与甲共同生活。丙未成年时即随生母与甲共同生活，甲对丙进行了抚养教育。因乙、丙多次规劝甲，导致甲对乙、丙的不满，甲要求断绝与乙、丙的父子关系，乙、丙表示同意，甲分别与乙、丙签订了解除父子关系协议。甲劳动能力丧失后，生活陷入困境，要求乙、丙赡养，乙、丙则以父子关系解除为由，拒绝履行赡养义务。甲向人民法院提起诉讼，要求乙、丙履行赡养费的支付义务。人民法院经审理认定：甲与乙、丙之间断绝父子关系的协议无效，父子关系仍然存在，判决支持了甲的诉讼请求。

（二）思考方向

血亲关系的发生基于出生、收养或抚养教育等法律事实。血亲关系基于出生这一事件发生的，其终止基于死亡这一事件；血亲关系基于收养行为产生的，其终止可基于死亡这一事件和解除的法律行为；继父或继母与继子女间的血亲关系的发生基于继父或继母对未成年继子女进行抚养教育的事实行为，其终止可基于死亡这一事件和解除的行为。上述事例中，人民法院关于甲与乙、丙之间解除父子关系协议无效的认定是否符合法律规定，应当按照血亲关系终止的条件加以确定。

（三）法律规定

1.《民法通则》第 57 条 民事法律行为从成立时起具有法律约束力。行为人非依法律规定或者取得对方同意，不得擅自变更或者解除。

2.《婚姻法》第 27 条第 2 款 继父或继母和受其抚养教育的继子女间的权利和义务，适用本法对父母子女关系的有关规定。

(四) 学理分析

本案中，人民法院认定甲与乙之间解除父子关系的协议无效是正确的，认定甲与丙之间解除父子关系的协议无效是错误的。甲与乙之间是自然血亲的父子关系，双方的父子关系因乙出生形成之后，只能在甲或乙死亡的情况下才能终止，解除父子关系的协议不具有法律效力，不产生父子关系解除的法律后果，乙作为甲的婚生子，在甲丧失劳动能力、生活困难时，对甲有支付赡养费的义务。甲与丙之间是拟制血亲的父子关系，双方的关系因甲对丙的抚养教育持续一定期间而形成之后，双方父子关系的法律地位等同于自然血亲的父子之间的关系。但因为甲与丙父子关系的形成是基于甲对丙抚养教育的事实行为而非基于丙出生的事实，双方不是自然血缘关系，只是拟制血缘关系，因此在甲与丙的拟制血亲的父子关系存续期间，双方可通过协议方式解除父子关系。继父子间产生父母子女的权利和义务关系后，该拟制父母子女法律关系可通过双方协议解除。双方协议解除继父子关系的行为为民事行为，根据《民法通则》第57条的规定，自成立之日起具有法律约束力。甲、丙之间解除父子关系的协议是双方真实意思的表示，不违反法律的强制性规定，具有法律效力，自协议成立之日起，甲、丙父子间的权利义务关系终止，甲与丙的父子身份消灭，基于该身份产生的丙对甲的赡养义务也随之消灭。

(五) 自测案例

甲、乙夫妇因婚后多年没有生育，遂收养一子丙，并办理了收养登记。丙成年后性格乖戾，难以和乙相处，特别是得知自己的生父母消息后，与乙的关系更是每况愈下。乙眼看养儿防老的愿望难以实现，为安度晚年，和甲协商后决定解除与丙之间的养父母子女关系，丙也表示同意，双方签订了解除收养关系协议，但未办理解除收养关系的登记。丙离开甲、乙2年后，甲因病致残丧失劳动能力，乙没有工资收入又要照顾甲，生活陷入困境，丙得知后，感念甲、乙的养育之恩，悔恨于自己过去的所作所为，主动要求与甲、乙恢复养父母子女关系，甲、乙同意后，丙承担了甲的医药费用，并每月支付给甲、乙生活费1000元，一直到甲去世。但甲去世后，丙与乙仍无法相处，丙不再向乙支付生活费。乙向人民法院提起诉讼，要求丙履行支付赡养费的义务。

问题:
1. 甲、乙与丙的养父母子女关系何时终止?
2. 甲、乙与丙之间恢复养父母子女关系的协议是否生效?
3. 丙对乙是否有支付赡养费的义务?

三、姻亲关系的发生和终止

姻亲关系以婚姻的成立为发生原因,一般情况下,婚姻成立的时间为姻亲关系发生的时间;婚姻终止的时间为姻亲关系消灭的时间。

(一) 案情简介

> **案例**
>
> 甲的妻子因病去世后,甲的岳父乙仍与甲一起共同生活,由甲赡养。甲与丙再婚至丙处生活后,虽不再照料乙的日常生活,但继续承担乙的生活费用。2007年10月20日乙去世,留下遗产房屋一栋。因为该房屋的继承问题,甲与乙的儿子丁发生纠纷,丁以甲女儿戊已代位继承了乙的遗产为由否认甲对乙遗产的继承权。甲向人民法院提起诉讼,要求确认其对乙遗产的继承权。人民法院经审理认为,甲在妻子去世后,对乙履行了主要赡养义务,有权继承乙的遗产,判决支持了甲的诉讼请求。

(二) 思考方向

按照亲属法的一般原理,姻亲关系既因婚姻的成立而发生,自应以婚姻的终止而消灭。但各国立法就婚姻终止姻亲消灭的问题,没有固守亲属法的原理而采取了缓和的态度,姻亲关系并不因婚姻的终止而一概消灭,在一定条件下姻亲关系的效力继续发生,我国也不例外。上述事例中,人民法院确认甲对乙遗产有继承权的判决是否符合法律规定,应当按照姻亲关系的原理和立法加以确定。

（三）法律规定

1.《继承法》第 12 条　丧偶的儿媳对公婆、丧偶的女婿对岳父母,尽了主要赡养义务的,不论再婚与否,均可作为公婆、岳父母的第一顺序法定继承人。

2. 最高人民法院《关于贯彻执行〈中华人民共和国继承法〉若干问题的意见》第 29 条　丧偶儿媳对公婆、丧偶女婿对岳父、岳母,无论其是否再婚,依继承法第十二条规定作为第一顺序继承人时,不影响其子女代位继承。

（四）学理分析

本案中,人民法院认定甲对乙的遗产有继承权是正确的。我国《婚姻法》没有婚姻关系因一方死亡时姻亲关系不消灭的规定,但《继承法》规定,丧偶的儿媳对公婆、丧偶的女婿对岳父母,尽了主要赡养义务的,可作为公婆、岳父母的第一顺序法定继承人,从其立法精神看,姻亲关系不因配偶一方死亡而终止,也不因生存配偶一方再婚而终止。在双方的姻亲关系不因配偶死亡而终止的情况下,生存一方对岳父母或公婆的赡养才有亲属基础,主要赡养义务的履行才能获得继承权的回报。

上述案例中,甲与乙的女儿结婚后,甲与乙之间形成了配偶的血亲类型的姻亲关系。在该姻亲关系存续期间,甲对乙没有赡养义务,只有辅助妻子对乙进行赡养的义务。当甲妻去世后,甲与乙有权继续维持姻亲关系,甲与丙再婚不影响双方的姻亲关系,但甲对乙并没有法定的赡养义务,对乙的遗产也无法定继承的权利。但当甲主动履行对乙的赡养义务、乙接受了甲的赡养的情况下,如果甲的赡养义务达到了主要赡养义务的程度,甲与乙之间的姻亲关系便具有了民事权利的内容,甲因此取得了对乙遗产的继承权主体资格,可作为乙的第一顺序法定继承人继承乙的遗产,并不受其子女代为继承的影响。

（五）自测案例

甲（男）与乙夫妇婚后无房便居住在岳母丙的房屋内,与丙共同生活。婚后,甲与乙夫妻感情融洽,但难以和丙相处,终因矛盾无法调和甲、乙决定离婚。离婚后,甲即搬离丙的住房租房另居。两年后乙患抑郁症自杀身亡,丙孤苦无依,其子丁也没有向丙支付赡养费的能力。甲基于对乙死亡的内疚,主动承担了对丙的赡养义务,丙的生活费和医药费用均由甲承担。后丙死亡,就丙遗产的继承问题,甲与丁发生纠纷,甲向人民法院提起遗产继承权之诉。

问题:

1. 甲与乙离婚后,甲与丙的姻亲关系是否终止?

2. 在乙死亡后,甲对丙履行了主要赡养义务,能否取得对丙遗产的继承权?

四、亲属关系在婚姻家庭法上的法律效力

亲属关系的法律效力在婚姻家庭法上的表现最为集中系统,一定范围内亲属间法定的扶养义务、相互继承遗产的权利、享有的共同共有财产权利、禁止结婚以及法定赔偿义务等都是亲属关系在婚姻家庭法上的效力体现。

(一)案情简介

甲男的父亲是乙女母亲的舅舅,俩人在同一单位的同一部门工作。在共同的工作过程中,双方的关系逐渐演变为恋爱关系,但遭到了双方父母的强烈反对。甲、乙不顾家人的反对,共同到婚姻登记机关申请结婚登记,婚姻登记机关以双方存在禁止结婚的亲属关系为由,作出了不予登记的决定。

(二)思考方向

一定范围内的亲属禁止结婚,在各国亲属立法中都有规定,只是禁止结婚的亲属范围不同而已。我国婚姻法也不例外,对禁止结婚的亲属范围作出了明确的规定。上述事例中,婚姻登记机关对甲、乙的结婚申请不予登记的做法是否符合法律规定,应当按照我国法律规定的禁止结婚的亲属范围加以确定。

(三) 法律规定

《婚姻法》第 7 条　有下列情形之一的,禁止结婚:
(一) 直系血亲和三代以内的旁系血亲;
(二) 患有医学上认为不应当结婚的疾病。

第 23 条　父母有保护和教育未成年子女的权利和义务。在未成年子女对国家、集体或他人造成损害时,父母有承担民事责任的义务。

(四) 学理分析

本案中,婚姻登记机关对甲、乙的结婚申请不予登记的做法是错误的。禁止一定范围内的亲属结婚,是亲属关系效力的直接体现。按照亲属法的这一原理,只是一定范围内的亲属禁止结婚,而不是所有有亲属关系的人均禁止结婚。关于禁止结婚的亲属范围,我国《婚姻法》明确限定在直系血亲和三代以内的旁系血亲之间。上述案例中,甲和乙为四代以内的旁系血亲,双方虽是亲属,但不属于婚姻法禁止结婚的亲属,因此亲属关系的禁止结婚效力不能发生于甲、乙双方之间,在双方符合婚姻法规定的其他结婚实质要件的情况下,婚姻登记机关以双方是亲属关系为由对其结婚申请不予登记,违反了我国《婚姻法》和《婚姻登记条例》的规定。

(五) 自测案例

甲(男)死亡后,婚生子丙由妻乙抚养。一日,丙课间与同学丁游戏时,不慎将丁的眼睛损伤最终致残,需赔偿丁人民币 2 万元。丙尚未成年且无个人财产,乙在支付了 1 万元的赔偿金后无能力继续支付赔偿费用,而丙的祖父戊离休后收入颇丰,具有支付剩余赔偿款的能力,于是丁以戊是丙的祖父为由,请求戊对丙的损害结果承担赔偿责任,但遭到戊的拒绝。

问题:
1. 乙对丙致丁的损害,是否应当承担损害赔偿责任?
2. 戊对丙致丁的损害,是否应当承担损害赔偿责任?

五、亲属关系在其他民事法律上的效力

在其他民事法律上,亲属关系主要发生如下效力:(1)一定范围内的亲属有法定监护的权利;(2)一定范围内的亲属有法定代理的权利;(3)一定范围内的亲属有申请宣告自然人失踪、死亡、无民事行为能力和限制民事行为能力的权利。

(一)案情简介

> **案 例**
>
> 甲的父母在一次空难中同时死亡,当时甲只有12周岁,没有能力处理父母的死亡赔偿事宜和对父母的遗产继承问题,于是甲的祖父乙便以甲监护人的身份参与甲父母的善后处理。甲的外祖父丙对乙的监护人资格提出异议,认为乙已丧失劳动能力且没有生活来源,不具备监护人资格,而自己具备担任甲的监护人的条件。因双方争执不下,乙向人民法院提起诉讼,请求人民法院指定其为甲的监护人。

(二)思考方向

未成年人的法定监护人由一定范围内的亲属担任。未成年人的监护人身份确定之后,监护人即为未成年人的法定代理人,有权代理被监护的未成年人进行各项民事活动。上述案例中,乙要求担任甲监护人的诉讼请求能否得到人民法院支持,应当依照未成年人监护人的设立条件加以确定。

(三)法律规定

1.《民法通则》第 16 条第 2 款   未成年人的父母已经死亡或者没有监护能力的,由下列人员中有监护能力的人担任监护人:

(一)祖父母、外祖父母;

(二)兄、姐;

(三)关系密切的其他亲属、朋友愿意承担监护责任,经未成年人的父、

母的所在单位或者未成年人住所地的居民委员会、村民委员会同意的。

第16条第3款 对担任监护人有争议的,由未成年人的父、母的所在单位或者未成年人住所地的居民委员会、村民委员会在近亲属中指定。对指定不服提起诉讼的,由人民法院裁决。

2. 最高人民法院《关于贯彻执行〈中华人民共和国民法通则〉若干问题的意见(修改稿)》(下称《民法通则意见》)**第14条第1款** 人民法院指定监护人,可以将民法通则第十六条第二款中的(一)、(二)、(三)项或者第十七条第一款中的(一)、(二)、(三)、(四)、(五)项规定视为指定监护人的顺序。前一顺序有监护资格的人无监护能力或者对被监护人明显不利的,人民法院可以根据对被监护人有利的原则,从后一顺序有监护资格的人中择优确定。被监护人有识别能力的,应视情况征求被监护人的意见。

第16条 对于担任监护人有争议的,应当按照民法通则第十六条第三款或者第十七条第二款的规定,由有关组织指定。未经指定而向人民法院起诉的,人民法院不予受理。

(四)学理分析

本案中,人民法院对乙的起诉不应支持。未成年人的父母是未成年人的当然监护人,未成年人的父母已经死亡或者没有监护能力的,由下一顺序的祖父母、外祖父母担任监护人。祖父母、外祖父母同作为第二顺序监护人时是有条件的:应当具备监护资格。乙虽为甲的祖父,但因已经丧失劳动能力也没有生活来源,没有能力照顾甲的生活,不能履行监督和保护甲的职责,因此其不具备监护资格,不能担任甲的监护人。乙不具备监护资格,自然就不具有成为监护人的主体条件。而丙作为甲的外祖父,有照顾甲的经济能力和生活能力,具备监护人资格。

另外,从程序上讲,人民法院也应当驳回乙的起诉。乙、丙对担任甲的监护人发生争议时,应当由甲父、母所在单位或者甲住所地的居民委员会、村民委员会在乙、丙中指定。指定为前置程序,未经指定而向人民法院起诉的,人民法院不予受理。

(五)自测案例

乙夫甲因与乙发生争吵离家出走,杳无音信。甲失踪5年后,乙难以独自承受生活的艰辛,便向人民法院申请宣告甲死亡。但甲父母丙、丁不同意申请宣告甲死亡,另向人民法院申请宣告甲失踪。乙无奈只得向人民法院提起离婚诉讼,要求解除与甲的婚姻关系。

问题:

1. 乙和丙、丁在对甲的失踪问题上,分别有什么权利?
2. 乙行使的权利内容和丙、丁行使的权利内容不一致时,应如何处理?

六、亲属关系在刑法上的效力

亲属关系在刑法上,主要发生如下效力:(1) 一定范围内的亲属是特定犯罪的构成条件;(2) 一定范围内的亲属对特定的犯罪有告诉或撤诉的权利。

(一)案情简介

> **案例**
>
> 甲、乙双方未办理结婚登记手续即于2000年10月8日开始以夫妻名义公开同居生活,此后双方感情较好。5年后,乙患重度肌无力症,逐渐丧失劳动能力和生活自理能力。乙患病之初,甲尚能尽丈夫之责,照料乙的生活,送乙到医院看病。但随着乙的病情加重和医药费用的增加,甲渐渐视乙为负担,拒绝支付乙的医药费用,也不再照料乙的生活,导致乙的病情恶化。2008年2月10日乙向人民法院提起诉讼,要求追究甲遗弃罪的刑事责任。

(二)思考方向

遗弃是指亲属中负有扶养、抚养、赡养义务的一方,对需要受扶养、抚养、赡养的另一方拒不履行其法定义务的行为。遗弃行为首先是一种民事侵权行为,侵犯了扶养、抚养、赡养权利人的受扶养、抚养和赡养权。遗弃行为情节恶劣的,构成遗弃罪。上述案例中,乙要求追究甲遗弃罪的请求能否得到人民法院的支持,应当依照遗弃罪的构成条件加以确定。

（三）法律规定

1.《婚姻法》第 3 条第 2 款第 4 项　禁止家庭成员间的虐待和遗弃。

2.《刑法》第 257 条　以暴力干涉他人婚姻自由的，处二年以下有期徒刑或者拘役。

犯前款罪，致使被害人死亡的，处二年以上七年以下有期徒刑。

第一款罪，告诉的才处理。

第 258 条　有配偶而重婚的，或者明知他人有配偶而与之结婚的，处二年以下有期徒刑或者拘役。

第 260 条　虐待家庭成员，情节恶劣的，处二年以下有期徒刑、拘役或者管制。

犯前款罪，致使被害人重伤、死亡的，处二年以上七年以下有期徒刑。

第一款罪，告诉的才处理。

第 261 条　对于年老、年幼、患病或者其他没有独立生活能力的人，负有扶养义务而拒绝扶养，情节恶劣的，处五年以下有期徒刑、拘役或者管制。

（四）学理分析

本案中，甲的行为不符合遗弃罪的主体要件。遗弃罪的犯罪主体，是亲属中负有扶养、抚养、赡养义务的一方，对需要受扶养、抚养、赡养的另一方拒不履行其法定义务且情节恶劣的。在遗弃罪中，行为人和被害人之间必须有亲属关系，而且是有扶养、抚养、赡养权利和义务的亲属关系。甲和乙虽以夫妻名义公开同居生活，但双方未办理结婚登记，相互间未形成夫妻关系，不具有夫妻间的权利和义务。夫妻身份是扶养义务产生的前提，没有夫妻关系的男女之间不存在法定的扶养义务。既然甲没有扶养乙的法定义务，也就不存在该义务不履行时构成遗弃的问题，更不存在情节恶劣构成遗弃罪的问题。因此甲对乙的行为不构成遗弃罪，乙的自诉请求不能得到人民法院的支持。

（五）自测案例

甲、乙夫妻婚后生一女丙。上学后，因甲、乙溺爱过度，丙不能忍受学校老师的管束，开始逃学，遭到甲的一顿暴打。但丙仍不改悔，继续逃学，于是甲、乙对丙的打骂成了家常便饭,丙的身上经常青一块紫一块的。丙的邻居向公安机关报案,要求追究甲、乙虐待罪的刑事责任。

问题:

1. 甲对丙暴打一顿和经常打骂的行为性质是什么?

2. 公安机关能否对甲、乙的虐待行为立案侦查并移送检察机关审查起诉?

七、亲属关系在诉讼法上的效力

亲属关系在诉讼法上的效力,包括在刑事诉讼法、民事诉讼法、行政诉讼法中规定的亲属的效力,主要有以下几个方面:(1) 一定范围内的亲属有回避的义务;(2) 一定范围内的亲属有上诉和申诉的权利;(3) 一定范围内的亲属有申请执行的权利。

(一) 案情简介

案例

甲对未成年人乙造成轻伤,乙的监护人丙作为乙的法定代理人向人民法院提起诉讼,要求追究甲伤害罪的刑事责任并承担损害赔偿责任。人民法院受理后,依法组成合议庭对案件进行审理。合议庭的组成人员中,一名审判员是甲的表姐夫。乙以该审判员是当事人甲的近亲属为由,向人民法院提出回避申请,人民法院以决定驳回了乙的回避申请。案件审理终结,甲被判处有期徒刑1年,支付乙人身损害赔偿金人民币1万元。丙对一审判决不服,未经乙的同意以乙的名义提起上诉。判决生效后,甲未履行支付赔偿金的义务,丙请求人民法院强制执行。

(二) 思考方向

在刑事诉讼法、民事诉讼法、行政诉讼法中,审判人员、检察人员、侦查人员、书记员、鉴定人和勘验人员如果是本案是当事人的近亲属,应自行回避。一审判决作出后,当事人的近亲属经当事人同意可以提起上诉。民事案件、刑事附带民事案件的判决或裁定及调解协议中涉及财产内容的,义务人到期不履行义务,近亲属为法定监护人的可以申请强制执行。上述案例中,丙作为乙的法定代理人以乙的名义实施的行为能否得到人民法院的支持,应当按照应当亲属关系在诉讼法上的相应效力加以确定。

(三) 法律规定

1.《中华人民共和国行政诉讼法》(以下简称《行政诉讼法》) 第 47 条

当事人认为审判人员与本案有利害关系或者其他关系可能影响公正审判,有权申请审判人员回避。

审判人员认为自己与本案有利害关系或者有其他关系,应当申请回避。

前两款规定,适用于书记员、翻译人员、鉴定人、勘验人。

院长担任审判长时的回避,由审判委员会决定;审判人员的回避,由院长决定;其他人员的回避,由审判长决定。当事人对决定不服的,可以申请复议。

2.《中华人民共和国刑事诉讼法》(以下简称《刑事诉讼法》) 第 154 条

开庭的时候,审判长查明当事人是否到庭,宣布案由;宣布合议庭的组成人员、书记员、公诉人、辩护人、诉讼代理人、鉴定人和翻译人员的名单;告知当事人有权对合议庭组成人员、书记员、公诉人、鉴定人和翻译人员申请回避;告知被告人享有辩护权利。

第 180 条第 1 款 被告人、自诉人和他们的法定代理人,不服地方各级人民法院第一审的判决、裁定,有权用书状或者口头向上一级人民法院上诉。被告人的辩护人和近亲属,经被告人同意,可以提出上诉。

第 203 条 当事人及其法定代理人、近亲属,对已经发生法律效力的判决、裁定,可以向人民法院或者人民检察院提出申诉,但是不能停止判决、裁定的执行。

3.《中华人民共和国民事诉讼法》(以下简称《民事诉讼法》) 第 45 条

审判人员有下列情形之一的,必须回避,当事人有权用口头或者书面方式申请他们回避:

(一) 是本案当事人或者当事人、诉讼代理人的近亲属;

（二）与本案有利害关系；

（三）与本案当事人有其他关系，可能影响对案件公正审理的。

前款规定，适用于书记员、翻译人员、鉴定人、勘验人。

第 212 条　发生法律效力的民事判决、裁定，当事人必须履行。一方拒绝履行的，对方当事人可以向人民法院申请执行，也可以由审判员移送执行员执行。

调解书和其他应当由人民法院执行的法律文书，当事人必须履行。一方拒绝履行的，对方当事人可以向人民法院申请执行。

（四）学理分析

本案中，丙有权以乙法定代理人的身份提起自诉、上诉和申请执行。对伤害行为造成的轻伤后果，受害人有权向人民法院提起自诉，请求追究行为人的刑事责任和附带民事赔偿责任。提起自诉的权利由受害人本人行使，但当受害人为无行为能力或限制行为能力人时，其法定代理人可代为行使。基于同样的理由，当事人对一审判决不服的，法定代理人也有权以当事人的名义提起上诉，无需当事人的同意。在判决生效涉及判决的执行时，对被执行人应当履行而没有履行的判决义务，法定代理人有权向人民法院申请执行。本案中，丙作为乙的法定代理人，在乙没有诉讼行为能力的情况下，基于其法定代理人的身份有权以乙的名义参与诉讼法律关系，行使法定代理人在诉讼中的权利。

（五）自测案例

甲年满 17 周岁时，因实施抢劫行为被人民法院以抢劫罪判处有期徒刑 12 年，甲的父母乙、丙在未经甲同意的情况下，以量刑过重为由提起上诉，二审法院裁定驳回了甲的上诉请求。判决生效后甲被送往劳动改造机关服刑，其时甲已满 18 周岁。乙、丙坚持认为人民法院对甲的量刑过重，希望甲申诉，但遭到甲的拒绝。于是乙、丙以自己的名义提出申诉。

问题：

1. 乙、丙未经甲同意是否有权代甲提起上诉？
2. 乙、丙是否有权以自己名义提起申诉？

第三章 婚姻的成立

一、结婚程序的效力

结婚必须具备法律规定的实质条件,同时还应当履行法律规定的程序,即结婚登记。结婚登记是夫妻关系确立的唯一合法有效的程序,是婚姻成立的程序要件。男女双方未办理结婚登记即以夫妻名义共同生活,为同居关系,不产生夫妻间的权利和义务。

(一) 案情简介

> **案例**
>
> 2007年4月29日,甲(女)与乙共同到婚姻登记机关申请结婚登记。婚姻登记机关经过审查,认为双方符合结婚条件,即予以登记。登记完毕,婚姻登记机关因故没有当场向当事人发放结婚证。婚礼如期举行,当曲终人散之时,乙突发心肌梗塞死亡。2007年5月8日,甲领取了结婚证。因甲的遗属待遇问题,甲与乙所在单位某农行产生分歧,某农行向人民法院提起诉讼,以乙死亡时尚未领取结婚证为由,请求确认甲与乙的婚姻不成立,甲不具有乙的配偶身份,不应享有遗属待遇。人民法院经过审理,支持了某农行的诉讼请求。

(二) 思考方向

结婚登记是婚姻成立的法定程序,它是婚姻取得法律认可的方式,同时也是婚姻成立的实质要件得到切实贯彻执行的有力保障。我国法律要求结婚的男女必须亲自到婚姻登记管理机关提出结婚申请,婚姻登记机关对当事人的申请进行审查后,在符合结婚的实质要件时,予以登记确认。登记程序完成,领取结婚证,婚姻成立,夫妻关系形成。在本案中,人民法院确认甲与乙的婚姻不成立是否符合法律规定,应当依法律规定的结婚登记效力的立法本意加以确定。

(三)法律规定

1.《婚姻法》第8条　要求结婚的男女双方必须亲自到婚姻登记机关进行结婚登记。符合本法规定的,予以登记,发给结婚证。取得结婚证,即确立夫妻关系。未办理结婚登记的,应当补办登记。

2.《婚姻登记条例》第4条第1款　内地居民结婚,男女双方应当共同到一方当事人常住户口所在地的婚姻登记机关办理结婚登记。

第7条　婚姻登记机关应当对结婚登记当事人出具的证件、证明材料进行审查并询问相关情况。对当事人符合结婚条件的,应当当场予以登记,发给结婚证;对当事人不符合结婚条件不予登记的,应当向当事人说明理由。

(四)学理分析

在本案中,人民法院确认甲与乙的婚姻不成立是不正确的。婚姻的成立分为两个部分,一是男女双方缔结婚姻关系的协议,二是婚姻登记机关的登记批准行为。婚姻登记实际上是国家对男女双方缔结婚姻的行为是否符合婚姻法规定的实质要件进行审查、予以批准的行为。结婚证书是婚姻登记机关签发的证明婚姻关系成立的法律文书,是婚姻成立的外部证明形式。在批准登记时间和领取结婚证书时间不一致的情况下,婚姻成立的时间仍应以婚姻登记机关批准的时间即结婚证书记载的时间为准,对"取得结婚证,即确立夫妻关系"的理解,应当从结婚登记的本意而不应仅限于字面意义上理解。

上述案例中,虽然乙死亡时尚未领取与甲的结婚证书,但婚姻登记机关已在其死亡前批准了双方的结婚申请,登记程序已履行完毕,其婚姻关系在2007年4月29日已因婚姻登记机关的批准登记而确立。人民法院以乙死亡前未领取结婚证书为由,否认甲和乙之间的夫妻关系,否认甲是乙配偶的身份是错误的。

(五)自测案例

甲与乙(女)2006年5月8日到婚姻登记机关申请结婚登记,婚姻登记机关予以结婚登记后扣押了应当由乙持有的结婚证书,告知5日内交纳计划生育保证金后,持收款收据领取。因婚礼问题双方发生意见分歧,乙拂袖而去,自此两人分道扬镳,结婚证书一直没有领取。后乙得知甲与丙在2007年2月25日申请了结婚登记,乙即以甲重婚为由,请求婚姻登记机关宣告甲与丙的婚姻无效。婚姻登记机关查实后撤销了甲与丙婚姻,同时向人民检察院举报甲重婚。检察机关对甲以重婚罪向人民法院提起公诉。

问题:
1. 甲与乙的婚姻关系是否成立?
2. 检察机关能否以重婚罪对甲提起公诉?

二、结婚程序要件欠缺的法律后果

结婚登记是结婚的形式要件。按照民事行为的基本原理,结婚行为为要式民事行为,形式要件的欠缺一般会导致该民事行为的无效。但我国婚姻法并没有将程序要件欠缺的婚姻纳入无效婚姻之列,而是有条件地承认其为事实婚姻关系。

(一)案情简介

案例

2005年3月8日,甲(女,20周岁)与乙(24周岁)按民间仪式举行婚礼后即以夫妻名义共同生活,婚后生有一女丙。乙对甲生女心怀不满,夫妻感情出现裂痕。后乙逼甲再生一男孩遭到拒绝,双方感情恶化致分居生活。分居期间,甲因父去世继承遗产10万元。2008年1月20日,甲向人民法院起诉离婚。案件受理前,人民法院告知甲补办结婚登记,但甲未能补办登记手续。乙同意离婚,但对甲继承所得的10万元提出分割要求。人民法院经审理认定,甲、乙双方为同居关系,不适用离婚程序,人民法院不予处理;甲继承所得10万元为其个人财产,乙无权分割。

(二)思考方向

对程序要件欠缺的男女两性结合,我国司法实践有条件地认定为事实婚姻关系。事实婚姻关系的性质确定后,事实婚姻关系的存续期间视为合法婚姻关系存续期间,一方起诉离婚的,适用离婚程序;不构成事实婚姻关系的则为同居关系,一方起诉离婚的,人民法院对同居关系的解除不予受理。上述案例中,人民法院对甲与乙是同居关系的认定是否正确,应当依照事实婚姻关系的认定条件加以确定。

(三)法律规定

1.《婚姻法解释一》第5条 未按婚姻法第八条规定办理结婚登记而以夫妻名义共同生活的男女,起诉到人民法院要求离婚的,应当区别对待:

(一)1994年2月1日民政部《婚姻登记管理条例》公布实施以前,男女双方已经符合结婚实质要件的,按事实婚姻处理。

(二)1994年2月1日民政部《婚姻登记管理条例》公布实施以后,男女双方符合结婚实质要件的,人民法院应当告知其在案件受理前补办结婚登记;未补办结婚登记的,按解除同居关系处理。

第6条 未按婚姻法第八条规定办理结婚登记而以夫妻名义共同生活的男女,一方死亡,另一方以配偶身份主张享有继承权的,按照本解释第五条的原则处理。

2. 最高人民法院《关于人民法院审理未办结婚登记而以夫妻名义同居生活案件的若干意见》第8条前半段 人民法院审理非法同居关系的案件,如涉及非婚生子女抚养和财产分割问题,应一并予以解决。

第10条前半段 解除非法同居关系时,同居生活期间双方共同所得的收入和购置的财产,按一般共有财产处理。

3.《民法通则意见》第92条 在共同共有关系终止时,对共有财产的分割,有协议的,按协议处理;没有协议的,应当根据等份原则处理,并且考虑共有人对共有财产的贡献大小,适当照顾共有人生产、生活的实际需要等情况。但分割夫妻共有财产,应当根据婚姻法的有关规定处理。

4.《婚姻法解释二》第1条 当事人起诉请求解除同居关系的,人民法院不予受理。但当事人请求解除的同居关系,属于婚姻法第三条、第三十二条、第四十六条规定的"有配偶者与他人同居"的,人民法院应当受理并依法予以解除。

当事人因同居期间财产分割或者子女抚养纠纷提起诉讼的,人民法院应当受理。

（四）学理分析

本案中,人民法院的判决是正确的。未办理结婚登记而以夫妻名义公开同居生活的男女两性结合,在同居期间一方能否向人民法院提起离婚诉讼,关键在于双方的关系是否被认定为事实婚姻关系。如果被认定为事实婚姻关系,则按离婚程序处理;如果被认定为同居关系,则排除离婚程序的适用,同居关系本身审判权也不干预,人民法院只处理同居关系期间的财产分割和子女抚养纠纷。

本案中,甲与乙在2005年3月8日同居时虽符合婚姻法规定的实质要件,但双方同居的时间是在1994年2月1日后,双方的关系不存在事实婚姻认定问题。法院受理前,告知甲补办结婚登记,但甲在规定的时间内未能补办,双方的关系为同居关系,不适用离婚程序。对于双方的同居关系,由当事人自行解除,人民法院不予处理。但对于同居期间的财产关系和子女抚养则属于人民法院受理民事案件的范围,人民法院应当予以处理。甲继承所得的10万元遗产,是同居期间所得的财产,并非婚姻关系存续期间所得的财产,甲能够证明是个人继承所得,因此该财产为甲的个人财产,乙无权分割。

（五）自测案例

甲（女,22周岁）与乙（26周岁）于2003年9月8日按民间仪式举行婚礼后即以夫妻名义共同生活（双方同居时符合婚姻法规定的结婚实质要件）。婚后双方感情较好,生一女丙。2006年,双方购置了价值8万元的房屋3间,另有甲接受赠与的财产5万元。2007年1月20日,甲外出途中遇车祸身亡。因遗产继承问题,乙与甲的父母发生纠纷,甲的父母认为,甲与乙未经结婚登记,乙不具有甲配偶的身份,无权继承甲的遗产。协商未果,甲的父母向人民法院提起诉讼,请求继承甲的全部遗产。

问题：

1. 乙能否以配偶的身份主张对甲遗产的继承权？
2. 甲的遗产范围应如何确定？

三、补办结婚登记的效力

我国《婚姻法》规定,要求结婚的男女双方必须亲自到婚姻登记机关申请结婚登记;未办理结婚登记的,应当补办结婚登记。

(一) 案情简介

> **案例**
>
> 甲(女,24周岁)与乙(25周岁)于2003年7月5日研究生毕业后开始以夫妻名义同居生活,2006年1月1日,女儿丙出生。2006年9月28日,双方到婚姻登记机关补办了结婚登记。2003年7月5日至2006年9月27日期间,乙名下存款美元5万元,甲名下存款人民币4万元。2006年9月28日至2007年10月20日期间,乙名下存款美元7万元,甲名下存款人民币3万元。因为对女儿的抚养教育存在观念差异,双方经常发生争执,以致矛盾无法调和。2007年10月20日,甲向人民法院起诉离婚。人民法院经审理查明以上事实后作出判决:(1) 准予甲和乙离婚;(2) 婚生女丙由甲抚养,乙每月支付抚养费500元;(3) 夫妻共同财产12万美元、人民币7万元,甲、乙各分得美元6万元,人民币3.5万元。

(二) 思考方向

补办结婚登记具有溯及既往的效力。补办结婚登记的,婚姻关系的效力不是从补办结婚登记之日起发生,而是从双方同居后均符合婚姻法所规定的结婚实质要件时发生。在本案中,人民法院关于甲与乙的婚姻关系效力应自2003年7月5日开始的认定是否符合法律规定,应当依照法律关于补办结婚登记效力的规定加以确定。

(三) 法律规定

1.《婚姻法》第8条 要求结婚的男女双方必须亲自到婚姻登记机关进行结婚登记。符合本法规定的,予以登记,发给结婚证。取得结婚证,即确立夫妻关系。未办理结婚登记的,应当补办登记。

2.《婚姻法解释一》第 4 条 男女双方根据婚姻法第 8 条规定补办结婚登记的,婚姻关系的效力从双方均符合婚姻法所规定的结婚的实质要件时起算。

(四)学理分析

本案中,人民法院的判决是正确的。根据《婚姻法解释一》的规定,补办结婚登记的,婚姻关系的效力从双方均符合《婚姻法》所规定的结婚的实质要件时起算。即如果双方同居时已符合《婚姻法》所规定的结婚的实质要件的,补办结婚登记后,婚姻关系的效力从双方同居时开始起算;如果双方同居后才符合《婚姻法》规定的结婚实质要件的,婚姻关系的效力则从双方符合《婚姻法》所规定的结婚实质要件时起算。

本案中,2003 年 7 月 5 日甲与乙以夫妻名义共同生活时,双方均符合《婚姻法》所规定的结婚的实质要件。2006 年 9 月 28 日双方到婚姻登记机关补办了结婚登记手续后,其结婚登记的效力应溯及到 2003 年 7 月 5 日。自 2003 年 7 月 5 日起至婚姻关系终止前,为甲、乙双方的婚姻关系存续期间,该期间的存款未进行夫妻财产约定,应当认定为夫妻共同财产,双方享有平等的分割权。

(五)自测案例

甲(女,18 周岁)与乙(27 周岁)于 1994 年 7 月 5 日按照民间仪式举行婚礼后,开始以夫妻名义同居生活。同居生活期间,甲在一幼儿园从事幼儿教育工作,每月领取固定工资,而乙自筹资金从事速递业务。婚后前两年,乙的业务开展得并不理想,收支基本平衡。1998 年开始,速递业务迅猛发展,收入快速增长。2003 年乙用自己经营所得购置了一辆价值 12 万元的"桑塔纳"轿车和一套价值 23 万元的住房。2007 年 6 月 10 日,双方到婚姻登记机关申请结婚登记,领取了结婚证书。2008 年 10 月 1 日,甲与乙外出旅游,乙溺水身亡。

问题:

1. 甲与乙婚姻关系的效力何时开始起算?
2. 甲与乙同居期间乙购置的轿车和房屋能否认定为夫妻共同财产?

四、婚姻无效的原因

无效婚姻,是指因欠缺婚姻成立的法定条件而不发生法律效力的男女两性的结合。导致婚姻不发生法律效力的情形就是婚姻无效的原因。我国婚姻法列举了婚姻无效的情形:(1)重婚的;(2)有禁止结婚的亲属关系的;(3)婚前患有医学上认为不应当结婚的疾病,婚后尚未治愈的;(4)未达到法定婚龄的。只有具备婚姻法规定的上述情形时,才能宣告婚姻无效。

(一)案情简介

案例

甲与乙(女)1993年10月11日符合结婚实质要件但未办理结婚登记手续,按照民间仪式举行婚礼后,即开始以夫妻名义同居生活,1995年12月20日乙生女丙。2005年5月,甲又与丁登记结婚,2007年12月丁生一子戊。2008年6月5日,丁得知甲有妻子儿女的事实后,向人民法院申请宣告其与甲的婚姻无效。人民法院审理后认为,甲和乙虽未办理结婚登记即以夫妻名义同居生活,但双方构成事实婚姻关系,具有夫妻的权利和义务。甲与乙事实婚姻关系存续期间,又与丁登记结婚,构成重婚,甲和丁的婚姻因重婚而无效。

(二)思考方向

无效婚姻自始无效,当事人不具有夫妻的权利和义务。我国《婚姻法》实行无效婚姻原因法定,只有具备《婚姻法》规定的无效婚姻情形时,才可以确认婚姻为无效婚姻。重婚是婚姻无效的情形之一,判断有配偶的人又与他人结婚的行为是否构成重婚,应当严格遵守法律规定。在本案中,甲与丁的婚姻关系是否因重婚而无效,应当依照法律规定的重婚的构成要件加以确定。

(三) 法律规定

1.《婚姻法》第 3 条第 2 款第 1 项　禁止重婚。

第 10 条　有下列情形之一的,婚姻无效:

(一) 重婚的;

(二) 有禁止结婚的亲属关系的;

(三) 婚前患有医学上认为不应当结婚的疾病,婚后尚未治愈的;

(四) 未达到法定婚龄的。

2. 最高人民法院《关于人民法院审理未办结婚登记而以夫妻名义同居生活案件的若干意见》第 5 条　已登记结婚的一方又与第三人形成事实婚姻关系,或事实婚姻关系的一方又与第三人登记结婚,或事实婚姻关系的一方又与第三人形成新的事实婚姻关系,凡前一个婚姻关系的一方要求追究重婚罪的,无论其行为是否构成重婚罪,均应解除后一个婚姻关系。前一个婚姻关系的一方如要求处理离婚问题,应根据其婚姻关系的具体情况进行调解或作出判决。

第 6 条　审理事实婚姻关系的离婚案件,应当先进行调解,经调解和好或撤诉的,确认婚姻关系有效,发给调解书或裁定书,经调解不能和好的,应调解或判决准予离婚。

(四) 学理分析

本案中,人民法院的认定是正确的。重婚是无效婚姻的法定情形之一。重婚包括法律上的重婚和事实上的重婚。法律上的重婚是指前婚未解除,又与第三人通过结婚登记而形成的重婚;事实上的重婚,是指前婚未解除,又与他人以夫妻名义共同生活,周围群众也认为是夫妻关系的结合。重婚状态由前婚和后婚并存构成,登记结婚的一方又与第三人形成事实婚姻关系,构成重婚;事实婚姻关系的一方又与第三人登记结婚,构成重婚;事实婚姻关系的一方又与第三人形成新的事实婚姻关系,同样构成重婚。无论其重婚行为是否构成重婚罪,后婚均应认定为重婚,为无效婚姻的法定情形,应当依法予以解除。

本案中,甲与乙虽未办理结婚登记手续即以夫妻名义共同生活,但因双方在 1994 年 2 月 1 日前已符合结婚的实质要件,构成事实婚姻关系。在事实婚姻关系存续期间,甲与丁又登记结婚,构成重婚,属于无效婚姻的法定情形。丁有权以重婚为由请求人民法院宣告其与甲的婚姻无效。

(五) 自测案例

甲与乙(女)2005年10月11日登记结婚。甲婚前已被查出艾滋病毒阳性,但向乙隐瞒了这一情况。2007年2月甲因病情严重住进了医院,乙方知甲为艾滋病人,恐惧伴随着被欺骗的愤怒,乙于2007年6月2日以甲婚前患有医学上认为不应当结婚的疾病、婚后尚未治愈为由,请求人民法院依法宣告其与甲的婚姻无效。甲则辩称,向乙隐瞒病情是真,但婚前健康检查时,婚检部门并未将该病列入检查之列,说明该病不属于医学上认为不应当结婚的疾病,请求人民法院驳回乙的申请。

问题:

1. 艾滋病是否属于医学上认为不应当结婚的疾病?
2. 甲与乙的婚姻是否具备无效的情形?

五、婚姻无效的确认

婚姻无效,是指当事人的婚姻欠缺法定的结婚的实质要件,通过有申请权的当事人申请宣告婚姻无效,使已经办理结婚登记的婚姻关系失去法律效力。婚姻无效的确认应当按照特别程序由人民法院依法宣告。

(一) 案情简介

> **案 例**
>
> 甲(女)1999年9月经人介绍与乙相识,2001年3月10日,双方办理了结婚登记手续。2005年5月30日,甲在与乙的婚姻关系存续期间,又与丙登记结婚。2007年8月10日,甲与乙达成离婚协议后,办理了离婚登记。2008年10月8日,丙以与甲结婚时甲有配偶为由,申请人民法院宣告其与甲的婚姻无效。人民法院经审理认为,甲与丙虽构成重婚,但丙申请时甲与乙的婚姻已终止,重婚的状态不再存在,法定的无效婚姻情形消失,遂判决驳回了丙的婚姻无效申请。

（二）思考方向

由于无效婚姻，自始无效，当事人同居期间不具有夫妻的权利和义务，因此法律对婚姻的无效规定了严格的条件。只有具备婚姻无效的法定事由，同时经人民法院按法律规定程序进行宣告的情况下，婚姻无效的效力才能确定。上述案例中，人民法院驳回丙婚姻无效申请的做法是否符合法律规定，应当依照无效婚姻的条件加以确定。

（三）法律规定

1.《婚姻法解释一》第7条 有权依据婚姻法第十条规定向人民法院就已经办理结婚登记的婚姻申请宣告婚姻无效的主体，包括婚姻当事人及利害关系人。利害关系人包括：

（一）以重婚为由申请宣告婚姻无效的，为当事人的近亲属及基层组织。

（二）以未达到法定婚龄为由申请宣告婚姻无效的，为未达法定婚龄者的近亲属。

（三）以有禁止结婚的亲属关系为由申请宣告婚姻无效的，为当事人的近亲属。以婚前患有医学上认为不应当结婚的疾病，婚后尚未治愈为由申请宣告婚姻无效的，为与患病者共同生活的近亲属。

第8条 当事人依据婚姻法第十条规定向人民法院申请宣告婚姻无效的，申请时，法定的无效婚姻情形已经消失的，人民法院不予支持。

第9条 人民法院审理宣告婚姻无效案件，对婚姻效力的审理不适用调解，应当依法作出判决；有关婚姻效力的判决一经作出，即发生法律效力。

涉及财产分割和子女抚养的，可以调解。调解达成协议的，另行制作调解书。对财产分割和子女抚养问题的判决不服的，当事人可以上诉。

2.《婚姻法解释二》第5条 夫妻一方或双方死亡后一年内，生存一方或者利害关系人依据婚姻法第十条的规定申请宣告婚姻无效的，人民法院应当受理。

第6条 利害关系人依据婚姻法第十条的规定，申请人民法院宣告婚姻无效的，利害关系人为申请人，婚姻关系当事人双方为被申请人。

夫妻一方死亡的，生存一方为被申请人。

夫妻双方均死亡的,不列被申请人。

(四) 学理分析

本案中,人民法院驳回丙婚姻无效申请的做法是不正确的。丙与甲申请结婚登记是在甲与乙的婚姻关系存续期间,因此丙与甲的婚姻构成重婚,具备无效婚姻的法定情形。丙提出婚姻无效的申请时,甲与乙的婚姻关系终止,重婚的状态不再存在,但这种情况不能适用"法定的无效婚姻情形已经消失"而否认丙与甲婚姻无效的后果。因为重婚是违反婚姻法一夫一妻制原则的行为,违法程度严重,即使当事人提出宣告婚姻无效的申请时前婚已经因离婚或一方死亡而终止,也不能作为后婚无效障碍消除的根据,后婚仍然构成重婚而产生婚姻无效的法律后果。人民法院以丙申请时甲与乙的婚姻已经终止、无效的法定情形已经消失为由,驳回丙婚姻无效申请,就意味着丙与甲的婚姻自登记之日起即具有合法婚姻的效力,而该婚姻在一定时期内是与甲的前婚并存的,这样就等于变相承认了重婚的效力,而这恰恰是我国婚姻法所禁止的。

(五) 自测案例

甲(男,1979年2月8日出生)与乙(女,1982年5月10日出生)青梅竹马、两小无猜。2001年3月20日双方隐瞒了乙未达法定婚龄的事实登记结婚。婚后因乙拒绝生育,双方关系日趋紧张,最后分居生活。2003年1月10日,甲与乙协议离婚未果,甲向人民法院提出申请,请求宣告其与乙的婚姻无效。人民法院在案件审理过程中就双方的婚姻效力和财产处理进行调解,甲、乙双方对婚姻效力和财产分割达成一致后,人民法院制作了调解书,双方当事人均已签收。

问题:

1. 甲、乙的婚姻是否具备无效的情形?
2. 甲是否有权请求人民法院宣告其与乙的婚姻无效?
3. 人民法院确认甲与乙的婚姻无效的程序是否合法?

六、婚姻无效的后果

婚姻被确认无效后,产生如下后果:(1) 无效的婚姻,自始无效;(2) 同居双方不享有夫妻权利义务;(3)同居期间所得的财产,不为夫妻共同财产;(4)同居期间所生子女,为非婚生子女。

(一) 案情简介

> **案例**
>
> 甲(男)与乙(女)1987年9月25日登记结婚。婚后两人感情较好,生有一女。2006年2月8日甲又与丙登记结婚。甲与丙共同生活期间,甲出资购置了一栋价值160万元的别墅,双方共同存款120万元,甲继承所得50万元。2007年5月20日,丙得知甲已有配偶的事实后,申请人民法院宣告其与甲的婚姻无效。诉讼中,甲表示放弃与丙共有财产中的权利,乙作为有独立请求权的第三人参加了诉讼。人民法院经审理查明以上事实后,作出判决:(1) 宣告甲与丙的婚姻无效;(2) 甲与丙同居期间的存款120万元为双方共同共有,丙分得60万元,甲分得60万。(3) 甲与丙同居期间购置的别墅系甲个人出资所得,不属于甲与丙的共同共有财产,丙无权分割。

(二) 思考方向

婚姻被宣告无效后,无效婚姻的双方当事人不具有夫妻身份,同居期间的财产不属于夫妻共同财产,而是普通共同共有财产。在重婚导致的无效婚姻案件中,对重婚双方的财产处理,合法婚姻当事人有权作为有独立请求权的第三人参加诉讼,以避免合法婚姻当事人的财产权益遭受侵害。上述案例中,人民法院宣告甲与丙的婚姻无效及对财产处理的判决是否符合法律规定,应当依照法律规定的无效婚姻的后果加以确定。

(三) 法律规定

1. 《婚姻法》第12条 无效或被撤销的婚姻,自始无效。当事人不具有夫妻的权利和义务。同居期间所得的财产,由当事人协议处理;协议不成时,由人民法院根据照顾无过错方的原则判决。对重婚导致的婚姻无效的财产处理,不得侵害合法婚姻当事人的财产权益。当事人所生子女,适用本法有关父母子女关系的规定。

2.《婚姻法解释一》第 13 条　婚姻法第十二条所规定的自始无效,是指无效或者可撤销婚姻在依法被宣告无效或被撤销时,才确定该婚姻自始不受法律保护。

第 15 条　被宣告无效或被撤销的婚姻,当事人同居期间所得的财产,按共同共有处理。但有证据证明为当事人一方所有的除外。

第 16 条　人民法院审理重婚导致的无效婚姻案件时,涉及财产处理的,应当准许合法婚姻当事人作为有独立请求权的第三人参加诉讼。

(四)学理分析

本案中,人民法院的判决是正确的。甲与丙的婚姻因甲重婚而无效,双方同居期间所得的财产 120 万元存款属于共同共有财产,双方有平等的分割权。但甲应分得的 60 万元为甲与乙的夫妻共同财产,在甲与乙的婚姻关系存续期间,甲无权单方对该 60 万元请求分割,也无权对该 60 万擅自行使全部或部分处分权,故乙有权以有独立请求权的第三人的身份,主张甲放弃 60 万元的行为无效。甲继承的 50 万元,对丙而言,为甲个人继承所得的财产,丙无权请求分割;对乙而言,则为婚姻关系存续期间甲继承所得的财产,属于夫妻共同财产;甲出资购置的 160 万元的别墅虽为甲与丙同居期间所得的财产,但系甲个人出资购置,可以证明为甲一方所有,因此该财产不属于甲与丙的共同财产。甲出资购置的别墅以及甲自丙处分得的 60 万元,属于甲与乙婚姻关系存续期间所得的财产,为夫妻共同财产,甲、乙双方有平等的所有权和处理权。

(五)自测案例

甲(男)与乙系表兄妹,1999 年 9 月 30 日骗取结婚登记。婚后两人感情较好,但结婚多年未生子女。2005 年 5 月,因承受不了无子的压力,甲离开原籍到上海谋求发展,其间与丙相识,并在 2006 年 2 月 8 日与丙登记结婚。甲与丙生活期间,甲以婚前财产出资注册成立一打字社,双方共同经营,截止到 2007 年 4 月底,经营收入为 30 万元。2007 年 5 月 10 日,乙得知甲与丙重婚的事实后,向人民法院申请宣告甲与丙婚姻无效。甲则提起反诉,请求确认其与乙的婚姻无效,驳回乙的申请。

问题:

1. 甲和乙的婚姻被宣告无效后,甲和丙之间的婚姻效力如何?
2. 乙对甲与丙共同经营所得的30万元有何权利?

七、婚姻撤销的条件

可撤销婚姻,是指当事人因意思表示不真实而成立的婚姻,通过有撤销权的当事人行使撤销权,使已经发生法律效力的婚姻关系失去法律效力。婚姻撤销应当具备如下条件:(1)须经受胁迫人申请;(2)受胁迫方必须在法律规定的时间内行使撤销婚姻效力的请求权;(3)须由婚姻登记机关或人民法院依法定程序撤销。

(一) 案情简介

案 例

2003年5月,女青年甲与乙相识并建立了恋爱关系,但乙向甲隐瞒了自己曾因盗窃被判徒刑的历史。甲在与的交往过程中,风闻乙有盗窃前科,便向乙求证,被乙断然否定,并发誓赌咒自己不可能偷窃。甲相信了乙,2005年12月20日,甲与乙登记结婚。婚后乙劣习难改又重操旧业,因盗窃数额较大被公安机关逮捕。甲对乙彻底绝望,离婚的请求遭到乙的拒绝后,2006年5月10日甲以受欺诈为由向人民法院提出申请,请求撤销与乙的婚姻关系。法院经审理认定,甲是在乙的欺诈下与其结婚的,但甲与乙的婚姻关系不属可撤销婚姻,判决驳回了甲的诉讼请求。

(二) 思考方向

婚姻被撤销后,自始无效,当事人间不具有夫妻的权利和义务。基于可撤销婚姻所具有的这些效力特征,法律对婚姻撤销的条件作了严格规定。只有在具备法律规定条件的情况下,婚姻登记机关或人民法院才能撤销该婚姻。在本案中,人民法院的判决是否符合法律规定,应当依法律规定的婚姻被撤销的条件加以确定。

(三) 法律规定

1.《婚姻法》第 11 条 因胁迫结婚的,受胁迫的一方可以向婚姻登记机关或人民法院请求撤销该婚姻。受胁迫的一方撤销婚姻的请求,应当自结婚登记之日起一年内提出。被非法限制人身自由的当事人请求撤销婚姻的,应当自恢复人身自由之日起一年内提出。

2.《婚姻法解释一》第 10 条 婚姻法第 11 条所称的"胁迫",是指行为人以给另一方当事人或者其近亲属的生命、身体健康、名誉、财产等方面造成损害为要挟,迫使另一方当事人违背真实意愿结婚的情况。因受胁迫而请求撤销婚姻的,只能是受胁迫一方的婚姻当事人本人。

第 11 条 人民法院审理婚姻当事人因受胁迫而请求撤销婚姻的案件,应当适用简易程序或者普通程序。

第 12 条 《婚姻法》第十一条规定的"一年",不适用诉讼时效中止、中断或者延长的规定。

第 13 条 婚姻法第十二条所规定的自始无效,是指无效或者可撤销婚姻在依法被宣告无效或被撤销时,才确定该婚姻自始不受法律保护。

(四) 学理分析

在本案中,人民法院判决驳回甲诉讼请求的做法是正确的。行为人乙为了达到与甲结婚的目的,采用了向甲隐瞒其因偷盗被人民法院判处刑罚的欺诈手段,使甲相信了乙没有劣迹的事实,违背真实意愿与乙结婚,乙的行为构成欺诈。但根据我国《婚姻法》的规定,一方欺诈对方而与之结婚的行为,既不属于无效婚姻的法定情形,也不属于可撤销婚姻的法定情形,因此,甲不能以受欺诈结婚为由请求人民撤销其与乙的婚姻。尽管甲 2006 年 6 月 10 日向人民法院提出撤销婚姻的申请时是在撤销权行使的法定期间内,但因其不符合婚姻被撤销的请求权主体资格,因此人民法院对甲的申请不应予以支持。

(五) 自测案例

2004年2月,女青年甲经人介绍与乙建立了恋爱关系。后甲发现乙性格粗暴,遂提出终止恋爱关系,遭到乙拒绝。为摆脱乙的纠缠,甲离开原籍到外地打工,乙就对甲的母亲进行威胁,扬言:甲如不与他结婚,就与甲家人同归于尽。摄于乙的淫威,甲母说服甲与乙结婚。2006年3月20日,甲与乙登记结婚。婚后甲与乙感情尚可,但甲母对受乙胁迫之事耿耿于怀,在劝说甲与乙离婚无效的情况下,2006年12月8日,甲母向人民法院提出申请,请求撤销甲与乙的婚姻关系。人民法院经审理认为,乙对甲母实施胁迫行为迫使甲与之结婚属实,但甲母不具备请求撤销甲与乙婚姻的主体资格,遂驳回了甲母的申请。2007年3月10日,甲又向人民法院申请撤销与乙的婚姻。

问题:
1. 甲母是否具备请求撤销甲与乙婚姻的权利?
2. 甲请求撤销与乙婚姻的申请能否被人民法院支持?

八、婚姻被撤销的后果

婚姻当事人通过撤销权的行使,婚姻被撤销之后,被撤销的婚姻,自始无效;同居双方不产生夫妻关系;同居期间所得的财产,为共同共有财产,非为夫妻共同财产。

(一) 案情简介

> **案例**
>
> 甲(女)与乙2004年10月确定恋爱关系后开始同居生活。2005年7月甲提出终止同居关系,遭到乙拒绝,乙以毁容相威胁迫使甲在2005年12月1日与乙登记结婚。2006年4月20日,乙因父去世继承了10万元人民币的遗产,乙用继承所得购买一套房屋供双方居住。2006年8月5日,甲向人民法院申请撤销与乙的婚姻,同时请求分割所居住房屋。人民法院经审理认为,甲与乙的婚姻关系属可撤销婚姻,予以撤销;双方所居住房屋为乙的个人财产,甲无权要求分割。

（二）思考方向

婚姻被撤销后,婚姻关系自始无效。同居期间双方的财产关系不适用夫妻财产关系的法律规定。在本案中,人民法院驳回甲分割房屋请求的判决是否符合法律规定,应依法律规定的婚姻被撤销在财产方面的后果加以确定。

（三）法律规定

1.《婚姻法》第 12 条　无效或被撤销的婚姻,自始无效。当事人不具有夫妻的权利和义务。同居期间所得的财产,由当事人协议处理;协议不成时,由人民法院根据照顾无过错方的原则判决。当事人所生子女,适用本法有关父母子女关系的规定。

2.《婚姻法解释一》第 15 条　被宣告无效或被撤销的婚姻,当事人同居期间所得的财产,按共同共有处理。但有证据证明为当事人一方所有的除外。

（四）学理分析

本案中,人民法院认定房产为乙的个人财产是正确的。甲与乙的婚姻被人民法院撤销后,双方同居期间的财产虽为共同共有财产,但非夫妻共同共有财产。夫妻共有财产与同居期间共同共有财产的最大区别在于前者是基于配偶身份,只要双方夫妻关系存在,婚姻关系存续期间所得的财产,当然视为当事人共同所有,并不要求双方付出同等的劳动和智力;而同居期间共同共有财产的形成则应体现付出同等劳动和智力的特点,如果是在同居生活期间,一方因劳动、智力以及继承、赠与等途径所得的合法收入,应属于当事人一方所有。乙继承所得的 10 万元,是乙个人继承所得的财产,并非双方共同继承所得财产,应当为乙的个人财产。10 万元购买的房屋,是 10 万元现金的价值转化形式,并不改变财产的所有权性质,当然也应当归乙所有。因此,甲对乙个人所有的房屋,无权要求分割。

（五）自测案例

甲(女)与乙 2003 年 10 月开始同居生活。2005 年 7 月因发现乙有赌博恶习,甲提出终止同居关系,乙以自杀相威胁要求甲与之结婚。2005年11月1日甲与乙登记结婚。2006年5月20日,甲、乙共同出资购买了一套价值15万元的房屋,乙个人筹资从事经营活动收益10万元。2006年11月5日,因乙赌博恶习不改,又不同意离婚,甲向人民法院请求撤销与乙的婚姻。人民法院经审理认为,甲与乙的婚姻关系属可撤销婚姻,应当予以撤销。价值15万元的房屋和乙经营所得10万元为共有财产,应平等分割。遂判决:(1)撤销甲与乙的婚姻;(2)同居期间的共同财产,房屋归甲所有,甲向乙支付房屋差价款8万元;经营所得10万元,甲、乙各分得5万元。

问题:
1. 人民法院撤销甲、乙婚姻的判决是否合法?
2. 乙个人筹资所得收益能否作为共有财产分割?

第四章 夫妻关系

夫妻关系是指夫妻身份确立后,在夫妻之间形成的权利和义务关系,包括夫妻人身关系和夫妻财产关系。我国法律对夫妻人身关系的规定包括夫妻姓名权、夫妻人身自由权、夫妻婚姻住所决定权和夫妻计划生育义务;我国规定夫妻财产关系的制度即夫妻财产制,包括法定财产制和约定财产制。

一、夫妻有各自独立的人格权

夫妻的人身权中,夫妻独立的姓名权,夫妻参加生产、工作、学习和社会活动的自由权都属于人格权的内容。夫妻独立的人格权不因夫妻身份的确立而丧失,一方不得对他方加以侵害、限制或干涉。

(一) 案情简介

> **案例**
>
> 甲因阻止妻子乙做社区义工与乙发生争执,甲一记耳光导致乙右耳失聪。乙向人民法院提起诉讼,请求人民法院责令甲停止侵害,赔偿医药费5000元。人民法院受理乙的起诉后,经过审理认定甲的行为侵害了乙的人身自由权和健康权,判决甲停止侵害,赔偿乙医药费5000元。

(二) 思考方向

夫妻参加社会活动的自由,是夫妻人身自由权的体现。人身自由权是自然人享有的人格权,是一项重要的人身权利,夫妻身份的确立不能改变这一人格权的独立性,夫或妻不享有侵害对方人身自由权的豁免权。上述案例中,人民法院判令甲停止侵害、赔偿乙医药费5000元是否符合法律规定,应当依照法律关于夫妻人身自由权保护的条件加以确定。

(三) 法律规定

1.《婚姻法》第14条 夫妻双方都有各用自己姓名的权利。

第15条 夫妻双方都有参加生产、工作、学习和社会活动的自由,一方不得对他方加以限制或干涉。

2.《民法通则》第98条 公民有生命健康权。

第99条第1款 公民享有姓名权,有权决定、使用和依照规定改变自己的姓名,禁止他人干涉、盗用、假冒。

第119条 侵害公民身体造成伤害的,应当赔偿医疗费、因误工减少的收入、残废者生活补助费等费用;造成死亡的,并应当支付丧葬费、死者生前扶养的人必要的生活费等费用。

第134条第1、2款 承担民事责任的方式主要有:

(一) 停止侵害;

(二) 排除妨碍;

(三) 消除危险;

(四) 返还财产;

(五) 恢复原状;

(六) 修理、重作、更换;

(七) 赔偿损失;

(八) 支付违约金;

(九) 消除影响、恢复名誉;

(十) 赔礼道歉。

以上承担民事责任的方式,可以单独适用,也可以合并适用。

(四) 学理分析

在本案中,人民法院判令甲停止侵害、赔偿乙医药费5000元是正确的。夫妻在家庭中的地位平等,平等的家庭地位标志着夫妻在家庭关系中的权利平等,这种平等的权利既表现在夫妻身份权利的平等,也表现为夫妻人格权利的独立和平等。夫妻作为自然人个体,享有独立的姓名权和参加生产、工作、学习和社会活动的自由权等人格权,夫妻关系确立后,夫妻以上人格权并不被婚姻身份吸收仍独立存在,一方不得对他方的权利侵害、限制和干涉。如违反则构成侵权,需承担相应的民事责任。本案中,甲阻止妻子乙做社区义工,侵害了乙参加社会活动的自由权利,应承担停止侵害的民事责任;甲在阻止乙参加社会活动的自由时,因阻止无效便一记耳光致乙右耳失聪的行为,侵害了乙的健康权,对乙因此造成的医药费损失,应承担赔偿损失的民事责任。

(五)自测案例

甲(男)与乙约定结婚后居住在乙父母家中,和乙父母共同生活,甲表示同意。甲、乙结婚后,因单位同事经常开玩笑称甲为倒插门,甲觉得有伤自尊,遂与乙协商搬出现婚姻住所租房另居,但乙坚决不同意,甲一怒之下自己搬出另租房而居。相持2年后,甲向人民法院提起离婚诉讼,请求解除与乙的婚姻关系。乙不同意离婚,并提起反诉,认为甲的行为侵害了婚姻住所决定权,请求人民法院责令甲停止侵害,搬回原婚姻住所居住。

问题:

1. 甲的行为是否侵害了乙婚姻住所决定权?
2. 对甲的行为,乙可采取何种救济措施?

二、夫妻共同财产的范围

婚姻关系存续期间夫妻双方或一方所得的财产,除个人特有财产和夫妻另有约定外,归夫妻共同共有。夫妻共同财产制是我国的法定财产制,该制度的适用应具备如下条件:(1)夫妻共同财产的主体,是具有婚姻关系的夫妻双方;(2)夫妻共同财产的范围,是在婚姻关系存续期间取得的财产;(3)夫妻共同财产的来源,为夫妻双方或一方的劳动所得或非劳动所得的财产。

(一) 案情简介

> 甲(女)父 2000 年 10 月 3 日因病去世,留有遗产房屋六间,存款 50 万元。甲与乙 2002 年 8 月 26 日登记结婚。结婚登记后,甲的姑姑赠与甲 5 万元作为结婚礼物。甲自 2003 年初开始《都市佳人》的创作,创作完成后甲与丙出版社签订了出版合同,丙出版社支付给甲稿费 5 万元。2005 年 12 月 5 日,甲父遗产分割,甲分得 8 万元。2006 年 7 月,乙向人民法院提起离婚诉讼,请求解除与甲的婚姻关系,依法分割夫妻共同财产。甲同意离婚,但不接受乙的财产分割请求。人民法院经审理作出判决:(1) 准予甲、乙离婚;(2) 婚姻关系存续期间甲所得的 5 万元稿酬、接受赠与的 5 万元为夫妻共同财产,双方各分得 5 万元;(3) 甲继承所得的 8 万元,为甲的婚前财产,归甲个人所有。

(二) 思考方向

夫妻共同财产制是我国的法定财产制。婚姻关系存续期间的财产,除个人特有财产和夫妻另有约定外,归夫妻共同共有;夫妻婚前财产归夫妻一方个人所有。在共同共有还是个人所有不能确定时,推定为夫妻共同共有。上述案例中,人民法院的判决是否符合法律规定,应当依照法律关于夫妻共同财产范围的规定加以确定。

(三) 法律规定

1.《婚姻法》第 17 条 夫妻在婚姻关系存续期间所得的下列财产,归夫妻共同所有:(一) 工资、奖金;(二) 生产、经营的收益;(三) 知识产权的收益;(四) 继承或赠与所得的财产,但本法第十八条规定的除外;(五) 其他应当归共同所有的财产。

2. 最高人民法院《关于人民法院审理离婚案件处理财产分割问题的若干具体意见》第 4 条 夫妻分居两地分别管理、使用的婚后所得财产,应认定为夫妻共同财产。

第 7 条 对个人财产还是夫妻共同财产难以确定的,主张权利的一方有责任举证。当事人举不出有力证据,人民法院又无法查实的,按夫妻共同财产处理。

3.《婚姻法解释二》第 11 条 婚姻关系存续期间,下列财产属于婚姻法第十七条规定的"其他应当归共同所有的财产":

(一)一方以个人财产取得的收益;

(二)男女双方实际取得或者应当取得的住房补贴、住房公积金;

(三)男女双方实际取得或者应当取得的养老保险金、破产安置补偿费。

第 12 条 婚姻法第十七条第三项规定的"知识产权的收益",是指婚姻关系存续期间,实际取得或者已经明确可以取得的财产性收益。

第 14 条 人民法院审理离婚案件,涉及分割发放到军人名下的复员费、自主择业费等一次性费用的,以夫妻婚姻关系存续年限乘以年平均值,所得数额为夫妻共同财产。

前款所称年平均值,是指将发放到军人名下的上述费用总额按具体年限均分得出的数额。其具体年限为人均寿命七十岁与军人入伍时实际年龄的差额。

(四)学理分析

本案中,人民法院的判决是正确的。本案中,甲接受赠与的人民币5万元,为婚姻关系存续期间所得,因为赠与人并没有明确该赠与财产的所有权归甲个人享有,因此根据婚姻法的规定,该财产属于夫妻共同财产;甲所得的5万元稿酬,属于婚姻关系存续期间所得的知识产权收益,因为双方对该财产的归属没有另外约定,该财产为夫妻共同财产;甲继承所得的8万元,虽是在婚姻关系存续期间所得,但对该遗产,甲在其父死亡时已取得了所有权,只不过是甲和其他继承人共同共有。因为遗产分割所具有的溯及既往效力,甲因遗产分割而取得的8万元的所有权,溯及到继承开始时,即在继承开始时甲分得的8万元已经归甲个人所有。因甲父死亡的时间是在甲与乙登记结婚之前,因此甲继承所得的8万元为甲婚前取得所有权的财产,属于甲的婚前个人财产,乙无权请求分割。

(五) 自测案例

甲 2003 年 10 月 3 日出资 20 万元与他人共同设立一有限责任公司，甲拥有公司 60% 的股份。甲与乙(女)2004 年 8 月 26 日登记结婚。2005 年 10 月 2 日，乙生子丙。甲爱好写作，2003 年 12 份开始《商海沉浮》长篇小说的创作，2005 年 12 月该长篇小说杀青。因对丙的教育理念不同，双方经常发生冲突最终导致夫妻感情破裂，2006 年 11 月 10 日乙向人民法院起诉离婚。人民法院经审理查明，婚姻关系存续期间甲分得红利 150 万元；乙婚前出资购买一套价值 20 万元的住宅，婚后取得了房屋产权证书；2006 年 10 月甲与某出版社签订了出版合同，根据该合同，出版社应付给甲稿费 10 万元，但该款的付款时间为合同生效之日 1 年后。

问题：

1. 甲在婚姻关系存续期间分得的红利 150 万元，是否为夫妻共同财产？
2. 出版合同中约定甲应得的 10 万元稿费，是否为夫妻共同财产？
3. 乙婚前购买婚后取得产权证书的房屋，是夫妻共同财产还是乙的个人财产？

三、夫妻对共同共有财产的权利

夫妻对共同共有财产的权利，主要是指夫妻对共同所有的财产如何进行占有、使用、收益和处分。夫或妻对夫妻共同所有的财产，有平等的处理权：(1) 夫妻因日常生活需要而处理夫妻共同财产的，一方有权决定；(2) 夫或妻非因日常生活需要对夫妻共同财产做重要决定时，须双方同意。但他人有理由相信其为夫妻双方共同意思表示的，另一方不得以不同意或不知道为由对抗善意第三人。

(一) 案情简介

案例

甲与乙(女)为夫妻关系，婚后购置一尼桑轿车，登记在乙的名下。2007 年 12 月 8 日，因夫妻发生纠纷，当晚乙开车离家。2008 年 2 月 24 日，乙未与甲协商，以 12 万元的价格把车卖给丙。合同签订后，乙按照

> 合同将车辆交付给丙,但未办理车籍变更登记。次日,此事被甲发现,甲将车辆行驶证扣留,并以乙为被告,以丙为第三人向人民法院提起诉讼,以乙擅自将夫妻共有的轿车出卖给丙为由,请求确认买卖关系无效。人民法院经审理认为,尼桑轿车属于甲和乙的夫妻共同财产,乙未与甲协商,擅自将轿车卖与丙,原则上应属于无效。但丙在购买轿车时,支付了正常的车款,取得了车辆的占有,为善意取得。甲不能以其不知道或不同意为由对抗丙。故判决确认乙与丙的车辆买卖行为有效。

(二) 思考方向

夫妻对共同财产是共同共有,而不是按份共有,夫或妻在婚姻关系存续期间不得请求分割共同共有财产,也无权擅自处分夫妻共同共有财产,夫妻对共同所有的财产,应按照法律规定的条件平等行使处理权。本案中,乙未经甲同意,擅自将夫妻共同共有的轿车出卖给丙,买卖关系是否有效,应当依照法律规定的夫妻对共同共有财产的权利加以确定。

(三) 法律规定

1.《婚姻法》第 17 条 夫妻对共同所有的财产,有平等的处理权。

2.《合同法》第 49 条 行为人没有代理权、超越代理权或者代理权终止后以被代理人名义订立合同,相对人有理由相信行为人有代理权的,该代理行为有效。

3.《物权法》第 106 条第 1 款 无处分权人将不动产或者动产转让给受让人的,所有权人有权追回;除法律另有规定外,符合下列情形的,受让人取得该不动产或者动产的所有权:

(一) 受让人受让该不动产或者动产时是善意的;

(二) 以合理的价格转让;

(三) 转让的不动产或者动产依照法律规定应当登记的已经登记,不需要登记的已经交付给受让人。

4.《婚姻法解释一》第 17 条 婚姻法第十七条关于"夫或妻对夫妻共同所有的财产,有平等的处理权"的规定,应当理解为:(一) 夫或妻在处理夫妻共同财产上的权利是平等的。因日常生活需要而处理夫妻共同财产的,任何一方均有权决定。(二)夫或妻非因日常生活需要对夫妻共同财产做重要处理决定,夫妻双方应当平等协商,取得一致意见。他人有理由相信其为夫妻双方共同意思表示的,另一方不得以不同意或不知道为由对抗善意第三人。

(四)学理分析

本案中,人民法院确认乙将夫妻共同财产处分给丙的行为有效是正确的。根据我国法律的有关规定,夫或妻非因日常生活需要对夫妻共同财产做重要决定时,须双方同意。一方未经另一方同意而擅自处分夫妻共同财产,原则上应属无效。但他人有理由相信其为夫妻双方共同意思表示的,另一方不得以不同意或不知道为由对抗善意第三人。

本案中,乙在出卖夫妻共有的尼桑轿车时,事先未征求甲的意见,事后也未得到甲的认可,属于擅自处分夫妻共同财产的行为,原则上应当无效。但第三人丙在购买该车辆时,按照正常的交易价格支付了车款,乙将车辆交付给丙,丙对车辆为善意取得,其已取得的轿车的所有权,不受原权利人的追夺。轿车作为交通工具,其所有权自交付时发生转移,车籍变更登记是车辆所有权变更的对抗要件而非生效要件。因此根据法律的规定,乙与甲的车辆买卖行为有效,丙对车辆的所有权受法律保护。乙卖车所得的12万元应为夫妻共同财产,在甲与乙离婚前,该财产不能分割,因而不存在对共有人甲财产损失的补偿问题。

(五)自测案例

甲与乙(女)为夫妻关系。2002年5月10日,乙未与甲协商,以20万元的价格把登记在自己名下的夫妻共有房屋一套卖给丙,乙、丙双方签订了房屋买卖合同。合同签订后,丙依约将房款支付给乙,乙将房屋交付给丙,但未办理过户登记。甲得知乙出卖房屋后坚决反对,并将房屋产权证书藏匿。丙遂以甲、乙为被告向人民法院提起诉讼,请求甲、乙履行合同,将房屋所有权转移到自己名下。甲则提起反诉,请求确认乙和丙之间的房屋买卖合同无效。

问题:

1. 乙与丙之间的房屋买卖行为是否有效?
2. 丙是否取得了所购房屋的所有权?
3. 丙的诉讼请求能否得到人民法院的支持?如能支持,支持的理由和法律根据是什么?

四、夫妻特有财产的范围

特有财产是夫妻婚姻关系存续期间,在实行共同财产制的同时,依照法律规定,夫妻各自保留的一定范围的个人所有财产。夫妻特有财产独立于夫妻共同财产之外。夫妻双方对各自的特有财产,享有独立的管理、使用、收益和处分的权利。

(一) 案情简介

> **案 例**
>
> 甲(女)2003年与乙登记结婚。乙婚前有房屋一套,价值50万元,存款20万元。婚后,双方居住在乙所有的房屋内。甲喜欢钢琴,结婚后乙便为甲购买日产"雅马哈"钢琴一架,价值6万元。乙婚前所有的20万元的现金,到2006年底利息已累计达9万元。2006年3月10日甲父死亡,甲遗嘱继承遗产30万元,甲父在遗嘱中明确甲继承所得的30万元遗产,归甲个人所有。2008年2月9日,甲向人民法院提起离婚诉讼并要求分割夫妻财产。人民法院经审理认定,乙婚前房屋、存款及存款利息等为其婚前个人财产;婚后购置的钢琴为甲的专用生活用品,属于甲个人特有财产;甲继承所得的30万元,为甲的个人特有财产。遂作出判决:(1) 准予甲、乙离婚;(2) 乙婚前所有的房屋、存款及存款利息9万元,归乙所有;(3) 钢琴和继承所得的30万元,归甲所有。

(二) 思考方向

夫妻特有财产的立法目的在于对夫妻共同财产的范围进行限制,以弥补共同财产制对个人权利和意愿关注不够的缺陷。特有财产独立于夫妻共同财产之外,归夫妻个人所有,夫或妻对各自的特有财产,享有独立的管理、使用、收益和处分的权利。上述案例中,人民法院的判决是否符合法律规定,应当依照法律规定的夫妻特有财产的范围加以确定。

（三）法律规定

1.《婚姻法》第 18 条 有下列情形之一的,为夫妻一方的财产:(一) 一方的婚前财产;(二) 一方因身体受到伤害获得的医疗费、残疾人生活补助费等费用;(三) 遗嘱或赠与合同中确定只归夫或妻一方的财产;(四) 一方专用的生活用品;(五) 其他应当归一方的财产。

2.《婚姻法解释一》第 19 条 婚姻法第十八条规定为夫妻一方所有的财产,不因婚姻关系的延续而转化为夫妻共同财产。但当事人另有约定的除外。

（四）学理分析

本案中,人民法院的判决是正确的。根据我国法律的规定,夫或妻的一方婚前财产、一方因身体受到伤害获得的医疗费、残疾人生活补助费等费用、遗嘱或赠与合同中确定只归夫或妻一方的财产、一方专用的生活用品以及其他依照法律规定而归属于特定行为人本人所有的财产属于夫妻特有财产。

本案中,乙婚前所有的房屋,尽管在结婚后由甲和乙共同管理、使用,但因其财产性质为乙的婚前财产,在双方没有约定的情况下,应依法保护个人财产的所有权,不能因为婚姻关系的存续使一方的婚前个人财产自动转化为夫妻共同财产,仍然归乙所有;9 万元利息为乙婚前 20 万元存款产生的孳息,根据孳息从原物的原则,利息应归原物的所有人即乙所有;"雅马哈"钢琴为婚姻关系存续期间购置的财产,但该财产为甲的专用生活用品,应当归甲所有。我国婚姻法对个人专用生活用品的界定是从用途上而不是从价值上,因此用品价值的大小不是确定夫妻专用生活用品的标准。甲继承所得的 30 万元,虽然是在婚姻关系存续期间接受继承所得,但是立遗嘱人在遗嘱中明确甲继承所得的该财产归甲个人所有,因此该财产应为甲个人财产而非夫妻共同财产。

（五）自测案例

甲(女)1992 年 10 月 8 日与乙登记结婚。2000 年 5 月,乙因车祸高位截瘫,完全丧失劳动能力,经法医鉴定构成 1 级伤残,得伤残补助费人民币 60 万元。2002 年 9 月甲母去世,甲根据遗嘱继承遗产 8 万元。甲在丈夫残废、母亲病故等一系列的打击面前,心灰意冷,丧失了维持婚姻生活的信心,于2006年1月6日向人民法院提起离婚诉讼,乙同意离婚。人民法院经过审理查明:乙的伤残补助费尚剩余有50万元,甲继承所得的8万元已花掉4万,用于支付乙的医疗费用。判决:(1) 解除甲与乙的婚姻关系;(2) 50万元伤残补助费归乙所有;甲继承所得的8万元为夫妻共同财产,剩余的4万元归甲个人所有。

问题:

1. 假如乙与甲约定,乙所得伤残补助归夫妻双方共有,该约定是否有效?

2. 法院判决甲继承所得剩余的4万元全部归甲所有是否正确?

五、夫妻财产约定的条件

夫妻有权以协议的方式,对夫妻婚前财产和婚姻关系存续期间所得财产的归属作出约定。但夫妻不得以约定财产制损害第三人的利益。

(一) 案情简介

案例

甲女与乙男1995年2月结婚。结婚时,乙月工资5000元,甲月工资800元。双方约定,甲每月800元工资加上乙每月拿出1500元,为共同所有,双方的其他收入归各自所有,双方签订了书面协议。2001年11月,乙提出离婚,甲同意,但对乙个人存款20万元,主张按夫妻共同财产分割。法院审查后认为,甲、乙关于婚姻关系存续期间所得的约定,一方的工资所得完全由夫妻共同所有,另一方的工资所得却只有一小部分由夫妻共同所有,违背了民法的公平原则,该约定应为无效。故乙的20万元存款按夫妻共同财产处理。遂作出判决:(1) 准予乙与甲离婚;(2) 存款20万元,乙、甲各分得10万元。①

---

① 参见王利明主编:《中国民法案例与学理研究(侵权行为篇、亲属继承篇)》,法律出版社1998年版,第337—338页。

(二) 思考方向

夫妻财产约定具有排除或部分排除夫妻法定财产制适用的效力,因此约定行为必须符合法律关于民事法律行为的有效条件并采用法律规定的约定方式。只有在具备民事法律行为生效要件时,该约定才可排除法定财产制并优先于法定财产制适用。上述案例中,人民法院关于乙与甲的夫妻财产约定协议无效的判决是否符合法律规定,应当依照有关民事法律行为生效的条件加以确定。

(三) 法律规定

1.《婚姻法》第 19 条第 1 款 夫妻可以约定婚姻关系存续期间所得的财产以及婚前财产归各自所有、共同所有或部分各自所有、部分共同所有。约定应当采用书面形式。没有约定或约定不明确的,适用本法第十七条、第十八条的规定。

2.《民法通则》第 55 条 民事法律行为应当具备下列条件:

(一) 行为人具有相应的民事行为能力;

(二) 意思表示真实;

(三) 不违反法律或社会公共利益。

第 58 条 下列民事行为无效:

(一) 无民事行为能力人实施的;

(二) 限制民事行为能力人依法不能独立实施的;

(三) 一方以欺诈、胁迫的手段或者乘人之危,使对方在违背真实意思的情况下所为的;

(四) 恶意串通,损害国家、集体或者第三人利益的;

(五) 违反法律或者社会公共利益的;

(六) 经济合同违反国家指令性计划的;

(七) 以合法形式掩盖非法目的的;

第 59 条第 1 款 下列民事行为,一方有权请求人民法院或者仲裁机关予以变更或者撤销:

(一) 行为人对行为内容有重大误解的;

(二) 显失公平的。

3.《民法通则意见》第 72 条 一方当事人利用优势或者利用对方没有经验,致使双方的权利与义务明显违反公平、等价有偿原则的,可以认定为显失公平。

（四）学理分析

本案中,人民法院的判决是不正确的。夫妻财产约定属于民事行为的范畴。《婚姻法》对夫妻财产约定行为的生效条件没有作出规定,而《民法通则》中民事行为生效条件的规定又不违背夫妻身份行为和夫妻财产行为的本质,因此对夫妻财产约定行为的效力,应当按照《民法通则》中关于民事行为的生效条件和无效条件进行认定。本案中,甲、乙结婚后进行夫妻财产约定时,均具有完全民事行为能力,不存在因民事行为能力欠缺而导致的主体不适格问题;进行夫妻财产约定时,乙已将自己的月收入总额告知甲,没有隐瞒收入情况,也未对甲实施胁迫行为,甲的意思表示真实,乙不存在欺诈和胁迫,甲的意思表示真实;甲与乙的约定采用了法律规定的书面形式,形式合法。因此甲和乙关于婚姻关系存续期间所得财产分别所有的约定,合法、有效,对双方当事人具有法律拘束力。在离婚进行夫妻共同财产分割时,应当按照甲、乙双方对财产的约定进行财产处理,不应当将双方约定归乙个人所有的财产纳入夫妻共同财产的范围。

（五）自测案例

甲（女）与乙 2004 年 2 月 10 日登记结婚。婚前甲与乙约定,乙个人存款 5 万元,价值 10 万元的房屋一套婚后归双方共有,并签订了书面协议。婚后,甲根据遗嘱继承 20 万元。后乙发现甲患有乙肝,久治不愈。经追问,甲如实相告:婚前已患乙肝,为了达到结婚目的,向乙隐瞒了病情。乙听后非常生气,向人民法院申请宣告婚姻无效。甲对婚姻无效没有异议,但要求按照约定分割财产。人民法院经审理认定,甲婚前患有医学上认为不应当结婚的疾病,婚后尚未治愈,甲、乙的婚姻为无效婚姻;甲、乙关于财产的约定,是夫妻身份关系的从属行为,附随夫妻关系生效,也附随婚姻关系的无效而无效。因此甲、乙的财产约定无效,乙个人存款 5 万元,价值 10 万元的房屋一套归乙个人所有;甲继承所得的 20 万元,为甲个人继承所得,属于甲的个人财产。

问题:
1. 在婚姻无效的情况下,甲与乙所作的夫妻财产约定能否产生法律效力?
2. 人民法院对乙婚前财产和同居期间所得财产的认定是否正确?

六、夫妻财产约定的对内效力

夫妻之间关于财产约定的协议,对双方具有约束力,双方应当如约履行,非经对方同意,任何一方不得擅自变更;离婚时,如果对夫妻共同财产和个人财产的范围发生争议,应当按照协议的内容加以处理。

(一) 案情简介

> **案 例**
>
> 甲与乙(女)2007年10月20日登记结婚。婚后双方订立书面协议,约定:甲婚前购买的价值20万元的红旗轿车和一套价值50万元的房屋,转归乙所有。协议签订后,甲将轿车和房屋交付给乙,但均未办理过户登记手续。2008年2月始,双方产生矛盾,关系一直未得到缓和。2008年10月23日,乙向人民法院起诉离婚,甲表示同意,但对协议反悔,要求乙将轿车和房屋返还。人民法院经审理认定,甲将个人财产无偿转移给乙所有的行为,为财产赠与行为,应适用《合同法》关于赠与关系的规定。赠与物所有权转移前,赠与人有权撤回赠与。法院根据赠与物的性质作出了判决。

(二) 思考方向

夫妻之间有关财产的协议,并不都是夫妻约定财产制协议。在夫或妻将一方的婚前个人财产约定转归对方单独所有、具备赠与合同的特征时,不应排除《合同法》的法律适用。夫妻财产协议签订后一方反悔要求撤回的,其撤回行为是否有效,关键在于财产约定的性质是赠与合同还是夫妻约定财产制协议;是适用《合同法》还是适用《婚姻法》的规定。上述案例中,人民法院支持甲诉讼请求的判决是否正确,应当依据法律规定的夫妻约定财产制的内容和效力加以确定。

(三) 法律规定

1.《婚姻法》第 19 条第 1 款 夫妻可以约定婚姻关系存续期间所得的财产以及婚前财产归各自所有、共同所有或部分各自所有、部分共同所有。约定应当采用书面形式。没有约定或约定不明确的,适用本法第十七条、第十八条的规定。夫妻对婚姻关系存续期间所得的财产以及婚前财产的约定,对双方具有约束力。

2.《合同法》第 2 条 本法所称合同是平等主体的自然人、法人、其他组织之间设立、变更、终止民事权利义务关系的协议。婚姻、收养、监护等有关身份关系的协议,适用其他法律的规定。

第 185 条 赠与合同是赠与人将自己的财产无偿给予受赠人,受赠人表示接受赠与的合同。

第 186 条第 1 款 赠与人在赠与财产的权利转移之前可以撤销赠与。

第 187 条 赠与的财产依法需要办理登记等手续的,应当办理有关手续。

3.《物权法》第 14 条 不动产物权的设立、变更、转让和消灭,依照法律规定应当登记的,自记载于不动产登记簿时发生效力。

第 23 条 动产物权的设立和转让,自交付时发生效力,但法律另有规定的除外。

(四) 学理分析

根据《婚姻法》第 19 条的规定,夫妻将婚姻关系存续期间所得的财产约定归各自所有、共同所有或部分各自所有、部分共同所有时,属于夫妻约定财产制协议;夫妻将一方或双方的婚前个人财产约定归夫妻共同所有,或部分共同所有、部分各自所有,也应当属于夫妻约定财产制协议。夫妻约定财产制协议适用《婚姻法》的规定,该约定对夫妻双方具有法律约束力,未经对方同意不得擅自变更或解除。

夫妻双方约定将一方婚前所有的财产无偿给予另一方所有时,不属于《婚姻法》规定的夫妻约定财产制协议的内容。这时的夫妻财产约定的性质,实际是作为财产所有人的一方作为赠与人将自己的财产无偿给予受赠人的对方,对方表示接受赠与的合同,符合《合同法》关于赠与合同的规定。另外,从《合同法》关于赠与合同的规定看,也不排斥夫妻作为赠与合同双方当事人的主体资格。而按照赠与合同,在赠与的财产不需要办理所有权转移登记手续时,赠与物的所有权自交付时转移;赠与的财产依法需要办理所有权转移登记手续时,赠与物的所有权自登记之日转移。

本案中,甲与乙约定归乙所有的轿车,甲已按照约定交付给乙,轿车作为交通工具,其所有权转移适用动产所有权转移规则,自交付之日起已转移给乙,甲无权撤回;甲与乙约定归乙所有的房屋,虽然甲已按照约定交付给乙,但房屋作为不动产,其所有权的转移必须办理登记手续,乙作为产权人记载于不动产登记簿时发生所有权移转的效力。在乙未取得房屋所有权之前,甲有权请求撤回赠与,人民法院对其请求应当予以支持。

(五)自测案例

甲与乙(女)2003年10月10日登记结婚。婚后,甲、乙双方将甲婚前购买的一套房屋作为住所。婚姻关系存续期间,甲与乙又签订书面协议,约定:双方居住的甲所有的房屋,归甲、乙共同共有。2006年2月开始,因甲沉湎于赌博而不能自拔,引起乙的不满,夫妻关系恶化。2007年11月3日,乙向人民法院起诉离婚。甲同意离婚,但不同意乙分割其婚前购置的房屋的要求。

问题:

1. 甲与乙关于甲所有房屋归属的约定,是夫妻约定财产制协议,还是赠与合同?

2. 甲与乙争议房屋的所有权应当如何确定?

七、夫妻约定财产制对第三人的效力

夫妻约定财产制具有优先于法定财产制适用的效力,该协议对夫妻双方具有必然的约束力,但对第三人并不必然产生约束力,只有夫妻双方采取了分别财产制约定并且第三人知道该约定时,才产生对第三人的对抗力。

（一）案情简介

> **案例**
>
> 甲（男）与乙1995年10月10日登记结婚，双方书面约定：婚姻关系存续期间的财产归各自所有。2003年5月甲出资购买了一套住宅，价值43万元。2005年2月乙用婚前个人所有的10万元投资从事经营活动。因扩大经营规模，乙于2007年12月20日以个人名义向丙借款20万元，借期为6个月。2008年6月19日债务履行期届满，乙无力清偿债务。2008年8月16日，丙向人民法院提起诉讼，请求甲和乙共同偿还债务，甲则以夫妻财产约定协议对抗丙的请求。人民法院经审理查明了上述事实，认定甲、乙关于婚姻关系存续期间所得财产归各自所有的约定，对丙不产生对抗效力。判决甲对乙的债务承担连带清偿责任。

（二）思考方向

夫妻财产约定基于债的相对性原理，原则上只在夫妻之间产生效力，对夫妻之外的第三人不产生法律约束力。但在特定情况下，法律为了平衡非债务方配偶和第三人之间的利益关系，债的相对性原则会被有条件地突破，夫妻财产约定产生对抗第三人的效力。在上述案例中，人民法院判决甲、乙间的夫妻财产约定对丙不发生效力是否正确，应当依法律所规定的夫妻财产约定对第三人的效力加以确定。

（三）法律规定

1.《婚姻法》第19条第2、3款　夫妻对婚姻关系存续期间所得的财产以及婚前财产的约定，对双方具有约束力。夫妻对婚姻关系存续期间所得的财产约定归各自所有的，夫或妻一方对外所负的债务，第三人知道该约定的，以夫或妻一方所有的财产清偿。

2.《婚姻法解释（一）》第18条　婚姻法第19条所称"第三人知道该约

定的",夫妻一方对此负有举证责任。

3. 《民法通则》第 58 条第 1 款第四项 下列民事行为无效:恶意串通,损害国家、集体或者第三人利益的。

(四) 学理分析

在本案中,人民法院判决甲和乙对丙的债务共同承担偿还责任是正确的。甲和乙在婚姻关系成立后,采取书面形式对婚姻关系存续期间的财产作出了归各自所有的约定,该约定为有效的民事行为,对夫妻双方产生法律约束力,夫妻双方按照约定享有财产权利,承担财产义务。但甲和乙之间的约定不能对丙产生法律效力,因为丙在设定债权时不知道甲和乙之间存在"婚姻关系存续期间归各自所有"的协议,甲对乙以个人名义欠丙的债务,不能以夫妻约定为由对抗丙要其承担连带清偿责任的请求,有义务与乙共同偿还。甲在承担连带责任后,基于夫妻约定的内部效力,有权在其承担的债务范围内,向乙行使追偿权。

(五) 自测案例

甲(男)与乙 1993 年 10 月 20 日登记结婚,婚后生子丙。2002 年 5 月双方购买了一套住宅,价值 53 万元。2005 年 9 月 20 日,甲以个人名义向丁借款 10 万元用于苹果收购。债务到期后甲无力还债。因担心丁提起诉讼并对房屋采取诉讼保全措施,甲与乙签订离婚协议,约定:夫妻共同财产全部归乙所有,对外所负债务全部由甲负责偿还。离婚协议签署后双方于 2006 年 10 月 10 日登记离婚。2007 年 3 月 10 日,丁向人民法院提起诉讼,请求甲、乙清偿债务,乙以与甲离婚、夫妻债务由甲承担为由对抗丁的请求。人民法院经审理查明了以上事实,认定甲、乙离婚协议中债务由甲个人承担的内容,属于债务承担行为,未征得债权人丁的同意,对丁不发生法律效力。判决:甲与乙对丁的债务承担连带清偿责任。

问题:

1. 甲、乙离婚协议中关于共同财产分割和债务承担的内容,是否属于《婚姻法》中的夫妻约定财产制协议?

2. 甲、乙关于对丁债务由甲承担的约定,是否对丁产生法律效力?

第五章 婚姻的终止

婚姻终止是指合法有效的婚姻关系因发生一定的法律事实而归于消灭。引起婚姻终止的原因有两种:一是配偶一方死亡,包括自然死亡和宣告死亡;二是夫妻双方离婚。婚姻的终止不仅会发生夫妻身份关系消灭的后果,同时还会在夫妻财产分割、夫妻债务承担和子女抚养等问题上产生一系列的法律后果。

一、被宣告死亡人重新出现后,与原配偶婚姻关系的效力

宣告死亡虽与自然死亡产生同等的法律效力,但宣告死亡只是一种法律上的推定,被宣告死亡的人有可能并未真正死亡,在宣告死亡后又重新出现。被宣告死亡人重新出现后死亡宣告被人民法院撤销,其与原配偶的婚姻关系并不必然发生恢复的效力。

(一) 案情简介

> **案例**
>
> 甲与乙(女)1994年6月8日结婚,婚后生子丙和女丁。2001年5月甲因与乙发生争执离家出走,一直未有音讯。2006年1月乙向当地人民法院申请宣告甲死亡,法院于2007年3月作出甲死亡的宣告。2007年12月乙再婚。2008年4月甲回到原籍,经本人申请,宣告死亡判决被人民法院撤销。甲重新出现后因乙的再婚配偶死亡,甲与乙便以夫妻名义共同生活。2008年10月20日,因感情破裂,乙向人民法院提起离婚诉讼。人民法院经审理查明以上事实后,认定甲和乙为同居关系,裁定驳回了乙的起诉。

(二) 思考方向

被宣告死亡人重新出现后死亡宣告的判决被撤销的,其与原配偶的婚姻关系可在一定条件下自行恢复。在上述案例中,人民法院认定甲重新出现后与乙是同居关系的判决是否正确,应当依宣告死亡人重新出现后与原配偶婚姻关系的效力加以确认。

(三) 法律规定

1.《民法通则意见》第37条 被宣告死亡的人与配偶的婚姻关系,自宣告死亡之日起消灭。死亡宣告被人民法院撤销,如果其配偶尚未再婚的,夫妻关系从撤销死亡宣告之日起自行恢复;如果其配偶再婚后又离婚或者再婚后配偶死亡的,则不得认定夫妻关系自行恢复。

2.《婚姻登记条例》第14条 离婚的男女双方自愿恢复夫妻关系的,应当到婚姻登记机关办理复婚登记。复婚登记适用本条例结婚登记的规定。

(四) 学理分析

本案中,人民法院的判决是正确的。被宣告死亡人重新出现后死亡宣告判决被撤销的,其与原配偶的婚姻关系,根据最高人民法院司法解释的规定,有两种后果:(1) 如果其配偶尚未再婚的,夫妻关系可从死亡宣告的判决撤销之日起自动恢复。① (2) 如果其配偶再婚后又离婚或者再婚后配偶又死亡的,则不得认定夫妻关系自行恢复。配偶一方被宣告死亡后,直至他方再婚之时,婚姻关系终止。在婚姻关系因配偶一方被宣告死亡、他方配偶再婚而终止后,被宣告死亡一方重新出现,死亡宣告被人民法院撤销,要恢复夫妻关系,应当按照《婚姻登记条例》的规定办理复婚登记,才能产生婚姻关系恢复的效力。

---

① 对于宣告死亡后,宣告死亡人与配偶婚姻关系的终止时间问题,有两种不同的立法例:一是从宣告死亡之日起婚姻关系即行终止。法国采用此种立法体例。另一种是配偶一方被宣告死亡后,直至他方再婚之时,才视作婚姻关系终止,如果他方未再婚,则婚姻关系仍然存在。德国采用此种立法体例。

本案中,甲被宣告死亡后,其配偶乙与他人结婚,双方的婚姻关系因此终止。甲重新出现,死亡宣告的判决被人民法院撤销后,乙的再婚配偶虽然死亡,但甲与乙的婚姻关系不能自然恢复。双方未办理复婚登记即以夫妻名义共同生活,为同居关系。在同居关系存续期间,乙向人民法院提起离婚诉讼,请求解除双方婚姻关系的,经人民法院审查确定为同居关系的,不属于人民法院受理民事案件的范围,人民法院裁定驳回乙的起诉符合法律规定。

(五)自测案例

甲与乙(女)1980年结婚。1992年7月,甲因进山打猎失踪,一直未有音讯。1997年乙向人民法院申请宣告甲死亡,法院于1998年10月作出宣告甲死亡的判决。甲被宣告死亡后,乙未再婚。2005年10月,甲回到原籍,经本人申请,人民法院撤销了宣告甲死亡的判决。甲请求与乙恢复婚姻关系,被乙拒绝。2007年11月20日,甲死亡,留有财产房屋4间、存款人民币8万元。乙因与甲父母发生继承纠纷向人民法院提起诉讼,请求依法分割甲的财产。人民法院经审理查明了以上事实,认定甲死亡时遗留的财产为甲、乙双方的夫妻共同财产,乙有分割的权利。

问题:

1. 甲被宣告死亡的判决被人民法院撤销后,乙拒绝恢复与甲的婚姻关系,甲与乙的婚姻关系能否自行恢复?

2. 乙对甲遗留的财产有何种权利?

二、登记离婚的条件

登记离婚又称协议离婚、两愿离婚,是指婚姻当事人双方自愿离异,同时就离婚所涉及的后果达成一致协议,经有关部门认可即可解除婚姻关系的离婚方式。在我国,登记离婚适用行政程序,当事人可依照《婚姻登记条例》规定的条件申请离婚登记。

（一）案情简介

> **案例**
>
> 甲（男）与乙于1993年2月10日未办理结婚登记即以夫妻名义同居生活，同居时双方均符合婚姻法规定的结婚实质要件。1995年6月女儿丙出生。甲希望儿女双全，便与乙协商再生一男孩，遭到乙的拒绝。甲对此极为不满，夫妻关系紧张且一直未得到缓和。2004年3月10日，甲提出离婚，乙表示同意。双方签署离婚协议书后，共同到婚姻登记机关申请离婚登记。婚姻登记机关因双方未办理结婚登记，对其离婚申请不予受理。

（二）思考方向

登记离婚作为与裁判离婚并存的离婚制度，产生和判决离婚同等的终止婚姻关系的后果。但登记离婚的条件和判决离婚有所不同。在上述案例中，婚姻登记机关不受理甲与乙的离婚申请是否正确，应当依法律规定的登记离婚的条件加以确定。

（三）法律规定

1.《婚姻法》第31条 男女双方自愿离婚的，准予离婚。双方必须到婚姻登记机关申请离婚。婚姻登记机关查明双方确实是自愿并对子女和财产问题已有适当处理时，发给离婚证。

2.《婚姻登记条例》第10条第1款 内地居民自愿离婚的，男女双方应当共同到一方当事人常住户口所在地的婚姻登记机关办理离婚登记。

第11条 办理离婚登记的内地居民应当出具下列证件和证明材料：

（一）本人的户口簿、身份证；

（二）本人的结婚证；

（三）双方当事人共同签署的离婚协议书。

离婚协议书应当载明双方当事人自愿离婚的意思表示以及对子女抚

养、财产及债务处理等事项协商一致的意见。

第12条 办理离婚登记的当事人有下列情形之一的,婚姻登记管理机关不予受理:

(一) 未达成离婚协议的;

(二) 属于无民事行为能力人或者限制民事行为能力人的;

(三) 其结婚登记不是在中国内地办理的。

第13条 婚姻登记机关应当对离婚登记当事人出具的证件、证明材料进行审查并询问相关情况。对当事人确属自愿离婚,并已对子女抚养、财产、债务等问题达成一致处理意见的,应当当场予以登记,发给离婚证。

(四) 学理分析

本案中,婚姻登记机关不受理甲与乙离婚申请的做法是正确的。根据我国《婚姻法》及相关规定,登记离婚的前提必须是申请离婚的当事人登记结婚。没有办理结婚登记的男女申请离婚登记,不符合登记离婚的主体条件,不属于婚姻登记机关的主管范围。基于此,事实婚姻关系的当事人、同居关系的当事人不存在通过登记离婚解除身份关系的问题。另外,登记离婚的双方当事人必须签署离婚协议书,在协议书中对离婚、财产分割、债务清偿和子女抚养、子女探视、对生活困难一方的经济帮助等问题达成一致的协议。

本案中,甲与乙未办理结婚登记手续即以夫妻名义共同生活,虽构成事实婚姻,双方的关系具有夫妻关系的效力,适用《婚姻法》夫妻权利义务的规定,但因为双方未办理结婚登记,其离婚只能按照诉讼离婚程序,而不能适用行政离婚程序。婚姻登记机关以双方未办理结婚登记为由,对其离婚申请不予受理符合法律规定。

(五) 自测案例

甲(男)与乙经人介绍相识,在父母的催促下,双方认识不到3个月便结婚。婚后甲发现乙性格怪异,喜怒无常,遂带乙到医院就诊。经医生诊断确诊乙患有间歇性精神病,不能完全控制和辨认自己的行为,甲萌生了和乙离婚的想法。为了尽快达到离婚的目的,甲向乙的父母隐瞒了乙的病情,在乙精神病间歇发作期间与乙签署了离婚协议书,并共同到婚姻登记机关办理了离婚登记。

问题:

1. 医生的诊断结论能否作为认定乙为限制行为能力人的根据?
2. 甲和乙的离婚登记,是否有效?

三、假离婚的法律后果

假离婚是指婚姻当事人双方为了共同的或各自的目的,约定暂时离婚,待既定目的达到后再复婚的违法离婚行为。假离婚的发生,一般有两种情况:一种是向婚姻登记机关进行的假离婚,另一种是在人民法院达成的假离婚的调解协议。假离婚的法律后果是,婚姻关系的解除对双方当事人发生法律效力。

(一) 案情简介

> **案例**
>
> 甲(男)与乙系再婚夫妻,婚后感情尚可。2002年5月,乙所在单位按照房改政策向职工分配住房。因甲再婚后已享受一次房改政策,于是乙便与甲协商,通过假离婚的方式取得参加单位房改的资格,以达到拥有两套房改房屋的目的,等领取房屋产权证后再复婚。双方于2003年5月10日到婚姻登记机关办理了离婚登记。2004年6月,乙领取了产权证书但拒绝与甲复婚。2005年10月9日,乙与丙登记结婚。甲以与乙是假离婚为由,请求婚姻登记机关宣告解除婚姻关系无效。婚姻登记机关认为甲的申请没有法律根据,通知不予受理。

(二) 思考方向

假离婚行为,因离婚并非双方的真实意愿,而是双方虚假的意思表示,原则上不产生解除婚姻关系的后果。但假离婚行为又是夫妻双方的协议行为,是双方通谋的违法行为。因此如果假离婚的一方在假离婚的目的实现后,违背复婚的约定拒绝复婚或已与别的异性登记结婚,均不影响离婚登记的效力。在上述案例中,婚姻登记机关对甲离婚无效的申请不予受理是否符合法律规定,应当依照有关假离婚后果的规定加以确定。

(三) 法律规定

《婚姻登记条例》第 10 条第 1 款 内地居民自愿离婚的,男女双方应当共同到一方当事人常住户口所在地的婚姻登记机关办理离婚登记。

第 11 条 办理离婚登记的内地居民应当出具下列证件和证明材料:
(一) 本人的户口簿、身份证;
(二) 本人的结婚证;
(三) 双方当事人共同签署的离婚协议书。

离婚协议书应当载明双方当事人自愿离婚的意思表示以及对子女抚养、财产及债务处理等事项协商一致的意见。

第 13 条 婚姻登记机关应当对离婚登记当事人出具的证件、证明材料进行审查并询问相关情况。对当事人确属自愿离婚,并已对子女抚养、财产、债务等问题达成一致处理意见的,应当当场予以登记,发给离婚证。

(四) 学理分析

本案中,婚姻登记机关的做法是正确的。根据《婚姻法》和《婚姻登记条例》的有关规定,当事人自愿离婚的,必须双方亲自到一方户口所在地的婚姻登记机关申请离婚登记。婚姻登记机关在对协议的内容进行审查时,要审查的内容之一就是审查离婚是否真实自愿。申请离婚的当事人对婚姻登记机关应如实提供有关证件和证明,不得隐瞒真实情况。申请婚姻登记的当事人弄虚作假,骗取离婚登记的,仍然产生婚姻关系解除的后果。因为在假离婚的情形下,虽然离婚不是一方或双方真实的意思表示,但向婚姻登记机关所作的离婚意思表示,却是夫妻双方一致的行为。双方当事人共同欺骗婚姻登记的行为,导致了假离婚后果的发生,对此双方应负同等过错责任。一方假离婚后又与其他异性登记结婚的,符合法律规定的结婚条件,应当确认该结婚登记的效力。如果婚姻登记机关宣布解除婚姻关系无效,则意味着假离婚双方当事人的婚姻关系继续存在,假离婚者和他人的婚姻构成重婚而无效,这对重婚中的无过错方显然不公平。也正因为如此,《婚姻登记条例》取消了《婚姻登记管理条例》第25条"申请婚姻登记的当事人弄虚作假,骗取婚姻登记的,婚姻登记管理机关应当撤销婚姻登记,对结婚、复婚的当事人宣布其婚姻关系无效,并收回结婚证,对离婚的当事人宣布其解除婚姻关系无效,收回离婚证,并对当事人处以200元以下罚款"的规定。

在本案中,乙与甲离婚是假,通过离婚达到分房目的是真。双方弄虚作假、骗取离婚登记的,由此导致的婚姻关系解除的后果,应当由甲和乙共同承担。乙在与甲的婚姻关系解除后,又与丙登记结婚,乙、丙的婚姻关系具有法律效力。

(五) 自测案例

甲(男)与乙结婚后,夫妻感情较好,乙在当地是公认的贤妻良母。但甲随着职务的升迁,对妻子的感情开始降温。2005年甲与丙产生婚外恋情,很快达到谈婚论嫁的程度。为达到与乙离婚的目的,甲采取欺骗手段与乙签署了离婚协议书。后甲持离婚所需证件、证明材料和离婚协议书,单独到婚姻登记机关办理了离婚登记。领取离婚证后,甲与丙办理了结婚登记。乙得知后向婚姻登记机关提出申请,请求撤销其与甲的离婚证。婚姻登记机关以无权确认离婚无效为由,拒绝了乙的请求。

问题:
1. 婚姻登记机关拒绝乙撤销离婚证的请求是否正确?
2. 乙可采取何种方法消灭甲单方离婚造成的后果?

四、离婚登记后,一方对财产问题反悔要求人民法院给予重新处理的问题

协议离婚与诉讼离婚同属解除婚姻关系的法定方式。离婚登记后,一方对已经发生法律效力的离婚财产分割协议反悔,向人民法院提起诉讼,要求人民法院对夫妻财产重新处理的,人民法院应当受理。

（一）案情简介

> **案例**
>
> 甲与乙（女）于2005年10月20日登记结婚。婚后甲发现乙并非自己的理想伴侣，决定与乙离婚。乙同意离婚，但条件是甲婚前住房一套和婚后共同存款19万元均归其所有。甲为了达到尽快离婚的目的，同意了乙的要求，双方签署离婚协议书后办理了离婚登记。离婚后，甲觉得离婚协议书显失公平，向人民法院提起诉讼，请求撤销与乙的财产分割协议。人民法院经过审查，认为甲与乙的财产协议已附随登记离婚效力的发生而生效。甲在原婚姻登记未撤销离婚登记的情况下，向人民法院起诉，人民法院不应当受理。

（二）思考方向

离婚证和人民法院的离婚判决书、离婚调解书具有同等的法律效力，当事人取得离婚证，即解除夫妻身份关系。登记离婚后，一方对已经发生法律效力的以婚姻解除、子女抚养和财产分割为内容的协议书反悔，向人民法院提起诉讼，涉及行政权力和审判权力冲突的解决。在上述案例中，人民法院对甲的起诉裁定不予受理是否符合法律规定，应当依照法律规定的离婚登记后一方反悔要求人民法院重新处理的条件加以确定。

（三）法律规定

1.《婚姻法》第31条 男女双方自愿离婚的，准予离婚。双方必须到婚姻登记机关申请离婚。婚姻登记机关查明双方确实是自愿并对子女和财产问题已有适当处理时，发给离婚证。

2.《婚姻法解释二》第9条 男女双方协议离婚后一年内就财产分割问题反悔，请求变更和撤销财产分割协议的，人民法院应当受理。

人民法院审理后，未发现订立财产分割协议时存在欺诈、胁迫等情形的，应当依法驳回当事人的诉讼请求。

(四)学理分析

本案中,人民法院的做法是错误的。根据我国《婚姻法》及相关规定,离婚登记后,一方对已经发生法律效力的离婚问题反悔,向人民法院提起诉讼的,人民法院不应受理。婚姻登记机关属于行政机关,人民法院属于审判机关,两者无隶属关系,性质和权力范围也各不相同。离婚登记是婚姻登记机关行使行政权力的结果,其对婚姻关系的解除在效力上和审判权力的结果是同等的,人民法院不能用审判权力否定行政权力在解除婚姻关系上的效力。因此当事人在离婚登记后对离婚问题反悔的,人民法院不应当受理。但离婚后,一方当事人对财产问题反悔的,人民法院应当受理。因为离婚协议中关于财产分割的条款虽因婚姻关系的解除而生效,但协议的内容可能会存在一方被欺诈、胁迫等情形,如果不允许当事人向人民法院提起诉讼变更或者撤销,势必会使利益受损的一方得不到法律的救济,有违公平原则。因此人民法院对当事人请求变更或者撤销财产分割协议(条款)的起诉,应当受理。经审理后未发现订立财产分割协议时存在欺诈、胁迫等情形的,依法驳回当事人的诉讼请求。

本案中,甲在与乙登记离婚后,认为与乙之间的财产协议显失公平,有权向人民法院提起诉讼,人民法院应当受理。人民法院经过审理,并未发现甲在签订财产分割协议时存在受欺诈和胁迫的情形,依法驳回甲的诉讼请求是正确的。

(五)自测案例

甲与乙(女)登记结婚后于2003年2月8日生一女丙。因甲封建思想严重,认为女儿不能传宗接代,便想再生一男孩。乙不能接受甲的生育观念,双方感情出现裂痕,婚姻关系不能继续维持,2006年8月10日甲与乙协议离婚,同时约定:婚生女丙归乙抚养,甲每月支付抚养费500元;夫妻共同财产房屋归乙所有,存款和其他动产归甲所有。离婚协议书签署后,双方办理了离婚登记。离婚后,乙发现甲离婚时隐瞒了其真实收入,要求增加女儿的抚养费遭到拒绝。乙向人民法院提起诉讼,以受欺诈为由请求人民法院对丙的抚养费作出重新处理,甲应当增加丙的抚养费。人民法院受理了乙的起诉,判决甲每月向丙支付抚养费750元。

问题:人民法院受理乙的起诉是否符合法律规定?

五、诉讼离婚的条件

诉讼离婚是在夫妻双方对婚姻关系的解除、子女抚养和财产分割等问题不能协商一致的情况下,一方向人民法院提起离婚诉讼,由人民法院依审判职权对当事人争议的实体问题作出判决。诉讼离婚应当具备以下条件:(1)诉讼离婚限于一方要求离婚、另一方不同意离婚或是双方都同意离婚,但对子女抚养、财产分割等问题不能协商一致;(2)提出离婚的一方当事人应当有诉讼行为能力。

(一) 案情简介

> 甲(男)与乙于2002年登记结婚,婚后夫妻感情较好。2005年5月因为交通事故,甲被汽车撞伤成植物人。甲受伤之初乙尚能履行扶养义务,但随着时间的推移,甲的病情不见好转,花费却日益增大,乙逐渐产生了厌烦情绪,经常借故不到医院护理,并开始变卖家中物品。2007年4月,甲父以法定代理人的身份代甲提起离婚诉讼。人民法院经审理认为,甲在起诉离婚时,仍处于植物人状态,没有独立的意识能力,应认定为无行为能力人。甲之父以其法定代理人的身份,代为提起离婚诉讼,主体不适格。遂裁定驳回甲的起诉。

(二) 思考方向

植物人没有判断能力和自我保护能力,对其行为后果没有认识能力,应属民法中的不能辨认和控制自己行为能力的无民事行为能力人。植物人为离婚诉讼的被告时,植物人的法定代理人有权代理植物人参加诉讼;但植物人的法定代理人是否有权代理植物人提起离婚诉讼,我国法律未作出明确规定。在上述案例中,人民法院是否应当受理甲的离婚请求,应当依照法律规定的无行为能力人离婚的条件加以确定。

(三) 法律规定

1.《民法通则》第 13 条 不能辨认自己行为的精神病人是无民事行为能力人,由他的法定代理人代理民事活动。不能完全辨认自己行为的精神病人是限制民事行为能力人,可以进行与他的精神健康状况相适应的民事活动;其他民事活动由他的法定代理人代理,或者征得他的法定代理人的同意。

第 14 条 无民事行为能力人、限制民事行为能力人的监护人是他的法定代理人。

2.《民法通则意见》第 5 条 精神病人(包括痴呆症人)如果没有判断能力和自我保护能力,不知其行为后果的,可以认定为不能辨认自己行为的人;对于比较复杂的事物或者比较重大的行为缺乏判断能力和自我保护能力,并且不能预见其行为后果的,可以认定为不能完全辨认自己行为的人。

3.《民事诉讼法》第 57 条 无诉讼行为能力人由他的监护人作为法定代理人代为诉讼。法定代理人之间互相推诿代理责任的,由人民法院指定其中一人代为诉讼。

第 62 条 离婚案件有诉讼代理人的,本人除不能表达意志的以外,仍应出庭;确因特殊情况无法出庭的,必须向人民法院提交书面意见。

4.《婚姻法》第 32 条(部分) 男女一方要求离婚的,可由有关部门进行调解或直接向人民法院提出离婚诉讼。人民法院审理离婚案件,应当进行调解;如感情确已破裂,调解无效,应准予离婚。

(四) 学理分析

本案中,人民法院对甲的起诉裁定不予受理是正确的。离婚诉讼是变更身份关系的诉讼,应由离婚当事人本人表明其是否愿意离婚。提起离婚诉讼的权利,属于程序意义上的诉权。原告作为民事诉讼程序的发动者,必须具有完全的民事诉讼行为能力,由本人而不是代理人代为行使起诉的权利,法定代理人不能以自己的感受来推定原告对婚姻的态度。无行为能力人和限制行为能力人不能作为离婚案件的原告,但可以成为离婚案件的被告。因为无民事行为能力或限制行为能力人的离婚进入诉讼程序后,人民法院的审判权可以对当事人之间的身份关系进行强制干预,法定代理人不能就婚姻问题与对方当事人进行调解,只能由人民法院以判决方式结案。无民事行为能力或限制行为能力人的婚姻命运不是由法定代理人决定,而是由人民法院根据法律决定,公权力因素的介入避免了私权利可能被滥用对行为能力欠缺者婚姻利益的损害。

本案中,甲因车祸已成植物人。其父在乙不履行扶养义务的情况下,自愿履行监护义务,人民法院应当允许。为了保证甲生活、医疗问题得到保障,阻止乙转移夫妻财产的行为,甲父只能以法定代理人的身份代甲向乙提起扶养费给付之诉,但不能代甲提起离婚诉讼。只有在乙作为原告提起离婚诉讼的情况下,甲之父才可以作为甲的法定代理人参加诉讼。

(五)自测案例

甲(男)与乙2003年5月8日登记结婚。某天,乙下班回家途中,遭遇歹徒袭击受惊吓而导致精神分裂,住进了精神病院。2006年12月3日,甲向人民法院提起离婚诉讼。乙的父母以自己年事已高、无监护能力为由,拒绝担任乙的监护人。人民法院经审理查明,乙自住进精神病院,病情虽得到控制但没有治愈的可能;乙父母年届七十,体弱多病,其他近亲属也不愿担任监护人。因为乙无监护人代理参加离婚诉讼,人民法院驳回了甲的离婚请求。

问题:

1. 在乙没有监护人代理诉讼的情况下,甲作为乙的配偶能否提起离婚诉讼?

2. 甲的离婚自由与监护义务发生冲突时,人民法院应如何解决?

六、判决离婚的条件

离婚诉讼中,当事人对婚姻问题不能达成调解而又感情破裂时,人民法院应判决解除婚姻关系。判决离婚的条件是夫妻感情确已破裂。

（一）案情简介

案例

甲（女）与乙（男）2005年10月8日登记结婚。婚姻关系存续期间，甲、乙双方经常为家庭经济开支等问题产生矛盾。2006年8月因让乙帮助解决弟弟的工作问题遭到拒绝，甲与乙发生激烈争吵，导致夫妻关系恶化，甲一气之下回娘家居住。分居期间，双方互不往来，经济独立。2008年10月甲起诉离婚，乙不同意离婚。经人民法院审理查明，双方分居已满2年，夫妻感情已经破裂。调解无效的情况下，人民法院作出了准予甲、乙离婚的判决。

（二）思考方向

婚姻是男女双方以永久共同生活为目的的结合，为保证家庭的稳定和家庭责任的承担，应坚持"反对轻率离婚"的原则。但如果一方坚持离婚，婚姻的存在基础发生动摇，则应当贯彻"保障离婚自由"的原则，当夫妻分居达到一定期限时应以此作为感情破裂的依据，判决准予离婚。在上述案例中，人民法院判决准予甲、乙离婚的做法是否符合法律规定，应当依照判决离婚的条件加以确定。

（三）法律规定

《婚姻法》第32条 男女一方要求离婚的，可由有关部门进行调解或直接向人民法院提出离婚诉讼。人民法院审理离婚案件，应当进行调解；如感情确已破裂，调解无效，应准予离婚。

有下列情形之一，调解无效的，应准予离婚：

（一）重婚或有配偶者与他人同居的；

（二）实施家庭暴力或虐待、遗弃家庭成员的；

（三）有赌博、吸毒等恶习屡教不改的；

（四）因感情不和分居满二年的；

（五）其他导致夫妻感情破裂的情形。

一方被宣告失踪，另一方提出离婚诉讼的，应准予离婚。

（四）学理分析

本案中，人民法院判决准予甲、乙离婚的做法是正确的。分居，在外国法中又称别居，本意是指根据婚姻当事人双方协议或法院判决而免除夫妻同居义务，但婚姻关系并不因此而解除。别居可分为协议别居和司法别居两种。协议别居由夫妻双方自愿订立别居协议，以书面规定分居的起始时间、财产分割、扶养费、子女抚养、监护等事项。司法别居是夫妻一方通过诉讼程序向法院申请，依法院判决或裁定而实行的别居，别居的内容由法院确定。我国《婚姻法》中没有规定别居制度，只是在夫妻因为感情不和而自行分居时，将分居的期限作为夫妻感情破裂、准予离婚的条件。如果夫妻分居满2年，可以认定夫妻感情破裂，人民法院在调解无效的情况下，应当判决准予离婚。

本案中，甲、乙双方因为感情恶化而分居。分居期间，甲、乙双方均没有实施和好行为而使分居状态中断。甲、乙双方分居已满2年的事实可作为判断夫妻感情确已破裂的证据，在甲坚持离婚、调解无效的情况下，人民法院应当作出准予离婚的判决。

（五）自测案例

甲经人介绍与乙（女）建立恋爱关系，并于2005年8月10日登记结婚，婚后夫妻感情较好。自2007年2月始，甲与丙产生婚外恋情，发生了不正当两性关系，夫妻感情破裂。2008年2月，乙向法院起诉离婚，甲不同意离婚。人民法院经审理认为，尽管甲与丙实施了通奸行为，但甲与乙婚后感情较好，且甲已表示悔改，并断绝了与丙的关系，甲与乙的夫妻感情并未破裂，虽调解无效，也不应判决离婚。遂作出判决：不准离婚。

问题：

1. 通奸能否作为离婚的法定事由？
2. 人民法院不准甲、乙离婚的判决是否正确？

七、失踪人配偶提起离婚诉讼案件的处理

配偶一方失踪,另一方配偶有权提起离婚诉讼,通过离婚的方式终止婚姻关系。因此,一方被宣告失踪,另一方提起离婚诉讼的,人民法院应准予离婚。

(一)案情简介

案例

甲(女)与乙系夫妻关系。2002年4月25日,因家庭琐事与乙发生口角,甲负气出走,从此杳无音信。乙多方查找,仍不知甲的下落。2004年5月8日,乙向人民法院申请宣告甲失踪。2005年10月9日,人民法院作出宣告甲失踪的判决。2007年7月10日,乙向人民法院提起诉讼,要求与甲离婚。人民法院经审理认为,甲下落不明已满4年,乙应按照特别程序申请宣告甲死亡;甲被宣告死亡后,与乙的婚姻关系自然终止。但乙坚持离婚请求,人民法院裁定驳回了乙的起诉。

(二)思考方向

配偶一方失踪,失踪人的配偶有权申请宣告失踪人死亡。同时失踪人的配偶也有权通过离婚诉讼程序解除与失踪人的婚姻关系。通过何种方式终止与失踪人的婚姻关系,是失踪人配偶的权利。在上述案例中,人民法院驳回乙起诉的做法是否符合法律规定,应当依照法律规定的失踪人配偶请求离婚的条件加以确定。

(三)法律规定

1.《民法通则》第23条 公民有下列情形之一的,利害关系人可以向人民法院宣告他死亡:(一)下落不明满四年的;(二)因意外事故下落不明,从事故发生之日起满二年的。战争期间下落不明的,下落不明的时间从战争结束之日起计算。

2.《民法通则意见》第 25 条　申请宣告死亡的利害关系人的顺序是：(一)配偶；(二)父母、子女；(三)兄弟姐妹、祖父母、外祖父母、孙子女、外孙子女；(四)其他有民事权利义务的人。申请撤销死亡宣告不受上列顺序限制。

第 29 条　宣告失踪不是宣告死亡的必经程序。公民下落不明，符合申请宣告死亡的条件，利害关系人可以不经申请宣告失踪而直接宣告死亡。但利害关系人只申请宣告失踪的，应当宣告失踪；同一顺序的利害关系人，有的申请宣告死亡，有的不同意宣告死亡，则应当宣告死亡。

3.《婚姻法》第 32 条第 3 款　一方被宣告失踪，另一方提出离婚诉讼的，应准予离婚。

（四）学理分析

本案中，人民法院裁定驳回乙起诉的做法是错误的。根据《民法通则》的规定，宣告死亡是失踪人配偶的权利，当失踪人失踪达到一定期限、具备宣告死亡的条件时，其配偶有权申请人民法院宣告失踪人死亡。失踪人被人民法院宣告死亡后，产生与自然死亡同等的法律效果，其与配偶的婚姻关系因一方当事人的死亡而终止。同时，失踪人的配偶也有权放弃申请宣告失踪人死亡而选择离婚的权利。根据婚姻法的规定，一方被宣告失踪，另一方提出离婚诉讼的，应准予离婚。

在本案中，尽管甲离开住所下落不明已满 4 年，符合宣告死亡的时间条件，但因其配偶乙没有向法院申请宣告甲死亡，只是向人民法院提起离婚诉讼，要求解除与失踪人甲的婚姻关系，对乙的请求，人民法院应当按照离婚程序进行审理，不应当驳回乙的离婚起诉。人民法院要求乙按照特别程序申请宣告甲死亡以终止婚姻关系，违反了《婚姻法》的规定，干涉了乙的权利。

（五）自测案例

甲（男）与乙系夫妻关系。2000 年 7 月 29 日，甲离家出走。乙多方查找，仍不知甲的下落。2006 年 10 月 10 日，乙向人民法院提起诉讼，要求与甲离婚。乙起诉离婚后，甲的父母向法院申请宣告甲死亡。法院经审理认为，甲已经下落不明满 4 年，应首先按照特别程序，对甲父母死亡宣告的申请进行审理，于是裁定中止了离婚案件的审理。经过审理，人民法院判决宣告甲死亡。判决作出后,人民法院以乙与甲的婚姻已因甲的死亡而终止,驳回了乙的起诉。

问题:

1. 人民法院能否受理甲父母宣告甲死亡的申请?
2. 对乙的离婚诉讼,人民法院应如何处理?

八、军人配偶对军人提起的离婚诉讼的处理

在离婚的法律适用上,应当贯彻当事人平等的原则。但因为现役军人主体身份的特殊性,我国《婚姻法》对现役军人的婚姻采取了特殊保护措施,明确规定现役军人的配偶提起离婚诉讼,必须征得现役军人的同意。

(一)案情简介

> **案例**
>
> 甲为某武警部队上尉军官,1999年6月10日与某中学女教师乙登记结婚,婚后夫妻两地生活。2002年10月1日,其女儿出生。随着女儿的出生,家务劳动日益繁重,再加上毕业班班主任的压力,乙心力交瘁。乙希望甲能早日转业,结束两地生活,但甲不愿过早结束军旅生涯,双方为此产生矛盾。由于两人个性都比较强,互不相让,甲情急之中对乙大打出手,矛盾日益加深。2006年12月4日,乙向人民法院提起离婚诉讼,但甲不同意离婚。人民法院依法驳回了乙的离婚请求,判决不准离婚。

(二)思考方向

在离婚问题上,既要保障非军人一方配偶离婚自由权利的实现,又要体现对现役军人的特殊保护,在二者的关系问题上,我国法律明确了保护军人婚姻的立法倾向。但如果是军人的重大过错导致离婚的,即使军人不同意离婚,人民法院也应当支持非军人配偶的离婚请求。在上述案例中,人民法院驳回乙离婚请求的判决是否符合法律规定,应当依照法律所规定的对现役军人婚姻的保护条件加以确定。

（三）法律规定

1.《婚姻法》第32条 男女一方要求离婚的,可由有关部门进行调解或直接向人民法院提出离婚诉讼。人民法院审理离婚案件,应当进行调解;如感情确已破裂,调解无效,应准予离婚。有下列情形之一,调解无效的,应准予离婚:(一)重婚或有配偶者与他人同居的;(二)实施家庭暴力或虐待、遗弃家庭成员的;(三)有赌博、吸毒等恶习屡教不改的;(四)因感情不和分居满二年的;(五)其他导致夫妻感情破裂的情形。

一方被宣告失踪,另一方提出离婚诉讼的,应准予离婚。

第33条 现役军人的配偶要求离婚,须得军人同意,但军人一方有重大过错的除外。

（四）学理分析

本案中,人民法院驳回乙离婚请求的判决是不正确的。根据我国《婚姻法》的规定,在非军人方配偶对现役军人提起离婚之诉时,必须征得现役军人的同意,这是与一般离婚案件的不同。在一般离婚案件中,如果人民法院认定夫妻感情确已破裂,在调解无效的情况下,应当根据《婚姻法》第32条的规定,判决准予离婚。但在现役军人的配偶要求离婚的案件中,应当适用"现役军人的配偶要求离婚的,应当征得军人同意"的规定。现役军人的配偶提出离婚,军人不同意离婚,如感情确已破裂,调解无效,也不应准予离婚。如果感情确已破裂,确实无法继续维持夫妻关系,经调解无效,人民法院应当通过军人所在单位的政治机关,向军人做好工作,经其同意后,始得准予离婚。

但"需得军人同意"不是绝对的,对现役军人在婚姻问题上的保护是有限度的。如果非军人一方配偶提出离婚是由于军人一方的重大过错造成的,夫妻感情确已破裂,在调解无效的情况下,即使军人不同意离婚,人民法院也应当作出准予离婚的判决。军人的"重大过错"应当理解为《婚姻法》第32条第2款第(一)、(二)、(三)、(四)项规定的情形。

本案中,离婚诉讼是非军人配偶乙提起的,虽然现役军人甲不同意离婚,但由于夫妻感情破裂是由于甲存在"重大过错"即对乙实施家庭暴力行为造成的,因此,在乙坚持离婚、调解无效的情况下,人民法院应当准予离婚。

（五）自测案例

甲为中国人民解放军某部少校军官,2000年12月10日与某部军医乙登记结婚。因为女儿的教育问题双方产生分歧,经常争吵,双方感情逐渐破裂,2006年1月1日双方开始分居生活。2007年11月4日,乙向人民法院提起诉讼,请求解除与甲的婚姻关系,但甲不同意离婚。一审诉讼中,乙转业到地方某医院工作。人民法院经审理认为,甲与乙婚后经常发生争吵,并自2006年1月1日开始分居,双方的感情确已破裂。遂判决准予乙与甲离婚。

问题：

1. 在离婚诉讼过程中,乙转业到地方工作,乙对甲的诉讼,是军人对军人提起的离婚诉讼,还是非军人对军人提起的离婚诉讼？

2. 在甲不同意离婚的情况下,人民法院判决准予离婚的做法是否正确？

九、在离婚问题上对女方的特殊保护

保护妇女和儿童的合法权益,是婚姻法的基本原则。在离婚问题上,为了实现对女方的特殊保护,需要在一定期限内对男方的离婚请求权进行限制。

（一）案情简介

> **案 例**
>
> 甲（男）与乙2005年9月20日登记结婚。2006年10月30日,乙生一子丙。2007年2月,甲得知乙在婚后一直和丁保持不正当两性关系,便怀疑丙不是自己的儿子。当怀疑得到乙的证实后,2007年12月6日,甲向人民法院提起离婚诉讼,请求解除与乙的婚姻关系,乙不同意离婚。人民法院经审理认为,虽然甲提出离婚是在乙分娩后1年内,但因为乙怀孕系与他人通奸所致,人民法院应受理甲的离婚请求。在调解无效的情况下,人民法院判决解除了甲与乙的婚姻关系。

（二）思考方向

怀孕期间和分娩后1年内,男方离婚请求权应受到限制,以使女方的精神不受刺激,以利于胎儿和婴儿的健康成长。但女方提出离婚,或人民法院认为确有必要受理男方离婚请求的,不在此限。在上述案例中,人民法院受理甲的离婚请求并判决离婚是否符合法律规定,应当依法律规定的限制男方离婚请求权的条件加以确定。

（三）法律规定

《婚姻法》第32条第2款 人民法院审理离婚案件,应当进行调解;如感情确已破裂,调解无效,应准予离婚。

第34条 女方在怀孕期间、分娩后一年内或中止妊娠后六个月内,男方不得提出离婚。女方提出离婚的,或人民法院认为确有必要受理男方离婚请求的,不在此限。

（四）学理分析

本案中,人民法院受理甲的离婚请求并判决准予离婚的做法是正确的。根据我国婚姻法的规定,女方在怀孕期间、分娩后1年内或中止妊娠后6个月内,男方不得提出离婚。但是,这一规则的适用存在例外,一方面,女方在此期间提出离婚的,或男女双方自愿登记离婚的,不受该条规定的限制;另一方面,人民法院确有必要受理男方离婚请求的,不受该条规定的限制。所谓"确有必要",根据审判实践,主要指两种情况:一是在此期间双方确实存在不能继续共同生活的重大而急迫的事由,一方对他方有危及生命、人身安全的可能;二是女方怀孕系因与他人通奸所致。

本案中,甲提出离婚请求时,乙尚在分娩后1年内。但因为乙的怀孕系与丁通奸所致,甲的离婚请求,应属"确有必要受理男方离婚请求"的情形,不属婚姻法对男方离婚请求权进行限制的情形。甲提出离婚是因为乙与他人通奸,乙的行为属于婚姻法规定的其他导致夫妻感情破裂的情形,在甲坚持离婚、调解无效的情况下,人民法院应当作出准予离婚的判决。

(五) 自测案例

甲(男)与乙2005年6月20日登记结婚。2007年2月5日,乙因计划外怀孕,到医院作了人工流产手术。2007年5月,乙得知甲自2006年3月以来,一直与丙同居生活,便于2007年6月6日向人民法院提起离婚诉讼,请求解除与甲的婚姻关系。人民法院经审理认为,在婚姻关系存续期间,甲有配偶与他人同居生活,乙作为无过错方要求离婚,应认定夫妻感情破裂。在调解无效的情况下,人民法院判决准予乙与甲离婚。

问题:
1. 人民法院能否受理乙的起诉?
2. 在甲不同意离婚的情况下,人民法院能否判决支持乙的离婚请求?

十、离婚后的父母子女关系

夫妻关系和父母子女关系是两种不同性质的法律关系。父母子女关系虽以婚姻关系为基础,但又独立于婚姻关系之外,不受婚姻关系解除的影响。

(一) 案情简介

> **案 例**
>
> 甲与乙(女)1995年4月28日结婚,婚后乙带与前夫所生女儿丙(时年5周岁)与甲共同生活,甲承担了对丙的抚养教育责任。2005年开始,甲与乙产生矛盾,夫妻关系日趋紧张,2006年3月9日,乙向人民法院提起离婚诉讼,请求解除与甲的婚姻关系,并要求甲每月支付丙抚养费300元。甲同意离婚,但拒绝继续承担丙的抚育费。人民法院经审理认为,甲与丙之间虽已形成抚养关系,但甲在与乙离婚时不同意继续抚养丙,应免除甲对丙的抚育费支付义务。遂作出判决:准予甲、乙离婚;丙由乙抚养。

（二）思考方向

父母子女间的关系不因父母离婚而消除。子女无论随父或母生活，仍是父母双方的子女，父母对子女仍有抚养和教育的权利和义务。继父和继子女间形成的父母子女关系，不因继父和生母的离婚而自然消除。上述案例中，人民法院判决甲不承担丙的抚育费是否符合法律规定，应当依照离婚后父母子女关系的效力加以确定。

（三）法律规定

《婚姻法》第26条 国家保护合法的收养关系。养父母和养子女间的权利和义务，适用本法对父母子女关系的有关规定。养子女和生父母间的权利和义务，因收养关系的成立而消除。

第27条 继父母与继子女间，不得虐待或歧视。继父或继母和受其抚养教育的继子女间的权利和义务，适用本法对父母子女关系的有关规定。

第36条 父母与子女间的关系，不因父母离婚而消除。离婚后，子女无论由父或母直接抚养，仍是父母双方的子女。离婚后，父母对于子女仍有抚养和教育的权利和义务。

2. 最高人民法院《关于人民法院审理离婚案件处理子女抚养问题的若干具体意见》（1993年11月3日）第13条 生父与继母或生母与继父离婚时，对曾受其抚养教育的继子女，继父或继母不同意继续抚养的，仍应由生父母抚养。

（四）学理分析

本案中，人民法院的判决是正确的。根据我国《婚姻法》及相关规定，父母离婚后，子女和父母间仅发生抚养关系的改变，不发生父母子女关系性质的变化。子女无论随父母中的哪一方生活，仍是父母双方的子女，父母对未成年子女仍有抚养的权利和义务。生父与继母或生母与继父离婚时，继父或继母与继子女已经形成的拟制血亲关系不能终止，继父或继母对形成抚养关系的未成年继子女仍有抚养的权利和义务。但继父或继母与继子女关系间权利义务产生的亲属基础毕竟是姻亲关系，当生父与继母或生母与继父离婚时,继子女未成年的,继母或继父与继子女间已经形成的权利义务关系,可因继母或继父拒绝继续履行抚养义务而终止;继子女成年的,继父母与继子女已经形成的身份关系和权利义务关系不因离婚而自然解除,只有在继父母或继子女一方或双方提出解除继父母子女关系并符合法律要求的条件下,方可解除。

本案中,甲与丙之间已形成抚养关系,双方具有父母子女间的权利和义务,甲与乙离婚后,甲仍有抚养丙的义务,应当承担丙抚养费的一部或全部。但在甲与乙离婚时,甲拒绝继续承担丙的抚养费用,而这一要求又符合有关规定,因此甲不再承担对丙抚养义务的主张能够得到支持。当然根据权利义务相一致的原则,甲拒绝对丙继续履行抚养义务的同时,也丧失了在丙成年后要求丙赡养的权利。

(五) 自测案例

甲(男)和乙经人介绍,于1998年12月登记结婚,婚后因乙无生育能力,双方协商于2004年2月收养甲的侄子丙为养子,但未办理收养登记手续。2006年6月甲提起离婚诉讼,乙同意离婚,但拒绝承担对丙的抚养义务。人民法院经审理认为,丙虽为甲、乙在婚姻关系存续期间收养,但未办理收养登记手续,甲、乙与丙之间未形成养父母子女关系,乙对丙没有抚养的义务。判决:准予甲、乙离婚,丙由甲抚养。

问题:
1. 甲与乙离婚后,乙是否有抚养丙的义务?
2. 甲与乙离婚后,如甲也不愿意抚养丙,丙的抚养问题应如何解决?

十一、离婚后子女抚养费的负担

父母与子女间的关系,不因父母离婚而消除,父母双方都有负担未成年子女生活费和教育费的经济责任,直到子女独立生活时为止。

（一）案情简介

> **案例**
>
> 甲与乙（女）1995年12月3日登记结婚，婚后生一女丙。2004年甲、乙登记离婚，双方约定：丙由乙独自抚养，甲不承担抚养费用。2006年1月，乙所在单位倒闭，乙失业后又身患疾病，难以独自承担对女儿的抚养义务，便要求甲承担一部分抚育费，遭到甲的拒绝。2007年1月10日，乙以丙法定代理人的身份起诉到法院，请求甲履行支付抚育费的义务。人民法院经审理认为，支付抚育费是父母的义务，是未成年子女的权利。乙在离婚时未要求甲承担女儿的抚育费，并不意味着甲对丙抚养义务的免除。当乙不能独自承担子女所需费用、损害子女利益的时候，甲必须履行支付抚育费的义务。遂判决支持了丙的诉讼请求。

（二）思考方向

夫妻双方都有平等地负担子女生活费和教育费的义务，这一义务不因父母的离婚而改变，也不因父母的协议而免除。关于子女生活费和教育费的协议或判决，不妨碍子女在必要时向父母任何一方提出超出协议或判决原定数额的合理要求。上述案例中，人民法院判决支持丙诉讼请求的做法是否正确，应依法律规定的支付抚育费的条件加以确定。

（三）法律规定

1.《婚姻法》第36条第1、2款　父母与子女间的关系，不因父母离婚而消除。离婚后，子女无论由父或母直接抚养，仍是父母双方的子女。离婚后，父母对于子女仍有抚养和教育的权利和义务。

第37条　离婚后，一方抚养的子女，另一方应负担必要的生活费和教育费的一部或全部，负担费用的多少和期限的长短，由双方协议；协议不成时，由人民法院判决。关于子女生活费和教育费的协议或判决，不妨碍子女在必要时向父母任何一方提出超过协议或判决原定数额的合理要求。

2.《婚姻法解释一》第 20 条　婚姻法第二十一条规定的"不能独立生活的子女",是指尚在校接受高中及其以下学历教育,或者丧失或未完全丧失劳动能力等非因主观原因而无法维持正常生活的成年子女。

第 21 条　婚姻法第二十一条所称"抚养费",包括子女生活费、教育费、医疗费等费用。

3. 最高人民法院关于《人民法院审理离婚案件处理子女抚养问题的若干具体意见》第 7 条　子女抚育费的数额,可根据子女的实际需要、父母双方的负担能力和当地的实际生活水平确定。有固定收入的,抚育费一般可按其月收入的百分之二十至三十的比例给付。负担两个以上子女抚育费的,比例可适当提高,但一般不得超过月总收入的百分之五十。无固定收入的,抚育费的数额可根据当年总收入或同行业平均收入,参照上述比例确定。有特殊情况的,可适当提高或降低上述比例。

第 8 条　抚育费应定期给付,有条件的可一次性给付。

第 9 条　对一方无经济收入或者下落不明的,可用其财物折抵子女抚育费。

第 10 条　父母双方可以协议子女随一方生活并由抚养方负担子女全部抚养费。但经查实,抚养方的抚养能力明显不能保障子女所需费用,影响子女健康成长的,不予准许。

第 18 条　子女要求增加抚育费有下列情形之一,父或母有给付能力的,应予支持:(一)原定抚育费数额不足以维持当地实际生活水平的;因子女患病、上学,实际需要已超过原定数额的;(三)有其他正当理由应当增加的。

(四)学理分析

本案中,法院判决支持丙的诉讼请求是正确的。根据我国法律的有关规定,离婚后,一方抚养的子女,另一方应负担必要的抚育费。抚养费的范围包括生活费、教育费和医疗费等;抚养费的数额应当根据子女的实际需要、父母双方的负担能力和当地的实际生活水平确定;抚养费的给付期限,到子女独立生活为止。子女已经成年,但尚在校接受高中及其以下学历教育,或者丧失或未完全丧失劳动能力等非因主观原因而无法维持正常生活的,父母仍有支付抚养费的义务。父母双方可以协议子女随一方生活并由抚养方负担子女全部抚养费,但关于子女生活费和教育费的协议或判决,不妨碍子女在必要时向父母任何一方提出超过协议或判决原定数额的合理要求。

本案中,甲、乙离婚时协议约定丙的抚育费由乙独自承担,该协议合法有效,在乙具备独自承担能力时,甲无支付抚育费的义务。但该协议并不能从根本上免除甲承担抚育费的责任,当乙经济状况恶化、无力独自承担丙的抚养费而影响了丙的健康成长时,甲必须对丙承担抚育费的支付义务。当甲不履行抚育费支付义务时,乙作为丙的法定代理人,有权以丙的名义向人民法院提起诉讼,人民法院对丙的诉讼请求应当依法予以支持。

(五)自测案例

甲(男)和乙结婚后生一女丙。后因性格不合,二人协议离婚,并就丙的抚养问题达成协议:丙随乙生活,甲每月承担200元抚养费,至丙18周岁止。2007年9月丙满18周岁后考入北京某高校,开始为期四年的大学生活。生活费和教育费支出大幅增加,乙无力独自承担。大二时丙身患肺炎,花费医药费8000元。于是丙要求甲承担教育费和医药费的一部分。但甲认为:丙已满18周岁进入大学学习,自己没有义务继续承担丙的抚育费。丙起诉到法院,以自己没有独立生活为由,请求甲负担教育费20000元和医药费8000元。

问题:

1. 丙是否为"不能独立生活的子女"?
2. 对丙要求甲承担教育费20000元和医药费8000元的诉讼请求,人民法院应否予以支持?

十二、离婚后父或母的探望权

探望权是父母离婚后,不直接抚养子女的父或母依法享有的权利。探望子女的权利是亲权的一项内容,婚姻关系的终结并不改变父母与子女的血缘身份关系,因此,在父母一方直接抚养子女的情况下,法律赋予了不直接抚养子女的另一方以探望子女的权利。

（一）案情简介

案例

甲（男）和乙登记结婚，婚后生子丙。2005年11月，丙11周岁时，甲和乙登记离婚。甲、乙双方约定：丙随乙生活，甲每月支付抚养费400元；每月最后一个周日，甲到乙的住处探望丙，时间为3个小时。开始时甲严格按照约定行使探望权，但后来却将丙带到游戏厅，致使丙迷恋上游戏，学习成绩开始下降。乙便禁止甲探望丙，并向人民法院提起诉讼，请求依法中止甲的探望权。人民法院经审理查明事实后，裁定中止了甲对丙探望的权利。

（二）思考方向

离婚后，子女无论由父或母直接抚养，抚养和教育子女仍是双方的权利和义务，因此在抚养权归一方享有的情况下，法律赋予了不直接抚养子女的另一方以探望的权利。探望权是不直接抚养子女一方的法定权利，任何人不得非法剥夺。但探望权必须正当行使，否则，抚养方可请求中止对方的探望权。在上述案例中，人民法院中止甲探望权的做法是否符合法律规定，应当依照法律规定的探望权的中止条件加以确定。

（三）法律规定

1.《婚姻法》第38条 离婚后，不直接抚养子女的父或母，有探望子女的权利，另一方有协助的义务。行使探望权利的方式、时间由当事人协议；协议不成时，由人民法院判决。父或母探望子女，不利于子女身心健康的，由人民法院依法中止探望的权利；中止的事由消失后，应当恢复探望的权利。

2.《婚姻法解释一》第24条 人民法院作出的生效的离婚判决中未涉及探望权，当事人就探望权问题单独提起诉讼的，人民法院应予受理。

第25条 当事人在履行生效判决、裁定或者调解书的过程中。请求中止行使探望权的,人民法院在征询双方当事人意见后,认为需要中止行使探望权的,依法作出裁定。中止探望的情形消失后,人民法院应当根据当事人的申请通知其恢复探望权的行使。

第26条 未成年子女、直接抚养子女的父或母及其他对未成年子女负担抚养、教育义务的法定监护人,有权向人民法院提出中止探望权的请求。

第32条 婚姻法第四十八条关于对拒不执行有关探望子女等判决和裁定的,由人民法院依法强制执行的规定,是指对拒不履行协助另一方行使探望权的有关个人和单位采取拘留、罚款等强制措施,不能对子女的人身、探望行为进行强制执行。

3.《中华人民共和国预防未成年人犯罪法》第14条 未成年人的父母或者其他监护人和学校应当教育未成年人不得有下列不良行为:(一)旷课、夜不归宿;(二)携带管制刀具;(三)打架斗殴、辱骂他人;(四)强行向他人索要财物;(五)偷窃、故意毁坏财物;(六)参与赌博或者变相赌博;(七)观看、收听色情、淫秽的音像制品、读物等;(八)进入法律法规规定的未成年人不适宜进入的营业性歌舞厅等场所;(九)其他严重违背社会公德的不良行为。

(四)学理分析

本案中,人民法院裁定中止甲探望权是正确的。根据《婚姻法》及相关规定,探望权是不直接抚养子女的父或母的法定权利。不直接抚养子女的一方在夫妻关系解除后,对子女的权利仅发生抚养权的变化,而不消灭监护权,因此应享有对子女探望的权利,直接抚养子女的一方有积极协助的义务。但探望权的行使必须有利于未成年子女的身心健康。如果一方在行使探望权时,教唆、胁迫、引诱未成年子女实施《中华人民共和国预防未成年人犯罪法》第14条中的不良行为,可由人民法院依法裁定中止其探望的权利。中止探望的情形消失后,人民法院应当根据当事人的申请通知其恢复探望权的行使。

在本案中,甲、乙已通过协议确定了行使探望权的方式和时间,甲应当按照协议行使探望权利。但甲在行使探望权期间却将丙带到游戏厅,致使丙迷恋上游戏机,学习成绩下降。而游戏厅属于法律法规规定的未成年人不适宜进入的场所,甲的行为显然不利于子女身心健康,乙向人民法院起诉,要求中止其探望权的请求应当得到支持。

(五) 自测案例

甲(男)与乙婚后生一女丙。婚姻关系存续期间,因感情破裂,乙于2001年7月5日向人民法院提起离婚诉讼。在诉讼中,经人民法院主持调解,甲、乙双方达成离婚协议,并约定丙由乙抚养,甲每月支付抚养费300元。离婚后,乙未经甲同意将丙改名换姓,并禁止甲探望丙,为此甲以拒绝支付抚养费的方式回应。2002年3月乙向人民法院提起诉讼,要求甲履行支付抚养费的义务,甲则以乙不履行协助义务令其不能探望子女为由,提出反诉,要求法院判决变更抚养关系,将丙判归自己抚养。

问题:

1. 乙拒绝甲探望丙,是否是变更抚养关系的条件?
2. 乙不履行协助探望义务并要求甲履行抚养义务的情况下,甲可否行使抗辩权,对抗乙的请求?

十三、祖父母(外祖父母)对孙子女的探望权

(一) 案情简介

案 例

被告艾某夫妇的儿子与原告恋爱结婚,婚后生下一名男孩。1999年9月,孩子的父母协议离婚,孩子由母亲抚养,并改随母姓。艾某夫妇天天惦记孙子,于是经常到孩子妈妈的住处看望孙子,每次都带去许多零食、衣服和玩具。2001年,孩子的妈妈再婚后,找到艾某夫妇,请求他们今后未经她同意不要擅自探望。艾某夫妇想不通,不让看偏要看,于是原告一纸诉状把艾某夫妇告上了法庭,请求法院禁止爷爷奶奶对孙子的探望。法院认为,被告作为祖父母,如果原告没有异议,在适当的场合,有节制地探望自己的孙子是人之常情,但两人在孩子的直接监护人已经对他们的行为有异议的情况下坚持探望,侵犯了原告的监护权,违反了《婚姻法》只有离婚后不直接抚养子女的父或母才有探望子女权利的规定,因而判决被告今后未经孩子母亲的许可,不得擅自探望孙子。[①]

[①] 案例及学理分析援引自杨立新教授2002年对十个民法案例的点评。参见《读者》2003年第11期,第19页。

(二) 思考方向

我国《婚姻法》规定了父或母的探望权,没有规定祖父母、外祖父母对孙子女、外孙子女的探望权。在法律没有规定的情况下,祖父母、外祖父母对孙子女、外孙子女的探望,这一符合人性和情理的自然权利,能否纳入到民事权利的范畴,是一个值得立法者思考的问题。上述案例中,人民法院判决艾某夫妇未经孩子母亲的许可不得擅自探望孙子是否符合法律规定,应当依照法律规定的探望权行使条件和民法的基本原则加以确定。

(三) 法律规定

《婚姻法》第 38 条　离婚后,不直接抚养子女的父或母,有探望子女的权利,一方有协助的义务。行使探望权利的方式、时间由当事人协议;协议不成时,由人民法院判决。父或母探望子女,不利于子女身心健康的,由人民法院依法中止探望的权利;中止的事由消失后,应当恢复探望的权利。

(四) 学理分析

本案中,从《婚姻法》的规定看,人民法院的判决是正确的。但该判决的结果却是,爷爷奶奶没有权利探望自己的孙子,"他们只得在幼儿园附近远远观望自己的孙子"。面对这样的判决,人们不仅要问,《婚姻法》真的就是这样的割裂亲情、六亲不认吗?难道法律真的就是冷冰冰的条文,而没有人性、不讲人情吗?任何民事法律都必须体现人性和人情,尤其是规定亲属之间权利义务关系的《婚姻法》,更必须体现人性,体现亲属之间的亲情和血缘关系。《婚姻法》只规定了父或母的探望权,那么是不是其他近亲属就不具有探望权了呢?在债权法、人格权法、身份权法中,法律规定的权利是权利,法律没有规定的权利,只要符合民法的基本原则,合乎情理,符合人性,符合民事习惯的,都是人的权利,都可以寻求法律的保护。否则的话,凡是法律没有规定的民事权利就不受到法律的保护,就不认为是权利,那就会有很多正当的民事活动无法获得法律的支持。本案的判决,在情、理、法发生冲突的情况下,人民法院应当服从法律规则进行判决,在现有的法律条件下应当是正确的。但在伦理性特点较为明显的婚姻家庭关系方面,应当在立法上实现情、理、法的统一,这样就不会出现本案判决合法,但不符合人性和情理、违背民事习惯的问题了。因此最高人民法院应当在这个问题上,针对司法实践中存在的问题,就立法的不足作出相关的司法解释。

十四、夫妻共同财产的分割

夫妻共同财产是指夫妻在婚姻关系存续期间,一方或双方取得依法由夫妻双方共同享有所有权的财产。婚姻关系解除时,因夫妻共同体消失,必然发生夫妻共同财产的分割,以实现夫或妻的单独所有权。

(一) 案情简介

> **案例**
>
> 甲(男)与乙于1995年12月1日登记结婚。结婚时双方进行了夫妻婚前财产公证,乙有婚前财产10万元存款和彩电、冰箱、家具等其他日常生活用品。婚后,乙除将自己婚前所有的日常生活用品用于夫妻共同生活外,还将自己的婚前存款贴补家用。因甲工作和学习任务繁重,抚育子女、照料老人等家庭义务主要是由乙承担。2000年3月,甲获得晋升机会后,不是感恩于乙的付出,而是极力寻找双方的差距,导致乙难以和甲沟通,婚姻关系无可挽回地破裂。2003年1月4日,乙向人民法院提起离婚诉讼,同时请求以夫妻共同财产抵偿用于婚后共同生活的婚前个人财产8万元以及对其所履行的家庭义务进行补偿。甲同意离婚,但不承担乙的其他诉讼请求。人民法院经审理认定,乙婚前个人财产在婚后虽用于共同生活,但已自然消耗,不能要求以夫妻共同财产抵偿;因双方未书面约定婚姻关系存续期间所得财产归各自所有,乙虽履行了家庭主要义务,但不能要求对方补偿。遂判决驳回了乙的上述请求。

(二) 思考方向

夫妻共同财产分割,首先由当事人协商进行;协商不成时,由人民法院判决。人民法院判决分割夫妻共同财产时,在男女平等原则的基础上,应当对一方个人财产的权利加以保护。上述案件中,人民法院驳回乙离婚之外诉讼请求的判决是否正确,应当依法律规定的条件而加以确定。

(三) 法律规定

1.《婚姻法》第 39 条 离婚时,夫妻的共同财产由双方协议处理;协议不成时,由人民法院根据财产的具体情况,照顾子女和女方权益的原则判决。

第 40 条 夫妻书面约定婚姻关系存续期间所得的财产归各自所有,一方因抚育子女、照料老人、协助另一方工作等付出较多义务的,离婚时有权向另一方请求补偿,另一方应当予以补偿。

2. 最高人民法院《关于人民法院审理离婚案件处理财产分割问题的若干具体意见》第 16 条 婚前个人财产在婚后共同生活中自然毁损、消耗、灭失,离婚时一方要求以夫妻共同财产抵偿的,不予支持。

3.《婚姻法解释一》第 19 条 婚姻法第十八条规定为夫妻一方所有的财产,不因婚姻关系的延续而转化为夫妻共同财产。但当事人另有约定的除外。

第 33 条 婚姻法修改后正在审理的一、二审婚姻家庭纠纷案件,一律适用修改后的婚姻法。此前最高人民法院作出的相关司法解释如与本解释相抵触,以本解释为准。

(四) 学理分析

本案中,人民法院判决驳回乙部分诉讼请求的做法是正确的。离婚既使夫妻人身关系消灭,也使夫妻共同财产关系结束,发生夫妻共同财产的分割。在分割夫妻共同财产时,应当区别夫妻共同财产与夫妻个人财产,不能将夫妻个人财产纳入财产分割的范畴。夫或妻一方的婚前个人财产,虽归夫或妻单独所有,但如果在婚后共同生活中自然毁损、消耗、灭失,离婚时一方不得要求以夫妻共同财产抵偿;同时夫妻双方对家庭义务是同等的,一方在抚养子女、照料老人、协助另一方工作等付出较多义务的,如果夫妻书面约定婚姻关系存续期间所得的财产归各自所有,离婚时有权向另一方请求补偿;但如果夫妻在婚姻关系存续期间未书面约定婚姻关系存续期间所得的财产归各自所有的,离婚时则无权就自己多承担的家庭义务,向另一方请求补偿。

在本案中,乙在与甲结婚前进行了婚前财产公证,该财产的所有权在结婚后仍归乙所有。但乙婚后自愿将婚前个人财产用于共同生活,并已自然消耗,不能要求以夫妻共同财产抵偿;乙婚后在抚养子女、照料老人、协助另一方工作等付出较多义务,但因为夫妻未书面约定婚姻关系存续期间所得的财产归各自所有,因此离婚时乙无权向甲请求补偿。

通过案例可以看出,夫妻一方婚姻关系存续期间在抚育子女、照料老人、协助另一方工作等付出较多义务时,基于夫妻双方义务平等的原则,可向对方请求补偿。但是,《婚姻法》仅将补偿请求权赋予分别财产制中的付出义务较多方,没有赋予共同财产制下的付出义务较多方。在法律上,夫妻双方抚育子女、照料老人等义务,不因分别财产制或者共同财产制而有区别,但夫妻一方付出义务较多时是否有补偿权却以此作为标准,违背平等原则,存在法律缺陷。为了体现对抚养子女、照料老人等付出家庭义务较多方平等保护,建议将《婚姻法》第40条修改为:婚姻关系存续期间,夫妻一方因抚育子女、照料老人、协助另一方工作等付出较多义务的,离婚时有权向另一方请求补偿。

(五) 自测案例

甲和乙(女)1998年5月登记结婚。婚前,甲和他人共同投资成立了一家机器制造有限责任公司,甲的出资额占38%。婚后,乙为了支持甲的工作,辞职在家。在甲和其他股东的共同努力下,公司业务蒸蒸日上,成为某市引人注目的民营企业。2000年9月甲、乙协商后,甲先出国开拓业务,乙在家作出国准备。同年11月,乙根据甲的要求,将家庭财产进行评估后全部转到甲的名下。乙办好甲所需要的全部手续后,2001年5月10日甲在国外提起离婚诉讼。乙绝望之中同意离婚,但要求分割包括甲股权在内的夫妻共同财产。经人民法院审理查明,甲在婚姻关系存续期间共分得红利100万元。甲提起离婚诉讼时其出资额体现的资产价值为1000万人民币。

问题:

1. 甲分得的红利和在公司的股权是否为夫妻共同财产?
2. 法院对乙的分割请求应如何处理?

十五、离婚时对特殊财产的分割

夫妻财产分割时,对婚姻关系存续期间取得的特殊财产,如房屋的添附、承包经营所得的收益、夫或妻在土地承包中的权益、分居期间所获得的财产、知识产权的收益、中奖权、股票及股息等，在双方没有约定为各自所有的情况下，应当认定为夫妻共同财产，按夫妻共同财产进行分割。

（一）案情简介

> **案例**
>
> 2005年5月，甲（男）与乙登记结婚，甲婚前所有的两居室房屋一套作为新房，婚后由双方共同使用。2006年3月夫妻对房屋进行了全面装修，花费3万余元。2007年4月集体对土地进行新一轮承包，甲和集体签订了承包土地20亩的合同，承包期为10年，用于种植花卉，承包当年没有获得收益。因乙对甲全身心投入工作、无视自己的做法越来越不满，而甲又依然如故，双方感情日益冷淡，乙于2008年2月搬回娘家与甲分居。分居期间甲又购置了价值5万元的技术设施。2008年9月10日乙提起离婚诉讼，并要求分割房屋、土地承包经营权。甲同意离婚，但不同意乙的财产分割请求。人民法院经审理认为，双方居住的房屋是甲的婚前财产，乙无权分割，但装修部分价值应作为夫妻共同财产进行分割；土地虽是以甲的名义承包的，但实质是家庭承包，乙的承包利益应当得到保护。基于以上理由，人民法院判决支持了乙的诉讼请求。

（二）思考方向

夫妻在婚姻关系存续期间所得的夫妻共同财产，双方有平等处理权。因此，夫妻分居两地分别使用管理的婚后所得财产、对居住房屋装修的增值等均应以夫妻共同财产进行分割。上述案例中，人民法院关于乙财产分割请求的判决是否符合法律规定，应当依照法律规定的夫妻共同财产范围加以确定。

（三）法律规定

1.《婚姻法》第39条 离婚时，夫妻的共同财产由双方协议处理；协议不成时，由人民法院根据财产的具体情况，照顾子女和女方权益的原则判决。夫或妻在家庭土地承包经营中享有的权益等,应当依法予以保护。

2.《婚姻法解释一》第 19 条 婚姻法第十八条规定为夫妻一方所有的财产,不因婚姻关系的延续而转化为夫妻共同财产。但当事人另有约定的除外。

3. 最高人民法院《关于人民法院审理离婚案件处理财产分割问题的若干具体意见》第 4 条 夫妻分居两地分别管理、使用的婚后所得财产,应认定为夫妻共同财产。在分割财产时,各自分别管理、使用的财产归各自所有。双方所分财产相差悬殊的,差额部分,由多得财产的一方以与差额相当的财产抵偿另一方。

第 11 条 对夫妻共同经营的当年无收益的养殖、种植业等,离婚时应从有利于发展生产、有利于经营管理考虑,予以合理分割或折价处理。

第 12 条 婚后 8 年内双方对婚前一方所有的房屋进行过修缮、装修、原拆原建,离婚时未变更产权的,房屋仍归产权人所有,增值部分中属于另一方应得的份额,由房屋所有权人折价补偿另一方;进行过扩建的,扩建部分的房屋应按夫妻共同财产处理。

(四)学理分析

本案中,人民法院的判决是正确的。乙主张分割的房屋属于甲的婚前财产,不属于婚姻关系存续期间的夫妻共同财产,乙的分割请求不能得到支持,但房屋是在婚姻关系存续期间进行装修的,房屋装修的添附价值属于夫妻双方共同财产,乙有权取得补偿;乙与甲分居期间,婚姻关系的效力仍然存在,甲购置的价值 5 万元的技术设施,属于婚姻关系存续期间所得的财产,应当作为夫妻共同财产进行分割;对集体土地的承包经营权,为婚姻关系存续期间取得的权利,该权利为夫或妻在家庭土地承包经营中享有的权益,应当依法予以保护。但因为土地承包经营权的特殊性,如果乙有经营能力,可对承包土地进行条块分割,甲、乙分别种植;如果乙没有经营能力,可根据种植物的类型评估其后续收益情况,折价处理给甲,乙获得价值补偿,以便使财产分割时有利于生产、生活的原则得到贯彻。

(五)自测案例

甲(男)与乙经人介绍相识,并于 2000 年 5 月 20 日登记结婚。婚后的一天,两人到商场购物,途经一福利彩票销售处,甲出于好奇,花 10 元钱购买奖券5张。开奖那天,甲收到兑奖通知,被告知中奖20万元。除去所得税,甲实际领取18万元。在18万元奖金如何支配问题上,二人产生严重意见分歧。由于二人婚前缺乏必要的了解,婚后感情一般,再加上奖金的支配问题意见不一,最终导致夫妻感情破裂。2001年8月10日,乙向人民法院提起离婚诉讼,请求解除与甲的婚姻关系,并分割甲所得的18万元奖金。甲同意离婚,但认为奖券由自己所买,所中奖金理应归个人所有,不同意分割。

问题:

1. 甲个人购买奖券所中奖金是否属于夫妻共同财产?为什么?
2. 乙对甲中奖所得的18万元奖金是否有权分割?

十六、离婚时房改房屋的处理

所谓房改房屋,是指在住房制度改革中,职工按照标准价格购买公有房屋所取得的房产。房改房屋产权主要有两种形式:部分产权和全部产权。夫妻共同出资而取得的房改房屋,属于夫妻共同财产,在离婚诉讼中,应按照夫妻共同财产的分割原则处理;夫妻一方出资购买的房改房屋,属于个人财产,应按照有关法律规定进行处理。

(一) 案情简介

案 例

甲(男)和乙系夫妻。1991年2月,在婚姻关系存续期间,单位进行房改,甲以个人名义用夫妻共同财产购得70%产权住房一套,另30%的产权归甲所在单位。1998年甲染上赌博恶习,乙再三劝说无效,致使二人感情破裂。2001年5月20日,乙向人民法院提起离婚诉讼,同时要求分割包括房改房屋在内的夫妻共同财产。甲同意离婚,但不同意乙分割房屋。人民法院经审理认为,在房改房屋的价款是由双方共同财产支付的,属于夫妻共同财产,房屋价值应按照同类房屋标准价8万元确定。遂判决房屋所有权归乙,由乙给予甲补偿费人民币4万元。

(二) 思考方向

夫妻对婚姻关系存续期间取得房改房屋所有权,和通过商品房买卖方式取得的房屋所有权,除了取得方式不同外,享有的最终权利结果应是相同的。上述案例中,人民法院将房改房屋作为夫妻共同财产进行分割的判决是否正确,应根据相关的政策法规及司法解释加以确定。

(三) 法律规定

1. 最高人民法院《印发〈关于审理离婚案件中公房使用、承租若干问题的解答〉的通知》第9条 对夫妻共同出资而取得"部分产权"的房屋,人民法院可参照上述有关解答,予以妥善处理。但分得房屋"部分产权"的一方,一般应按所得房屋产权的比例,依照离婚时当地政府有关部门公布的同类住房标准价,给予对方一半价值的补偿。

第10条 对夫妻双方均争房屋"部分产权"的,如双方同意或者双方经济、住房条件基本相同,可采取竞价方式解决。

(四) 学理分析

本案中,人民法院的判决是正确的。根据1994年7月国务院《关于深化城镇住房制度改革的决定》所确定的住房制度改革的精神,职工购买优惠房,是以户为单位,夫妻双方的购房资格和机会,只能依从于一方,购买一套住房,所购房屋是夫妻双方的共有财产,对此夫妻双方拥有平等的所有权或使用权。城镇职工在参加住房制度改革中取得的房屋产权,有部分产权和全部产权之分。所谓部分产权房屋,是指职工以标准价格购买公有住房的部分产权并与原产权单位形成按份共有的房屋。所谓全产权房屋,是指职工对所购的公有住房享有全部所有权的房屋。在离婚案件中,对于全产权房屋,应依照夫妻共有财产进行分割。对部分产权房屋,因为房改的房屋不再带有完全福利的性质,夫妻双方已经对该房拥有部分产权,虽然该产权中的收益、处分权仍受到原产权单位的限制,但占有、使用权对夫妻任何一方均是平等享有的,所以,不管将房屋判归夫妻何方占有、使用,都只是在夫妻之间就房屋所有权或使用权进行一种调整,而无须征求原房屋产权单位的意见,居住方和原产权单位之间的共有产权关系并未改变,也不会侵犯原产权单位的共有产权和优先购买权。具体的处理时,夫妻双方有约定的,从其约定;没有约定的,应当按照照顾抚养子女的一方和照顾女方利益的原则,确定房屋的产权归属。分得部分产权房屋的一方,一般应按所得房屋产权的比例,依照离婚时当地政府有关部门公布的同类住房标准价,给予对方一半价值的补偿。也可采用竞价方式解决部分产权房屋的分割。

在本案中,尽管产权证上登记的是甲的名字,但房屋是在夫妻关系存续期间,由二人共同出资购买的,所以应属于夫妻共同财产。双方离婚时,对房屋享有平等的权利。在决定房屋所有权归属时,按照照顾女方和子女利益的原则,法院判决房屋归乙所有,由乙给予甲房屋权利部分的价值补偿,法院的这一判决是正确的。

(五)自测案例

甲(男)和乙均为某单位职工,二人于2000年5月结婚。婚后所住房屋是由甲婚后享受本人工龄并由个人出资参加房改取得的全部产权房屋,而且甲和所在单位签订了内部购房协议,约定:甲的房屋产权证由单位保管。如甲购房后在单位工作不满五年调动或辞职,该房屋归单位所有。2005年8月,甲、乙二人协议离婚,但在房屋的归属问题上产生分歧:乙要求分割所住房屋,但甲认为所住房屋是享受本人工龄补贴并以个人财产购买的,且与单位有约定,在工作时间尚不满五年时,该房屋仍为单位所有,个人不享有所有权。因此乙无权请求分割。

问题:

1. 乙对甲享受本人工龄补贴并以个人财产购买的房屋,是否有权分割?
2. 假设乙有权分割,甲与所在单位签订的关于房屋所有权约定的协议是否能成为乙享有权利的障碍?

十七、夫妻共同债务的清偿

婚姻关系终止时,不仅要区别夫妻共同财产和个人财产,以保护夫或妻的个人财产权利,同时还要划分夫妻的对外债务性质,确定清偿责任,实现对第三人利益的保护。

（一）案情简介

> **案例**
>
> 甲（男）与乙系夫妻关系。婚姻关系存续期间，双方购得50万元住宅一套，以甲名义向某银行贷款9万元。2000年3月，乙向人民法院提起离婚诉讼请求解除与甲的婚姻关系。经人民法院调解，双方达成如下协议：自愿离婚；所购住宅一套归乙所有；对某银行9万元贷款及其利息，由甲负责偿还。甲、乙离婚后，甲对某银行的9万元贷款到期，甲无力偿还。2001年2月5日，某银行向人民法院提起诉讼，请求甲、乙连带偿还欠款，但乙以调解协议中已约定该债务由甲承担为由，对抗某银行的连带责任请求。人民法院经审理认为，甲与乙离婚时，虽就债务清偿责任达成了协议，但该免除乙债务协议的效力只对甲、乙发生，不对债权人发生，遂判决乙与甲对某银行的债务承担连带清偿责任。

（二）思考方向

婚姻关系存续期间所负的债务，原则上由夫妻共同偿还。夫妻共同债务，由夫妻以共同财产清偿，关于共同债务由一方承担的约定或人民法院的判决，不产生对抗债权人的效力。上述案例中，人民法院判决甲与乙对某银行的债务共同承担清偿责任是否符合法律规定，应当依法律规定的夫妻共同债务的清偿原则加以确定。

（三）法律规定

1.《婚姻法》第41条 离婚时，原为夫妻共同生活所负的债务，应当共同偿还。共同财产不足清偿的，或财产归各自所有的，由双方协议清偿；协议不成时，由人民法院判决。

第19条第3款 夫妻对婚姻关系存续期间所得的财产约定归各自所有的，夫或妻一方对外所负的债务，第三人知道该约定的，以夫或妻一方所有的财产清偿。

2. 最高人民法院《关于人民法院审理离婚案件处理财产分割问题的若干具体意见》第 17 条第 1 款 夫妻为共同生活或为履行抚养、赡养义务等所负债务,应认定为夫妻共同债务,离婚时应当以夫妻共同财产清偿。

3.《婚姻法解释二》第 24 条 债权人就婚姻关系存续期间夫妻一方以个人名义所负债务主张权利的,应当按夫妻共同债务处理。但夫妻一方能够证明债权人与债务人明确约定为个人债务,或者能够证明属于婚姻法第十九条第三款规定情形的除外

第 25 条 当事人的离婚协议或者人民法院的判决书、裁定书、调解书已经对夫妻财产分割问题作出处理的,债权人仍有权就夫妻共同债务向男女双方主张权利。

一方就共同债务承担连带清偿责任后,基于离婚协议或者人民法院的法律文书向另一方主张追偿的,人民法院应当支持。

第 26 条 夫或妻一方死亡的,生存一方应当对婚姻关系存续期间的共同债务承担连带清偿责任。

(四)学理分析

本案中,人民法院的判决是正确的。根据我国《婚姻法》及相关规定,婚姻关系存续期间,夫妻为共同生活或为履行法定扶养义务等所负的债务,为夫妻共同债务。对夫妻共同债务,夫妻应负连带责任,由夫妻共同财产清偿。离婚时,夫妻共同财产不足以清偿共同债务的,双方可协议由一方负责清偿、双方负责清偿或者双方之间按比例清偿。双方达不成协议时,由人民法院判决由一方清偿或者由双方按比例清偿。但夫妻间免除一方债务协议或者人民法院免除一方债务的判决,只在双方当事人之间产生效力,不产生对债权人的约束力。夫妻仍应对债权人的债务承担连带清偿责任,债务被免除方对债权人承担连带责任后,就自己承担的数额可根据约定或人民法院的判决向债务方行使追偿权。

本案中,甲与乙在婚姻关系存续期间购房欠款 9 万元,应当为夫妻共同债务。离婚时双方对该债务清偿的约定合法有效,但效力只在甲、乙之间产生,不能对抗第三人某银行。乙对某银行的债务应与甲承担连带清偿责任。乙承担清偿责任后可根据与甲关于债务清偿的协议,在其承担的清偿责任范围内向甲行使追偿权。

(五) 自测案例

甲、乙(女)系夫妻关系,2002 年 3 月 10 日甲向人民法院提起离婚诉讼,要求解除与乙的婚姻关系。在婚姻关系存续期间双方经营一家服装店,乙分别向 A 信用社借款 4 万元,向 B 信用社借款 4.5 万元,由于经营不善,贷款未能偿还。经调解,双方未能达成离婚和债务承担协议,人民法院作出判决:准予甲、乙离婚;甲负责偿还 A 信用社借款 4 万元,乙负责偿还 B 信用社借款 4.5 万元。判决生效后,A 信用社的借款到期,向乙提出还款请求,乙偿还了该笔借款。3 个月后,B 信用社的借款到期,向乙提出还款要求,乙以该笔欠款法院已判决由甲偿还为由,拒绝履行还款义务。于是 B 信用社以乙和甲为共同被告,向人民法院提起诉讼,请求判令两被告偿还借款本金及利息。人民法院判决乙和甲对 B 信用社的借款承担连带赔偿责任。

问题:

1. 人民法院关于债务分担的判决是否有法律效力?
2. 人民法院判决乙对 B 信用社的借款与甲承担连带清偿责任是否正确?

十八、夫妻个人债务的清偿

夫妻个人债务是指夫妻一方非为共同生活所需而负担的债务。夫妻个人债务确定之后,原则上由债务方以个人财产偿还。

(一) 案情简介

案例

甲(男)与乙原系夫妻。婚姻关系存续期间,乙以个人名义向丙借款 5000 元,该款后用于甲学习驾驶。甲领取驾驶执照后,驾驶自家的运输车辆搞运输。2000 年 9 月,乙和甲离婚。丙在乙与甲离婚后向乙催要欠款,乙以该债务为甲个人债务为由拒绝偿还。2002 年 1 月 6 日,丙向人民法院法院起诉,要求甲、乙偿还 5000 元欠款及利息。法院经审理认为,5000 元债务为婚姻关系存续期间甲学车所欠,甲学成之后其驾驶

> 技能虽直接用于夫妻共同经营的运输业务,但技能本身属于甲的无形资产,离婚后该资产利益仍由甲本人享有,因此该债务应为甲个人债务。但该债务的形成是在甲与乙的婚姻关系存续期间,丙并不知该债务是甲的个人债务,因此甲的个人债务,乙应与甲向丙承担连带清偿责任,甲个人债务性质的确定只在甲和乙间产生效力,而不能对抗第三人丙。遂作出判决:甲负责偿还对丙的5000元债务,乙负连带责任。

(二) 思考方向

婚姻关系存续期间,夫妻一方的个人债务,在夫妻间产生个人财产清偿的效力;但夫妻一方个人债务的认定并不必然产生对抗债权人的效力。在上述案例中,人民法院判决乙对甲的个人债务承担连带清偿责任的做法是否符合法律规定,应当依照法律规定的夫妻个人债务的清偿原则加以确定。

(三) 法律规定

1.《婚姻法》第 19 条第 3 款 夫妻对婚姻关系存续期间所得的财产约定归各自所有,夫或妻一方所负的债务,第三人知道该约定的,以夫或妻一方的财产清偿。

2. 最高人民法院《关于人民法院审理离婚案件处理财产分割问题的若干具体意见》第 17 条第 2 款 下列债务不能认定为夫妻共同债务,应由一方以个人财产清偿:(1) 夫妻双方约定由个人负担的债务,但以逃避债务为目的的除外。(2) 一方未经对方同意,擅自资助与其没有抚养义务的亲朋所负的债务。(3) 一方未经对方同意,独自筹资从事经营活动,其收入确未用于共同生活所负的债务。

3.《婚姻法解释二》第 23 条 债权人就一方婚前所负个人债务向债务人的配偶主张权利的,人民法院不予支持。但债权人能够证明所负债务用于婚后家庭共同生活的除外。

第 24 条 债权人就婚姻关系存续期间夫妻一方以个人名义所负债务主张权利的,应当按夫妻共同债务处理。但夫妻一方能够证明债权人与债务人明确约定为个人债务,或者能够证明属于婚姻法第十九条第三款规定情形的除外。

（四）学理分析

本案中，人民法院的判决是正确的。根据《婚姻法》及司法解释的有关规定，夫妻一方在婚姻关系存续期间所负的个人债务，应由一方以个人财产清偿。这里的"以个人财产清偿"应当理解为：(1) 对夫妻的约束力。先对夫妻共同财产进行分割，个人的债务用分得的财产清偿；若夫妻实行分别财产制，没有共同财产，对个人所负债务，直接由个人财产偿还。(2) 对债权人的约束力。虽然个人债务应以个人财产作为责任财产，他方无代偿义务，但如果第三人不知道该债务为个人债务的，债务仍由夫妻双方共同清偿。非债务方清偿债务后，就其已清偿的债务，享有对债务方的追偿权。

本案中，乙以个人名义向丙所借5000元虽已被人民法院确认为甲的个人债务，但因债务形成时，丙不知该债务应当是甲的个人债务，因此该债务为甲个人债务的判决只在甲和乙之间产生效力，不能对丙产生效力。对丙的债务，乙应和甲承担连带清偿责任，乙不能以该债务是甲的个人债务为由对抗丙的连带责任请求。

（五）自测案例

甲（男）婚前因购置房屋向乙借款20万元。甲和丙结婚后，该套房屋作为婚姻住所由夫妻双方共同居住。乙的债务到期后，甲未能按期偿还债务，乙向人民法院起诉，要求甲、丙偿还欠款。法院经审理认为，20万元债务为甲婚前个人债务，本应当由甲个人承担清偿责任，但借款所购买的房屋已用于甲、丙婚后的共同生活，该债务已由甲的个人债务转化为甲、丙的夫妻共同债务，丙应当对该债务承担连带清偿责任。遂作出判决：对乙的20万元债务，甲、丙共同承担偿还责任。

问题：

1. 甲的婚前个人债务转化为甲、丙夫妻共同债务的条件是什么？

2. 丙因享受甲婚前财产利益而承担债务责任时，承担的连带责任的范围是否受利益范围的限制？

十九、离婚时侵占财产的行为和法律责任

夫妻离婚时,双方对共同共有财产有平等分割的权利,夫或妻一方利用非法手段侵害另一方财产权益的,有非法侵占行为的一方应当承担相应的法律责任。

(一) 案情简介

案例

甲与乙(女)于1995年5月登记结婚,双方收入颇高,家中钱财一直由乙掌管。2003年1月甲向人民法院提起离婚诉讼,诉讼中乙将100万元现金转入他人账户,并将婚姻关系存续期间所购股票全部抛出,所得款项50万元用于偿还债务。人民法院经审理查明,甲、乙双方婚后感情一般,分居已满2年。100万元存款,为婚姻关系存续期间所得财产,乙将该财产转移至他人账户,属于转移夫妻共同财产的行为;乙用股票款偿还的债务,为伪造的债务,不能成立。乙的行为已构成对甲财产权益的侵犯。遂判决:准予甲与乙离婚;夫妻共同财产150万元归甲所有,其他财产归乙所有。

(二) 思考方向

离婚诉讼中一方隐藏、转移、变卖、毁损夫妻共同财产,或伪造债务企图侵占另一方财产的行为,损害了另一方的合法权益,行为方应当受到处罚。在上述案例中,人民法院判决乙少分财产的做法是否符合法律规定,应当按照法律规定的离婚时侵占财产的后果加以确定。

(三) 法律规定

1.《婚姻法》第47条 离婚时,一方隐藏、转移、变卖、毁损夫妻共同财产,或伪造债务企图侵占另一方财产的,分割夫妻共同财产时,对隐藏、转移、变卖、毁损夫妻共同财产或伪造债务的一方,可以少分或不分。离婚后,

另一方发现有上述行为的,可以向人民法院提起诉讼,请求再次分割夫妻共同财产。人民法院对前款规定的妨害民事诉讼的行为,依照民事诉讼法的规定予以制裁。

2.《婚姻法解释一》第 31 条　当事人依据婚姻法第四十七条的规定向人民法院提起诉讼请求再次分割夫妻共同财产的诉讼时效为两年,从当事人发现之次日起计算。

3.《中华人民共和国民事诉讼法》第 102 条　诉讼参与人或者其他人隐藏、转移、变卖、毁损已被查封、扣押的财产,或者已被清点并责令其保管的财产,转移已被冻结的财产的,人民法院可以根据情节轻重予以罚款、拘留;构成犯罪的,依法追究刑事责任。

(四)学理分析

在本案中,人民法院的做法是正确的。夫妻双方对共同共有的财产有平等的所有权和处理权,在离婚时夫妻双方有平等的分割权。离婚时,一方隐藏、转移、变卖、毁损夫妻共同财产,或伪造债务企图侵占另一方财产,损害另一方财产权利的,均属于非法侵占财产的行为。对实施非法毁损夫妻共同财产或伪造债务的一方,可以少分或不分;如果在离婚后,另一方发现一方在离婚时隐藏、转移、变卖、毁损夫妻共同财产,或伪造债务企图侵占另一方财产的,可以向人民法院提起诉讼请求再次分割夫妻共同财产。人民法院对上述规定的妨害民事诉讼的行为,可以依照民事诉讼法的规定予以制裁,根据情节轻重予以罚款、拘留,构成犯罪的,依法追究刑事责任。

本案中,乙转移的 100 万元存款和 50 万元的股票款属于夫妻共同财产,在离婚时理应进行分割。乙隐藏和伪造债务的行为违反了《婚姻法》第 47 条的规定,严重损害了甲的合法权益。并且乙的行为发生在甲向人民法院提起离婚诉讼后,符合法律规定的可以少分或不分的情形,同时也妨碍了民事诉讼,人民法院对于其妨碍民事诉讼的行为可以予以罚款处罚或拘留处罚。

(五)自测案例

乙女与甲男于 1996 年 7 月经人介绍相识,20 天后闪电般结婚,婚后过着平淡宁静的生活。1998年10月6日,女儿出生两个多月的时候,丈夫突然以性格不合为由,要求离婚。1998年12月,双方协议离婚。2000年9月的一天,乙从电视节目中发现,前夫以某县某公司总经理的身份出现在电视节目中。乙经调查发现,甲在离婚时隐匿了50万元的财产,并用这50万元作为投资,现已增值到200万元。乙遂于2002年7月向人民法院提起诉讼,请求将200万元财产作为夫妻共同财产重新进行分割。

问题:

1. 200万元的巨款是否属于隐匿财产?
2. 人民法院是否应支持乙的请求?

二十、离婚损害赔偿责任的承担

离婚损害赔偿责任,为因夫妻一方的法定过错而导致离婚的,有过错的一方应当对另一方为此所遭受的财产和精神损害,承担损害赔偿的责任。离婚损害赔偿责任只在离婚的前提下承担,责任范围包括财产损害和精神损害。

(一)案情简介

案例

甲与乙(女)自由恋爱1年后,于1997年3月登记结婚。1999年1月甲开办某企业,并陆续投资扩大经营规模,效益逐年上升。但自1999年6月起,甲与丙开始有不正当关系,经常夜不归宿。乙与甲经常发生激烈冲突,夫妻感情破裂。甲于2001年10月向人民法院提起诉讼,要求与乙离婚,乙不同意离婚。人民法院经过审理,认为双方的感情已经破裂,遂作出了准予甲与乙离婚的判决。判决生效后,2002年1月乙向人民法院提起离婚损害赔偿之诉,请求甲承担离婚损害赔偿责任,支付精神损害抚慰金人民币2万元。人民法院经审理查明,乙起诉的事实成立,但甲与丙的关系为通奸关系,不符合法律规定的承担离婚损害赔偿责任的条件,遂驳回了乙的起诉。

(二) 思考方向

离婚损害赔偿责任作为民事侵权赔偿责任,侵权人承担侵权责任应当具备法律规定的条件。在上述案例中,人民法院驳回乙起诉是否符合法律规定,应当依法律所规定的离婚损害赔偿责任的构成条件而加以确定。

(三) 法律规定

1.《婚姻法》第46条 有下列情形之一,导致离婚的,无过错方有权请求损害赔偿:(1) 重婚的;(2) 有配偶者与他人同居的;(3) 实施家庭暴力的;(4) 虐待、遗弃家庭成员的。

2.《婚姻法解释一》第2条 婚姻法第三条、第三十二条、第四十三条、第四十五条、第四十六条规定的"有配偶者与他人同居"的情形,是指有配偶者与婚外异性,不以夫妻名义,持续、稳定地共同居住。

第28条 婚姻法第四十六条规定的"损害赔偿",包括物质损害赔偿和精神损害赔偿。涉及精神损害赔偿的,适用最高人民法院《关于确定民事侵权精神损害赔偿责任若干问题的解释》的有关规定。

第29条 承担婚姻法第四十六条规定的的损害赔偿责任的主体,为离婚诉讼当事人中过错方的配偶。人民法院判决不准离婚的案件对于当事人基于婚姻法第四十六条提出的损害赔偿请求,不予支持,在婚姻关系存续期间,当事人不起诉离婚而单独依据该条规定提起损害赔偿请求的,人民法院不予受理。

第30条 人民法院受理离婚案件时,应当将婚姻法第四十六条规定中的当事人的有关权利义务,书面告知当事人。在适用婚姻法第四十六条规定时,应当区分以下不同情况:(1) 符合婚姻法第四十六条规定的无过错方作为原告基于该条规定向人民法院提出损害赔偿请求的,必须在离婚诉讼的同时提出。(2) 符合婚姻法第四十六条规定的无过错方作为被告的离婚诉讼案件,如果被告不同意离婚也不基于该条规定提起损害赔偿请求的,可以在离婚后一年内就此单独提起诉讼。(3) 无过错方作为被告的离婚诉讼案件,一审时被告未基于婚姻法第四十六条规定提出损害赔偿请求,二审其间提出的人民法院应当进行调解,调解不成的告知当事人在离婚后一年内另行起诉。

3.《婚姻法解释一》第27条 当事人在婚姻登记机关办理离婚登记手续后,以婚姻法第四十六条规定为由向人民法院提出损害赔偿请求的,人民法院应当受理。但当事人在协议离婚时已经明确表示放弃该项请求,或者在办理离婚登记手续一年后提出的,不予支持。

(四)学理分析

本案中,人民法院的判决是正确的。依据《婚姻法》的规定,在婚姻关系存续期间,因配偶一方重婚,与婚外异性不以夫妻名义持续、稳定地共同生活,实施家庭暴力,虐待、遗弃家庭成员等行为,给对方造成损害导致离婚的,无过错方有权提出损害赔偿请求,有上述过错行为方应当承担离婚损害赔偿责任。

离婚损害赔偿请求权应当在法律规定的期间内行使,具体来说:(1)无过错方作为原告向人民法院提出损害赔偿请求的,必须在离婚诉讼的同时提出;(2)无过错方作为被告的离婚诉讼案件,如果被告不同意离婚也不提起损害赔偿请求的,可以在离婚后1年内就此单独提起诉讼;(3)无过错方作为被告的离婚诉讼案件,一审时被告未提出损害赔偿请求,二审期间提出的人民法院应当进行调解,调解不成的告知当事人在离婚后1年内另行起诉;(4)当事人在婚姻登记机关办理离婚登记手续1年内,向人民法院提出损害赔偿请求的,人民法院应当受理。

在本案中,甲在婚姻关系存续期间与丙通奸,致使婚姻关系破裂导致离婚,甲存在过错,但该过错只是离婚的过错,而不是承担离婚损害赔偿责任的过错,因此乙不能请求离婚损害赔偿。

(五)自测案例

甲(女)与乙于1996年登记结婚,1998年3月6日生一子丙。甲在婚前一直与丁保持同居关系。2000年5月乙得知丙不是其亲生儿子,而是甲与丁的儿子,经亲子鉴定确认了这一事实。甲见与乙的婚姻已无法挽救,索性放荡不羁,开始卖淫。乙于2000年7月20日向人民法院起诉,要求与甲离婚,同时要求甲赔偿精神损失30000元。

问题：

1. 甲对婚前与他人同居的行为是否应当离婚损害责任？为什么？

2. 甲对婚姻关系存续期间的卖淫行为是否应当承担离婚损害责任？为什么？

3. 乙因甲的行为造成的损害，通过何种方式得到救济？

二十一、夫妻忠实原则与离婚损害赔偿制度

我国《婚姻法》规定了忠实原则，同时也规定了违背忠实原则的重婚、有配偶者与他人同居生活的行为应当承担的民事赔偿责任。"夫妻应当相互忠实，互相尊重"，这条规定针对离婚过错赔偿责任之外违背忠实义务的行为能否作为法律依据适用，是需要分析探讨的问题。

（一）案情简介

案 例

曾某与前妻离婚后在常州创业，1999年，通过征婚与同是离异的贾某相识并登记结婚。由于双方均系再婚，为慎重起见，2000年6月，夫妻经友好协商签署了一份"忠诚协议书"。协议约定了双方应互敬互爱，还特别强调了"违约责任"：若一方在婚期内由于道德品质问题，出现背叛另一方不道德的行为（婚外情），要赔偿对方名誉损失及精神损失费30万元。2001年8月，贾某发现了曾某和一年轻女子的婚外恋情，曾某的不忠行为导致婚姻关系破裂。曾某向法院提出离婚诉讼，同时贾某以曾某违反"夫妻忠诚协议"为由提起反诉，要求法院判令曾某支付违约金30万元。上海市闵行区人民法院一审判决支持了贾某的反诉请求，即判决离婚的同时判令曾某向贾某支付30万元人民币。曾某不服向上海市第一中级人民法院提出上诉，但不久即撤诉，一次性赔偿贾某30万元人民币。[①]

---

① 引自2003年1月11日《人民法院报》"案件时空"栏目。

(二) 思考方向

《婚姻法》规定的离婚过错赔偿责任的承担,仅限于法律规定的四种赔偿情形。超出法定赔偿情形之外的违背"忠实义务"的行为,不存在离婚损害赔偿法定责任的承担,但不应排除离婚损害赔偿违约责任的承担。上述案例中,人民法院判决离婚的同时判令曾某向贾某支付30万元人民币的做法是否符合法律规定,应当依照双方"忠诚协议书"的效力和离婚损害赔偿的条件加以确定。

(三) 法律规定

1.《婚姻法》第 4 条 夫妻应当互相忠实,互相尊重;家庭成员间应当敬老爱幼,互相帮助,维护平等、和睦、文明的婚姻家庭关系。

第 46 条 有下列情形之一,导致离婚的,无过错方有权请求损害赔偿:(1)重婚的;(2)有配偶者与他人同居的;(3)实施家庭暴力的;(4)虐待、遗弃家庭成员的。

2.《婚姻法解释一》第 2 条 婚姻法第三条、第三十二条、第四十三条、第四十五条、第四十六条规定的"有配偶者与他人同居"的情形,是指有配偶者与婚外异性,不以夫妻名义,持续、稳定地共同居住。

第 3 条 当事人仅以婚姻法第四条为依据提起诉讼的,人民法院不予受理;已经受理的,裁定驳回起诉。

第 28 条 婚姻法第四十六条规定的"损害赔偿",包括物质损害赔偿和精神损害赔偿。涉及精神损害赔偿的,适用最高人民法院《关于确定民事侵权精神损害赔偿责任若干问题的解释》的有关规定。

3.《民法通则》第 55 条 民事法律行为应当具备下列条件:(一)行为人具有相应的民事行为能力;(二)意思表示真实;(三)不违反法律或社会公共利益。

(四) 学理分析

本案中,人民法院的判决是正确的。《婚姻法》第46条规定了离婚损害赔偿制度,同时,总则中规定了"夫妻应当互相忠实"的原则。在承担离婚损害赔偿责任的四种行为中,除了家庭暴力,其他基本都可以归结为违反忠实义务的行为,重婚、有配偶者与他人同居即是典型的违背忠实原则的行为。《婚姻法》规定了忠实原则,同时也规定了违背忠实原则的重婚、有配偶者与他人同居生活的行为应当承担的民事赔偿责任。但是,对重婚、有配偶者与他人同居生活之外的违背忠实原则的行为,当事人既不能要求行为人承担离婚损害赔偿责任,也不能以《婚姻法》第4条为依据提起诉讼。

夫妻忠实原则不能超出离婚损害赔偿责任的承担范围向夫或妻重婚、与他人同居生活之外的行为渗透,但夫妻通过协议的方式签署"忠诚协议书"来扩大离婚损害责任的范围,法律是否应当允许?这涉及对"忠诚协议书"的效力认识问题。

本案中,单从曾某和一年轻女子的婚外恋情行为本身来看,尽管该行为导致其与贾某婚姻关系的破裂,但依法不应作为承担离婚损害赔偿责任的根据,从这个意义上讲,曾某没有对贾某进行离婚损害赔偿的责任。问题的关键在于双方婚后签署的"忠诚协议书"的效力。该协议书是双方在自愿、平等的基础上签订的,是双方真实意思表示,依法成立。同时该协议约定的内容"若一方在婚期内由于道德品质的问题,出现背叛另一方不道德的行为(婚外情),要赔偿对方名誉损失及精神损失费30万元",符合婚姻法"夫妻应当互相忠实"的原则规定,因此该协议应当是合法有效的。既然"忠诚协议书"的效力得到确认,双方当事人应当受该协议的约束,履行协议中约定的义务。因此人民法院判定"不忠赔偿"并不是扩大了对离婚损害赔偿法律规定的解释,贾某也不是以《婚姻法》第4条"夫妻应当互相忠实"作为提起诉讼的依据,其依据是双方的协议。"夫妻应当互相忠实"的婚姻法原则在本案中是作为"忠诚协议书"不违反法律或社会公共利益的根据而被判决适用的,因此人民法院的判决在适用法律上是正确的。

二十二、离婚过错赔偿原则与夫妻共同财产分割、对经济困难方的帮助原则

《婚姻法》第46条规定了离婚过错赔偿原则,第39条规定了夫妻财产分割原则,第42条规定了对经济困难方帮助的原则。以上三个原则是分别独立的法律原则,应当根据各自的规定情形,分别适用,离婚过错赔偿原则

不能在夫妻共同财产分割和对困难方的经济帮助中适用。

(一) 案情简介

> **案 例**
>
> 甲(男)与乙1990年10月20日登记结婚,婚后夫妻感情较好。1999年5月,甲和丙开始同居生活。乙得知后,再三劝说甲珍惜夫妻感情,和丙断绝来往,但甲执迷不悟。在与丙同居期间,甲遭遇车祸高位截瘫,丧失劳动能力,得到伤残赔偿金30万元。2003年5月19日,乙向人民法院提起离婚诉讼,请求甲承担离婚损害赔偿责任,赔偿其精神损害人民币3万元;同时请求多分夫妻共同财产;甲则请求经济帮助。人民法院经审理查明,甲在婚姻关系存续期间,与丙长期同居生活;甲和乙婚姻关系存续期间有面积120平方米的房屋一套,面积70平方米的房屋一套。人民法院认为,甲有配偶又与他人同居生活,应当承担离婚损害赔偿责任。甲的过错导致离婚,在分割财产时,应当体现照顾无过错方的原则,乙应当多分。遂作出判决:(1) 准予甲与乙离婚;(2) 共同财产中面积120平方米的房屋一套归乙所有,面积70平方米的房屋一套归甲所有;(3) 甲赔偿乙精神损害1万元;(4) 乙向甲一次性提供经济帮助3万元。

(二) 思考方向

婚姻法同时规定了夫妻共同财产分割原则和离婚过错赔偿原则。离婚过错赔偿原则能否在离婚时夫妻共同财产分割时适用,直接影响到过错方配偶的财产责任范围和财产利益,应当严格遵照法律规定的适用条件。上述案例中,人民法院判决甲在承担离婚损害赔偿责任的同时,在夫妻财产分割时仍承担少分的过错责任的做法是否符合法律规定,应当依照法律规定的夫妻财产分割原则加以确定。

(三) 法律规定

1.《婚姻法》第 39 条第 1 款　离婚时,夫妻的共同财产由双方协议处理;协议不成时,由人民法院根据财产的具体情况,照顾子女和女方权益的原则判决。

第 42 条　离婚时,如一方生活困难,另一方应从其住房等个人财产中给予适当帮助。具体办法由双方协议;协议不成时,由人民法院判决。

2. 最高人民法院《关于人民法院审理离婚案件处理财产分割问题的若干意见》　人民法院审理离婚案件对夫妻共同财产的处理,应当依照《中华人民共和国婚姻法》、《中华人民共和国妇女权益保障法》及有关法律规定,分清个人财产、夫妻共同财产和家庭共同财产,坚持男女平等,保护妇女、儿童的合法权益,照顾无过错方,尊重当事人意愿,有利生产、方便生活的原则,合情合理地予以解决。

(四) 学理分析

本案中,人民法院在分割夫妻财产时,适用照顾无过错方的原则,多分财产给乙,违反法律规定。《婚姻法》第 39 条规定,离婚时,夫妻的共同财产由双方协议处理;协议不成时,由人民法院根据财产的具体情况,照顾子女和女方权益的原则判决。《婚姻法》第 46 条规定,有下列情形之一,导致离婚的,无过错方有权请求损害赔偿:(1) 重婚的;(2) 有配偶者与他人同居的;(3) 实施家庭暴力的;(4) 虐待、遗弃家庭成员的。以上规定可以看出,婚姻法在夫妻共同财产分割中不考虑引起离婚的个人责任,只考虑子女权益和女方权益;在离婚损害赔偿责任承担时,考虑引起离婚的个人责任,采取离婚过错赔偿原则。离婚过错赔偿原则与离婚时夫妻共同财产分割原则是两个独立的法律原则,应当根据各自的规定情形,分别适用,离婚过错赔偿原则不能在夫妻共同财产分割中适用。

本案中,甲有配偶又与丙同居生活,其行为符合离婚损害赔偿责任的构成要件,应当承担离婚损害赔偿的民事责任;乙的权利已经通过离婚损害赔偿请求权的行使得以弥补,在分割夫妻共同财产时,不能再以甲有过错要求其承担少分财产的责任;甲需要乙的经济帮助,在符合离婚时对困难方经济帮助的条件下,应当对其进行经济帮助,不能因其对离婚存在过错剥夺其获得经济帮助的权利。

(五) 自测案例

甲(男)与乙1997年8月28日登记结婚,婚后夫妻感情较好,并生有一女。甲为某研究机构博士在读人员,乙无职业。2000年5月开始,甲因为课题的需要,和同一专业的女博士丙交往频繁,引起乙不满,经常借故和甲发生争吵。见甲并未停止和丙的合作,乙开始对甲进行跟踪甚至厮打。甲见乙不可理喻,便以乙对其实施家庭暴力为由,向人民法院提起离婚诉讼。乙同意离婚,但以自己没有工作、离婚后没有生活来源为由,要求甲对其进行经济帮助,每月支付生活费1500元;同时要求在分割财产时根据照顾女方利益的原则,对其进行照顾。人民法院经审理认为,乙对甲实施家庭暴力,导致婚姻关系破裂,甲起诉离婚,应当准许;乙要求分割夫妻共同财产时予以照顾,因为其对离婚有过错,不能进行照顾;关于乙经济帮助的请求,虽符合婚姻法规定的经济帮助条件,但因其是过错方,甲拒绝进行经济帮助,因此乙的请求不应得到支持。遂判决:(1)准予甲和乙离婚;(2)驳回乙要求分割财产时多分和经济帮助的诉讼请求。

问题:
1. 乙的过错能否成为分割夫妻共同财产时照顾女方利益的障碍?
2. 乙是否有权要求甲进行经济帮助?

二十三、夫妻婚内损害赔偿问题

婚内损害赔偿是指在婚姻关系存续期间,夫妻一方实施了对另一方的人身或财产损害行为,所应进行的赔偿。我国婚姻法规定了离婚损害赔偿责任而没有规定婚内损害赔偿责任,但《民法通则》侵权民事责任的规定并不排斥对婚内损害赔偿责任的调整。

（一）案情简介

> **案例**
>
> 2001年6月10日，甲因怀疑丈夫乙有婚外恋引发家庭纠纷，引起乙的不满，乙遂带人强行将甲送进精神病医院。精神病医院在对甲治疗的过程中，发现甲不具有精神病人的病情特征，在医院度过紧张的三天后，甲被允许出院。出院后，甲以乙侵犯名誉权为由，向人民法院提起诉讼，要求乙赔礼道歉，赔偿精神损失5万元。人民法院经过审理认为，乙捏造甲有精神病的事实，强行将甲送到精神病医院，迫使甲和精神失常的精神病人共同生活了三天，乙侵犯了甲的名誉权。遂作出判决：(1) 乙向甲赔礼道歉；(2) 乙赔偿甲精神损害抚慰金5000元。

（二）思考方向

婚姻关系存续期间，夫妻一方不要求离婚而只要求对方承担侵权责任，是我国近年来出现的新型案例。夫或妻作为独立的自然人个体，应当享有民事法律上的权利，承担民事法律上的责任。因此，夫妻一方实施了侵害另一方生命权、身体权、健康权、名誉权等的行为，符合侵权责任的构成要件时，应当承担侵权的民事责任。在上述案例中，人民法院判决乙承担侵犯甲名誉权的民事责任是否符合法律规定，应当依法律所规定的侵权责任的构成条件加以确定。

（三）法律规定

《民法通则》第101条 公民、法人享有名誉权，公民的人格尊严受法律保护，禁止用侮辱、诽谤等方式损害公民、法人的名誉。

第106条第2款 公民由于过错侵害国家的、集体的财产，侵害他人财产、人身的，应当承担民事责任。

第119条 侵害公民身体造成伤害的，应当赔偿医疗费、因误工减少的收入、残废者生活补助费等费用；造成死亡的，并应当支付丧葬费、死者生前扶养的人必要的生活费等费用。

第 120 条第 1 款 公民的姓名权、肖像权、名誉权、荣誉权受到侵害的,有权要求停止侵害,恢复名誉,消除影响,赔礼道歉,并可以要求赔偿损失。

(四)学理分析

本案中,人民法院的判决是正确的。在婚姻关系存续期间,夫妻一方实施了侵害另一方民事权利的行为,应当承担《民法通则》规定的侵权的民事责任。夫或妻作为民事权利主体,和其他自然人的民事权利应当纳入民法的同等保护之下,夫或妻的身份不应成为侵权民事责任构成的障碍,也不应成为行为人享有侵权责任豁免权的理由。婚内损害赔偿责任的承担有《民法通则》作为法律依据,不存在法律适用的问题。问题在于承担损害赔偿责任的财产上。我国的法定财产制为婚后所得共同制,即在婚姻关系存续期间所得的财产归夫妻共同所有。对于共同财产,在婚姻关系终止前,任何一方不得提出分割要求,人民法院也无权进行强制分割。如此,婚内损害赔偿责任承担的结果,就等于行为人将共同财产中的一部分拿出来交给受害人,无异于把左口袋里的钱放在右口袋里,失去了损害赔偿的意义。在夫妻一方根据《民法通则》承担婚内侵权赔偿责任的情况下,婚姻法中的法定财产制难以达到受害人及时得到赔偿的结果,必须等待离婚或一方死亡终止共同财产关系时才能实现赔偿,这显然有悖"惩罚过错方、救济受害方"的婚姻立法精神。因此,非常财产制的建立就成为必要。①

本案中,乙因妻甲怀疑其与第三人有不正当男女关系,即强行将没有精神病的甲送进精神病医院,侵犯了甲的名誉权。甲在不离婚的情况下,向人民法院提起诉讼,要求乙承担侵权民事责任,属于婚内损害赔偿请求,按照《民法通则》的规定,乙的行为具备侵权民事责任的构成要件,甲的请求应当得到法律的支持。因此人民法院判决乙向甲赔礼道歉并赔偿甲精神损失 5000 元,是符合法律规定的。

---

① 详细内容参见马忆南编著:《婚姻家庭继承法学》,北京大学出版社 2007 年版,第 98 页。

（五）自测案例

1998年11月27日20点50分，甲驾驶摩托车，载着妻子乙，从石烟公路轸格庄立交桥由北向南行驶时，与对行的鲁F32238号小型客车相撞，乙身受重伤，右额、颞脑挫裂伤，枕硬膜外血肿、蛛网膜下腔出血，并导致中孕引产。经法医鉴定，其伤情为八级伤残。乙在医院住院治疗106天，仅花费的医疗费就达3万元。事故发生后，根据交警下达的道路交通事故责任认定书，甲负主要责任，对行车负次要责任，乙无事故责任。2001年7月10日，交警部门在对交通事故赔偿事宜调解无效的情况下，下达了调解终结书。乙随即以对行车主和甲为被告向人民法院提起了交通事故人身损害赔偿之诉，请求人民法院判令两被告赔偿医疗费、交通费、误工费、护理费、伙食费、残疾人生活补助费、精神损失费等共计人民币118886元。

问题：

1. 在甲和乙婚姻关系存续期间，乙能否对甲提起财产损害赔偿之诉？
2. 乙对甲的起诉被人民法院支持后，甲承担民事责任的判决如何执行？

第六章 亲子关系

亲子关系,为父母与子女之间的权利义务关系,亲为父母,子为子女。根据我国《婚姻法》的规定,父母与婚生子女之间、生父母与非婚生子女之间、养父母与养子女之间、继父或继母与形成抚养关系的继子女之间的权利和义务,均适用《婚姻法》关于父母子女间权利义务的规定。

一、婚生子女的推定

婚生子女的推定,是指在婚姻关系存续期间受胎或出生的子女,推定为夫的婚生子女的制度。从大多数国家的立法上看,婚生子女的推定应当具备以下条件:(1)该子女应为具有合法配偶身份的男女所生;(2)该子女的血缘来自具有合法配偶身份的男女双方;(3)该子女出生于合法的婚姻关系存续期间或婚姻关系消灭后的法定期限内。我国《婚姻法》没有规定婚生子女推定制度,但司法实践中采用了婚生子女的推定制度。

(一)案情简介

案例

甲与乙(女)结婚多年,一直未生育子女,后来到医院检查,诊断甲没有施孕能力。夫妻二人为了实现当父母的愿望,通过协商,一致同意利用试管婴儿技术生育。一年后乙通过异体授精生育一女丙,夫妻二人视若珍宝。后因甲难以承受舆论的压力,为排解难言之隐,甲与他人产生婚外恋情,导致夫妻感情破裂,最终二人协议离婚,但对丙的抚养达不成协议,甲拒绝承担丙的抚养费。乙遂起诉到人民法院,请求解除与甲的婚姻关系,丙归自己抚养,甲每月支付抚育费400元。人民法院判决准予甲和乙离婚,丙由乙抚养,甲每月支付抚育费400元。

(二) 思考方向

婚姻关系存续期间妻通过体外人工授精方式所生与夫无血缘关系的子女,在一定条件下被推定为母之夫的婚生子女。被推定为婚生子女父亲的人,应当承担对该子女的抚养义务。上述案例中,人民法院判决甲承担丙抚育费的做法是否符合法律规定,应当依法律规定的婚姻关系存续期间所生试管婴儿的地位加以确定。

(三) 法律规定

我国《婚姻法》中未设婚生子女推定制度。实践中,一般认定,有婚姻关系的夫妻双方,在婚姻关系存续期间,妻受胎所生子女或受胎在婚姻关系终止后所生子女,推定夫为父。夫妻关系存续期间,双方一致同意进行人工授精,所生子女应视为夫妻双方的婚生子女,父母子女之间的权利义务关系适用《婚姻法》的有关规定。①

(四) 学理分析

本案中,人民法院的判决是正确的。我国《婚姻法》中未设婚生子女推定制度,在设立婚生子女推定制度的国家中,大致有三种推定方法:一是子女在婚姻关系存续期间受胎的,推定为婚生子女;二是子女在婚姻关系存续期间出生的,推定为婚生子女;三是子女在婚姻关系解除后300天以内出生的,推定为婚生子女。② 我国司法实践中一般认定,有婚姻关系的夫妻双方,在婚姻关系存续期间,妻受胎所生子女或受胎在婚姻关系终止后所生子女,推定夫为父。异质人工授精出生的子女,虽是婚姻关系存续期间母受胎所生或受胎在婚姻关系终止后所生,但该子女与生母之夫之间无任何血缘关系,双方一致同意进行人工授精的,所生子女视为夫妻双方

---

① 1991年7月8日最高人民法院《关于夫妻关系存续期间以人工授精所生子女的法律地位的函》([1991]民他字第12号):"夫妻关系存续期间,双方一致同意进行人工授精,所生子女应视为夫妻双方的婚生子女,父母子女之间的权利义务关系适用婚姻法的有关规定。"

② 详细内容参见马忆南编著:《婚姻家庭继承法学》,北京大学出版社2007年版,第168页。

的婚生子女,父母子女之间的权利义务关系适用婚姻法的有关规定。如果丈夫不同意妻子进行人工授精,妻子单方接受异质人工授精出生的子女,为妻子的子女,与丈夫不发生亲子关系,丈夫对该子女没有抚养教育的义务。

本案中,丙是在甲和乙婚姻关系存续期间双方一致同意采取人工授精方式所生,故应当推定其为婚生子女,甲应承担对丙的抚养义务。

(五)自测案例

甲与乙(女)结婚后,因甲有生育障碍,故一直未生育子女。乙想通过人工授精方式生一孩子,但甲坚决反对。乙为了实现自己当母亲的愿望,未经甲同意实施了人工授精手术,后生育一女孩丙。自从孩子出生以后,甲经常借故和乙争吵,婚姻关系破裂。乙提出离婚,并要求甲承担丙每月抚养费450元。甲同意离婚,但拒绝支付抚养费。

问题:

1. 甲与丙之间的关系性质是什么?
2. 甲应否承担丙的抚养费?

二、婚生子女的否认

婚生子女的否认,是指当事人享有否认婚生子女为自己亲生子女的诉讼请求权制度。婚生子女的否认,又称否认权,是对婚生子女推定的一种限制,目的主要是为了正确确立父母子女之间的关系,保障当事人及其子女的合法权利和利益。

(一)案情简介

案例

甲与乙(女)登记结婚。蜜月未满,甲即被派到国外进行为期2年的学习考察。在国外期间,远在国内的乙打电话告诉甲生一子丙,甲非常高兴。甲回国后得知,其在外学习考察期间,乙与以前的恋爱对象丁恢复往来并同居生活。甲向人民法院提出离婚请求。乙同意离婚,但请求甲支付抚养费。甲则认为丙不是自己的亲生儿子,拒绝履行抚养义务。经甲申请,人民法院征得乙同意,委托有关机构进行了亲子鉴定。鉴定结果表明,丙与甲没有血缘关系。人民法院遂作出判决:(1)准予甲与乙离婚;(2)丙由乙自行抚养。

(二) 思考方向

婚生子女是根据一定的法律事实进行的推定,既然是推定,就有可能发生推定结果的错误,应当允许当事人依据一定的事实予以否认。我国《婚姻法》未规定婚生子女否认制度,但实践中认可当事人享有婚生子女否认权。上述案例中,人民法院判决否认甲与丙之间亲子关系的做法是否符合法律规定,应当依照婚生子女否认的理论和实践加以确定。

(三) 法律规定

目前,我国婚姻法无婚生子女否认制度,但在现实生活中,这种情况是客观存在的,司法实践中已借鉴国外有关婚生子女否认制度的相关立法,丈夫如否认子女为婚生子女的,可向人民法院提起确认之诉。如果婚生子女否认成立,丈夫可免除对该子女的抚养义务。

(四) 学理分析

本案中,人民法院的判决是正确的。婚生子女否认制度,最早可追溯到罗马法时期,"如果子女在结婚第七个月以后或更确切地说在结婚第 182 天以后,并且在婚姻解除之日起 10 个月以前出生,则被推定为婚生子女,否则,如果丈夫否认是其后代,就必须证明这种亲子关系"[①]。至近代以来,各国民事立法几乎都设立了该制度。从大多数国家的法律规定看,采概括主义,即凡提供的证据能够推翻子女为婚生的即可。婚生子女否认权的主体,各国民法规定也不一致,有的规定为单一主体,只能是夫一人享有;有的规定为二元主体,即否认权的享有者是夫和子女;有的规定为三元主体,即否认权的享有者包括夫、妻和子女。否认的请求一经法院查实认可并作出裁决,子

---

① 〔意〕彼德罗·彭梵得:《罗马法教科书》,黄风译,中国政法大学出版社,第 156 页。

女就丧失婚生资格,母之夫对该子女无法律上的抚养义务。①

我国目前尚无婚生子女否认的规定。实践中,丈夫如否认子女为婚生子女,可向人民法院提起确认之诉。诉讼中丈夫负有举证责任,必须证明在其妻受孕期间双方没有同居的事实,或能够证明其没有生育能力等,必要时人民法院也可委托有关机构进行亲子鉴定。如果婚生子女否认成立,丈夫可免除对该子女的抚养义务。但对婚生子女的否认权没有时效限制,也没有否认权主体的规定,这种状态不利于亲子关系的调整,应予以弥补。

本案中,丙是在甲与乙婚姻关系存续期间所生,应推定为婚生子女。丙经亲子鉴定并非甲亲生,甲向法院提出否认婚生子女的请求,符合婚生子女否认制度的理论要求,也符合我国司法实践的要求,人民法院应当支持甲的诉讼请求,判决丙由乙自行抚养。

(五)自测案例

甲与乙(女)登记结婚后不到一个月,甲因盗窃被判刑5年,在此期间,乙生育一对龙凤胎。甲刑满释放后恶习不改,又因盗窃被判刑2年,乙向法院提起离婚诉讼,请求解除与甲的婚姻关系。甲同意离婚,但要求抚养子女,服刑期间暂由父母代为抚养,乙表示同意。在人民法院的主持下甲、乙达成调解,并签署了离婚调解书。甲刑满释放后听说龙凤胎是其服刑期间乙与他人通奸所生,便向人民法院提起诉讼,请求确认龙凤胎非为自己婚生子女,由乙领回自行抚养。诉讼过程中,乙遇车祸死亡,龙凤胎的生父无法确认。

问题:

1. 乙不认可甲婚生子女否认的请求,又不同意亲子鉴定,人民法院能否根据甲的申请进行亲子鉴定?

2. 甲与龙凤胎的亲子关系被否认后,龙凤胎的生母死亡生父无法认领,龙凤胎的抚养问题应如何解决?

三、欺诈性抚养的处理

在婚姻关系存续期间乃至离婚后,妻明知其在婚姻关系存续期间所生

---

① 详细内容参见马忆南编著:《婚姻家庭继承法学》,北京大学出版社2007年版,第170页。

子女为非婚生子女,而采取欺诈手段称其为婚生子女,使夫承担对该子女的抚养义务的,可称之为欺诈性抚养关系。欺诈性抚养关系在婚生子女否认和非婚生子女认领中均可发生。欺诈方对欺诈他方抚养非亲生子女的行为,应当承担法律责任。

(一)案情简介

> **案 例**
>
> 甲与乙(女)于1982年结婚。1985年7月,乙生一男孩丙,由双方共同抚养。1989年7月,甲发现乙与他人有不正当男女关系,遂经协商,双方在民政机关办理了离婚协议,约定夫妻共同财产归甲所有,丙由甲抚养,乙每月给付30元抚育费。后来,双方为看望小孩发生纠纷,乙以甲不是丙的生父为理由,起诉要求变更抚养关系。在诉讼期间,原、被告申请对丙作亲子鉴定,鉴定结果,排除甲是丙的生父。乙将小孩带走并由其抚养,撤回变更抚养关系的起诉。1990年2月,甲以丙不是其亲生子,双方之间无血缘关系以及对丙无抚养义务为由,向法院起诉,要求乙返还其抚养丙的抚育费。
>
> 对本案的处理,有三种不同的意见:第一种意见认为,原告甲虽然不明真相,但他事实上抚育了小孩,承担了抚育义务,他与丙的关系可视为养父与养子的关系,故甲无权追索抚育费,被告不予返还。第二种意见认为,原告甲在受欺骗的情况下承担了抚育义务,这种抚育行为是无效的,因此,原告有权追索抚育费。被告作为丙的生母和监护人,应全部返还抚育费。第三种意见认为,从法理上说,原告甲的诉讼请求应予支持,至于被告是否全部返还抚育费,则应根据案件的具体情况,予以部分返还:原告在婚姻关系存续期间承担的抚育费,被告不予返还;原、被告离婚后至小孩由被告领回这段期间的抚育费,应由被告返还给原告。①

---

① 参见王利明主编:《中国民法案例与学理研究亲属继承篇》,法律出版社1998年版,第454—455页。

（二）思考方向

对于欺诈性抚养关系的原抚养义务人就被欺诈支付的抚育费能否请求返还的问题，由于我国没有建立婚生子女的否认制度和非婚生子女的认领制度，无法律依据。司法实践中认可对被欺诈支付的抚育费应当返还，司法解释并对返还的范围作出了规定。

（三）法律规定

最高人民法院《关于夫妻关系存续期间男方受欺骗抚养非亲生子女离婚后可否向女方追索抚育费的复函》（［1991］民他字第63号）中称：在夫妻关系存续期间，一方与他人通奸生育子女，隐瞒真情，另一方受欺骗而抚养了非亲生子女，其中离婚后给付的抚育费，受欺骗方要求返还的，可酌情返还；至于在夫妻关系存续期间受欺骗方支出的抚育费用应否返还，因涉及的问题比较复杂，尚需进一步研究，就你院请示所述具体案件而言，因双方在离婚时，其共同财产已由男方一人分得，故可不予返还。

（四）学理分析

本案中，第二种意见是正确的。根据最高人民法院（1991）民他字第63号复函的规定，对离婚后给付的抚育费，受欺骗方要求返还的，可酌情返还。对于在夫妻关系存续期间受欺骗方支出的抚育费用应否返还，该司法批复没有具体明确的规定，理论上有肯定说、否定说两种不同意见。否定说认为，由于婚姻关系存续期间，夫妻双方财产为共同所有，不存在债权债务关系，且双方是用共同财产抚养该子女，其各自支出的抚育费金额无法计算。因此男方无权主张婚姻关系存续期间的抚育费用。肯定说认为，对无抚养义务人受欺诈支付的抚育费，应予返还。但所持理由各不相同，有行为无效说、无因管理说、不当得利说等。

在返还非抚养义务人被欺诈而支出的费用上，我国司法实践采用了行为无效说的理论。无抚养义务人因被欺诈而履行了抚养义务，其行为为无效行为，无抚养义务人与被抚养人之间的抚养关系自始无效，被抚养人因无效抚养关系取得的利益即抚育费应当返还无抚养义务人。又因被抚养人的抚养义务应当由其生母、生父履行，因此抚育费的具体返还义务应当根据婚姻法的规定由其生母、生父承担。

本案中,在原、被告夫妻关系存续期间,被告与他人通奸生育子女,并对原告隐瞒真情,原告在受欺骗的情况下抚养了非亲生子女,原告所支出的抚育费,应当由被告负责偿还。鉴于双方当事人在协议离婚时,夫妻共同财产已由原告一人分得,故原告在夫妻关系存续期间因受欺骗而支出的抚育费,不予返还。

四、非婚生子女的自愿认领

非婚生子女(旧时称私生子)的认领,是指父对于非婚生子女承认其为自己子女的法律制度。非婚生子女的自愿认领,也称任意认领,是指生父主动确认该非婚生子女为自己所生,并自愿承担抚养义务的法律行为。

(一)案情简介

> **案 例**
>
> 甲和乙(女)2000年11月5日登记结婚。2001年5月乙得知甲与自己结婚时尚未与配偶解除婚姻关系,遂以甲重婚为由,请求确认其与甲的婚姻无效。2001年10月9日,人民法院判决宣告甲与乙的婚姻无效。2001年12月3日,乙发现自己怀孕,并于2002年8月生一子丙。2002年10月甲得知乙所生男婴为其儿子后,即向乙表示认领,并愿意承担对该子女的抚养费用,但遭到乙的拒绝。甲向人民法院提起诉讼,请求确认丙为其亲子。人民法院以甲的起诉没有法律依据为由,驳回了甲的诉讼请求。

(二)思考方向

自愿认领通常为生父的单方行为,无须得到非婚生子女或其生母的同意。在我国法律未设认领制度的情况下,对生父的自愿认领不应要求要式认领,凡非婚生子女经生父抚养,且生父有以该子女为自己子女的意思表示,即视为认领。在非婚生子女的生母拒绝生父认领的情况下,人民法院应当采取婚生子女否认的做法,在确认该子女与认领人的亲子关系后,支持认领人的认领要求。

(三) 法律规定

《婚姻法》第 25 条　非婚生子女享有与婚生子女同等的权利,任何人不得加以危害和歧视。

不直接抚养非婚生子女的生父或生母,应当负担子女的生活费和教育费,直至子女能独立生活为止。

(四) 学理分析

本案中,人民法院判决驳回甲起诉的做法是不正确的。关于非婚生子女的认领制度,许多国家的民事立法均有规定,如日本、德国、瑞士、比利时等。在自愿认领的情况下,认领的构成须具备三项要件:(1) 认领人为非婚生子女之生父,不得代理;(2) 被认领人为非婚生子女;(3) 认领人与被认领人有事实上的父子关系。此父子关系可由认领人与被认领人共同确认,或采取亲子鉴定方式证明。只有完全具备以上三项要件,才得由生父对非婚生子女认领。[①] 我国婚姻法中只规定了父母对非婚生子女的抚养义务及非婚生子女的法律地位问题,对非婚生子女的自愿认领并未作出规定。但认领的目的是为了确认非婚生子女的生父,以使其承担对非婚生子女的抚养和教育义务,保障非婚生子女的利益。因此只要生父对与自己有血缘关系的非婚生子女自愿认领,该认领应当得到法律承认,产生父子关系的法律后果。

本案中,甲在得知丙为亲子的情况下,自愿认领,要求确认与丙之间的父子关系,其请求应当得到支持。人民法院以没有法律依据为由驳回甲的诉讼请求的做法是不正确的。既然法律规定非婚生子女的法律地位和婚生子女完全相同,同时为了保护非婚生子女的利益,在司法实践中当非婚生子女的生父拒绝认领时,生母可向法院提起确认生父之诉,人民法院可以通过判决的方式强制非婚生子女的生父对非婚生子女履行抚养义务;从法理上讲,在非婚生子女的生父自愿认领而遭到生母拒绝时,应当允许生父向法院

---

① 详细内容参见马忆南编著:《婚姻家庭继承法学》,北京大学出版社 2007 年版,第 176 页。

提起确认亲子之诉,人民法院可通过判决的方式确认非婚生子女的生父身份,以使非婚生子女生父对非婚生子女抚养的权利能得到实现。

五、非婚生子女的强制认领

非婚生子女的强制认领,亦称亲之寻认,是指非婚生子女对于应认领而不为认领之生父,向法院请求确定生父子关系存在的行为。强制认领的原因,一是未婚所生子女,经生母指认的生父不承认该子女与其具有血缘关系;二是已婚所生子女,经生母指认该子女的生父为其丈夫以外的第三人而遭否认时,生母可向法院提起确认生父之诉。生父的身份被强制确认后,即负有对非婚生子女的抚养义务,应当承担对非婚生子女的抚养费用。

(一)案情简介

> **案例**
>
> 甲和乙(女)非婚同居,后解除同居关系。两年后,乙带一女孩丙找到甲,称丙是甲的亲生女儿,要求甲支付丙的抚养费。甲否认丙为其女的事实,拒绝了乙的要求。乙以丙法定代理人的身份向人民法院提起诉讼,请求确认甲和丙的父女关系,判令甲每月支付丙抚养费用200元。人民法院受理后,根据甲的申请,进行了亲子鉴定,确认甲是丙生父的事实。遂作出判决:甲作为父亲,每月支付丙抚养费用200元。

(二)思考方向

非婚生子女的生父不愿认领时,生母可向法院提起确认生父之诉。强制认领的前提是非婚生子女与认领人之间存在血缘关系,一旦非婚生子女与认领人之间的血缘关系通过"亲子鉴定"得到确定,认领人即为非婚生子女的生父,就应当承担对非婚生子女的抚养义务。上述案例中,人民法院确认甲承担丙抚养费用的做法是否正确,应当依照强制认领的效力加以确定。

(三)法律规定

《婚姻法》第 25 条 非婚生子女享有与婚生子女同等的权利,任何人不得加以危害和歧视。

不直接抚养非婚生子女的生父或生母,应当负担子女的生活费和教育费,直至子女能独立生活为止。

(四) 学理分析

本案中,人民法院判决甲承担抚养费的做法是正确的。非婚生子女对于应认领而不为认领的生父,得向人民法院请求确定生父子关系的存在,人民法院根据当事人的诉请得以判决强制认领。强制认领体现了国家对认领的干涉,其目的在于制裁那些逃避抚养责任的生父。适用强制认领只须证明被强制认领人与非婚生子女之间有事实上的父子关系即可,原因是认领人并非主动认领。

非婚生子女的认领制度,许多国家的民事立法均有规定,如日本、德国、瑞士、比利时等。[①] 我国婚姻法规定了父母对非婚生子女的抚养义务及非婚生子女的法律地位问题,但没有规定非婚生子女的认领。实践中不排除非婚生子女强制认领制度的适用,对于非婚生子女与其生父的关系,在生母提出证据认领人仍拒绝认领的情况下,人民法院可委托有关鉴定机构通过亲子鉴定方法确定。一旦生父的身份被强制确认,生父就应当履行对非婚生子女的抚养义务,承担抚养费用。

综合以上非婚生子女强制认领制度的基本原理,本案中,人民法院通过亲子鉴定确定甲与丙之间存在父女血缘关系后,判决甲承担丙的抚养费用是完全正确的。

(五) 自测案例

甲男与乙女结婚多年未生育子女。乙为取得母亲的资格,与丁同居生活,生育一女孩丙。甲得知后提出离婚,乙同意离婚,丙由乙自行抚养。离婚后,乙找到丁,要求其承担对丙的抚养义务。丁拒绝承认丙是己所生,但也拒绝进行亲子鉴定。人民法院根据乙提供的证据,确认丙是在乙和丁同居期间所生,丁否认是丙亲生父亲的事实,但又拒绝进行亲子鉴定,视为不

[①] 详细内容参见马忆南编著:《婚姻家庭继承法学》,北京大学出版社2007年版,第176—177页。

提供证据,应当承担不能举证的法律后果。遂作出判决:丁是丙的生父,应当履行对丙的抚养义务。

问题:

1. 丁拒绝亲子鉴定的情况下,丁与丙的亲子关系如何确认?
2. 人民法院认定丁与丙存在亲子关系,判决丁履行抚养义务是否正确?

六、继父或继母与无抚养关系的继子女之间的关系

继父母,是指母之后夫或父之后妻;继子女,是指夫与前妻或妻与前夫所生的子女。继父母与继子女间未形成抚养教育关系的,相互之间仅为姻亲关系。继父或继母与继子女间形成抚养关系的,相互之间为拟制血亲关系。

(一) 案情简介

案例

甲与乙(女)1996年2月登记结婚,1997年3月生一子丙。1999年4月甲去世后,乙于2000年1月与丁登记结婚,丙随母乙与丁共同生活。婚后虽夫妻恩爱,但丁对丙漠然视之,丙的生活费由生父单位按月发放。2003年1月,丁因车祸死亡,留有遗产20万元。乙、丙和丁母因继承丁的遗产发生纠纷,丁母向人民法院提起诉讼。人民法院经审理认为:丙在乙与丁结婚后,虽与丁长期共同生活,但丁未对其进行抚养教育,丙与丁之间未形成抚养关系,因此丙无权继承丁的遗产。

(二) 思考方向

未成年的或未独立生活的继子女与继父母的关系首先为姻亲关系,双方没有父母子女间的权利和义务。只有在继父或继母与未成年的继子女形成了抚养关系的情况下,双方才发生父母子女间的权利义务关系。上述案例中,人民法院判决认定丙与丁之间未形成抚养关系是否正确,应当依照继父或继母与继子女形成抚养关系的条件加以确定。

(三) 法律规定

1.《婚姻法》第 27 条　继父母与继子女间,不得虐待或歧视。继父或继

母和受其抚养教育的继子女间的权利和义务,适用本法对父母子女关系的有关规定。

2.《中华人民共和国继承法》第10条 遗产按照下列顺序继承:第一顺序:配偶、子女、父母。第二顺序:兄弟姐妹、祖父母、外祖父母。本法所说的子女,包括婚生子女、非婚生子女、养子女和有抚养关系的继子女。

(四) 学理分析

在本案中,人民法院的判决是正确的。婚姻法及相关司法解释虽未规定继父母与继子女间形成抚养关系的条件,但审判实践中判断继父母与继子女间形成抚养关系标准一般为:(1) 未成年的或未独立生活的继子女与继父母长期共同生活;(2) 继父或继母对其进行了抚养教育;(3) 继父或继母对继子女的抚养教育达到了一定期限。这里的"抚养教育"应理解为:继父或继母与继子女长期共同生活,继父或继母自愿对继子女承担了生活上的照顾、品德上的教育或者负担了继子女生活费、教育费的部分或全部。继父或继母负担了继子女生活费、教育费的部分或全部时,应当认定继父母与继子女间形成了抚养关系;继父或继母虽然没有能力负担或者不需要负担继子女的生活费、教育费,但履行了对继子女日常生活照料和品德教育的义务时,也应当认定双方形成了抚养关系。

在本案中,虽然丙与丁长期共同生活,但其抚育费由生父单位负担,丁对丙也未进行生活上的照料和品德上的教育,丁与丙之间未形成抚养关系,丙无权继承丁的遗产。丁的遗产应由丁之妻乙、丁之母作为第一顺序的法定继承人共同继承。

(五) 自测案例

甲与乙(女)2000年2月结婚,双方均系再婚。婚后乙之子丙随生父生活,但甲每月支付丙生活费500元,丙寒假和暑假均在甲家中度过,甲对丙也非常喜爱。2007年2月7日,甲因病死亡,留有遗产存款20万元,房屋3间。乙、丙、甲与前妻所生之子丁以及甲之父母均请求分割遗产,发生纠纷,丁和甲之父母向人民法院提起诉讼,请求分割甲的遗产。人民法院经审理认为:丙在其生母与甲结婚后,虽未与甲共同生活,但甲承担了丙的抚养费和教育费的一部分,甲与丙之间形成抚养关系,丙有权继承甲的遗产。

问题：

1. 甲和丙之间的抚养关系是否形成？

2. 人民法院以抚养费的支付作为甲与丙之间形成抚养关系的标准是否正确？为什么？

七、继父或继母与形成抚养关系的继子女的关系

继父或继母与形成抚养关系的继子女间的关系，为拟制血亲关系，具有父母子女间的权利和义务。

（一）案情简介

> **案例**
>
> 甲与乙（女）1998 年 2 月登记结婚，双方均系再婚。甲有一 5 岁男孩丙，乙有一 9 岁女孩丁，均与甲、乙共同生活。丙的抚养费全部由生母负担，因丁生父死亡，甲婚后主动承担了丁的抚养费，丙的日常生活由乙负责照料。2006 年 3 月，甲因故停止向丁支付抚养费，丁向人民法院提起诉讼，请求判令甲履行向其支付抚养费的义务。人民法院经审理认为，丁与甲长期共同生活，甲支付了丁抚养费的全部，双方已形成抚养关系。判决甲履行对丁的抚养义务，向丁支付抚养费。

（二）思考方向

继父或继母与继子女间形成抚养关系后，其和受其抚养教育的继子女的关系由姻亲转化为法律上的拟制血亲，适用《婚姻法》对父母子女关系的有关规定，继父或继母对与其已经形成抚养关系的继子女，有法定的抚养义务。继父或继母不履行抚养义务时，未成年的或不能独立生活的继子女，有要求付给抚养费的权利。本案中，人民法院判决甲履行对丁的抚养义务是否符合法律规定，应当依照继父或继母与形成抚养关系的继子女间关系的效力加以确定。

（三）法律规定

《婚姻法》第 21 条　父母对子女有抚养教育的义务。父母不履行抚养义

务时,未成年的或不能独立生活的子女,有要求父母付给抚养费的权利。

第 27 条 继父母与继子女间,不得虐待或歧视。继父或继母和受其抚养教育的继子女间的权利和义务,适用本法对父母子女关系的有关规定。

(四)学理分析

在本案中,人民法院的判决是正确的。继父或继母与继子女抚养关系形成前,其对继子女的抚养教育为自愿行为,而不是强制行为;但当继父或继母对继子女的自愿抚养教育行为连续达到一定期限时,继父或继母对继子女的抚养教育就成为法律上的义务,必须履行而不能自行终止。如不履行抚养义务时,未成年的或不能独立生活的继子女,有要求继父或继母付给抚养费的权利。对于自愿抚养教育行为持续的时间,因为无法律规定,实践中认识不一。有的认为应当以 1 年以上作为形成抚养关系的时间标准,过长对继子女的保护不利;有的认为应当参照哺乳期两周岁的规定,应当以 2 年以上作为形成抚养关系的时间标准;也有人认为应借鉴苏联《婚姻、家庭、监护法典》的立法,以 5 年作为形成抚养关系的时间标准。我们认为以自愿抚养教育行为持续 1 年以上作为形成抚养关系的时间标准为宜。

本案中,丁与甲共同生活的时间长达 4 年,甲承担了丁抚养费的全部,双方的抚养关系形成。甲和丁的抚养关系形成后,双方的权利和义务,适用婚姻法对父母子女关系的有关规定:父母对子女有抚养教育的义务,如不履行抚养义务时,未成年的或不能独立生活的继子女,有要求继父或继母付给抚养费的权利。丁作为甲的继子女,因甲对丁的抚养而使双方产生父母子女权利义务后,甲应当继续履行对丁的抚养义务,在甲不履行抚养义务时,丁有要求甲付给抚养费的权利。

(五)自测案例

甲与乙 2002 年 1 月登记结婚,婚后乙带 16 岁儿子丙与甲共同生活,丙的抚养费全部由甲承担。2002 年 12 月,因丙迷恋网络游戏不能自拔,甲劝说无效后终止向丙支付抚养费。丙向人民法院提起诉讼,请求判令甲向其支付抚养费。人民法院经审理认为,甲在乙婚后主动承担了支付丙抚养费的义务,但因该行为持续时间较短,不能认定双方已形成抚养关系。

甲和丙之间没有形成抚养关系时,甲对丙没有法定的抚养义务,甲有权随时终止抚养费的支付,丙对甲的起诉不能成立。遂判决:驳回丙的诉讼请求。

问题:

1. 继父或继母对继子女的抚养教育持续多长时间可认定为形成抚养关系?

2. 本案中,人民法院的判决是否正确?

八、继父或继母与形成收养关系的继子女的关系

继父或继母经继子女的生父母同意,可以收养继子女,双方的关系性质由继父母子女关系转化为养父母子女关系,双方的权利义务适用《收养法》有关养父母子女权利义务的规定。

(一)案情简介

> **案例**
>
> 甲与乙(女)1999年6月登记结婚。甲与前妻离婚时,其2岁的儿子丙由甲抚养,甲与乙结婚后丙随父与乙共同生活。后乙经与甲协商并征得丙生母同意,于2001年5月8日到民政部门办理收养登记手续,收养了丙。2007年4月乙因与甲感情破裂,向人民法院提起离婚诉讼,同时要求抚养丙。甲同意离婚,但拒绝了乙对丙的抚养请求。人民法院审理后认为,乙与丙之间的关系为合法的收养关系,双方的养母子关系不因乙与甲婚姻关系的终止而消灭,离婚后甲、乙对丙仍有抚养教育的权利和义务。甲与乙离婚后,乙抚养丙有利于丙的成长,应当予以支持。遂判决:准予甲与乙离婚;丙由乙抚养,甲每月支付抚养费800元。

(二)思考方向

继父或继母与形成收养关系的继子女,不同于继父或继母与形成抚养

关系的继子女。自收养关系成立之日起,养子女与养父母的近亲属间的权利义务关系,适用法律关于子女与父母的近亲属关系的规定。本案中,人民法院判决丙由乙抚养是否符合法律规定,应依法律规定的继父或继母收养继子女关系的效力加以确定。

(三) 法律规定

1.《婚姻法》第36条 父母与子女间的关系,不因父母离婚而消除。离婚后,子女无论由父或母直接抚养,仍是父母双方的子女。父母对于子女仍有抚养和教育的权利和义务。离婚后,一方抚养的子女,另一方应负担必要的生活费和教育费的一部或全部,负担费用的多少和期限的长短,由双方协议;协议不成时,由人民法院判决。

2.《收养法》第14条 继父或继母经继子女的生父母同意,可以收养继子女,并可以不受本法第四条第三项、第五条第三项、第六条和被收养人不满14周岁以及收养1名的限制。

第23条 自收养关系成立之日起,养父母与养子女间的权利义务关系,适用法律关于父母子女关系的规定;养子女与养父母的近亲属间的权利义务关系,适用法律关于子女与父母的近亲属关系的规定。养子女与生父母及其他近亲属间的权利义务关系,因收养关系的成立而消除。

(四) 学理分析

本案中,人民法院的判决是正确的。根据《收养法》的有关规定,继父或继母经继子女的生父母同意,可以收养继子女。继子女与继父或继母履行了收养登记手续后,双方的关系转化为养父母子女关系,享有养父母子女间的权利和义务。自收养关系成立之日起,养父母与养子女间的权利义务关系,适用法律关于父母子女关系的规定;养子女与生父母间的权利义务关系,因收养关系的成立而消除。养父母与养子女间的关系形成后,不因养父母离婚而消除。离婚后,子女无论由父或母直接抚养,仍是父母双方的子女,父母对于子女仍有抚养和教育的权利和义务。一方抚养的子女,另一方应负担必要的生活费和教育费的一部或全部。

本案中,乙与丙的生父母协商一致后收养了丙,并办理了收养登记,收养关系合法有效。收养关系成立后,乙与丙的关系,由继母子关系转化为养母子关系。乙与丙的收养关系,不因乙与甲离婚而消除。离婚后,乙和甲与丙的父母子女关系仍然存在,双方对丙有平等的抚养和教育的权利义务。人民法院根据对丙抚养教育有利的原则,结合甲乙双方的具体情况,作出丙由乙抚养的判决是正确的。

(五)自测案例

甲与乙(女)1998年5月10日登记结婚。甲前妻死亡,有一3岁男孩丙随甲、乙双方共同生活。乙与前夫离婚,5岁女孩丁也与甲、乙共同生活。后甲与乙协商一致,乙收养了丙。2002年3月18日甲因车祸死亡,乙择偶另嫁。

问题:

1. 甲死亡后,乙对丙有无继续抚养的义务?

2. 如甲的父母有抚养能力,要求抚养丙,而乙也要求抚养丙,丙的抚养归属应如何确定?

九、继父或继母与形成抚养关系的继子女关系的解除

继父或继母与形成抚养关系的继子女关系为法律拟制血亲关系,其地位与自然血亲的父母子女关系相同。在生父与继母或生母与继父离婚时,继父或继母仍有抚养未成年继子女的义务,但继母或继父有拒绝继续抚养继子女的权利。

(一)案情简介

案例

甲与乙(女)1995年4月28日结婚,婚后乙与前夫所生女儿丙(时年5周岁)与甲、乙共同生活,甲承担了对丙的抚养教育义务。2001年5月开始,甲与乙产生矛盾,夫妻关系日趋紧张,2002年3月9日,乙向人民法院提起离婚诉讼,请求解除与甲的婚姻关系,并要求甲每月支付丙抚养费300元。甲同意离婚但拒绝继续抚养丙。人民法院经审理查明以上事实后,认定甲与丙形成抚养关系,但在甲与乙离婚时,甲有权拒绝继续履行对丙的抚养义务。遂作出判决:准予甲与乙离婚;丙由其生父母抚养。

(二) 思考方向

生父与继母或生母与继父离婚后,继父或继母与继子女间因抚养教育而形成的权利义务关系继续存在,不能因此终止,继父或继母对未成年的继子女仍有抚养教育的权利和义务,但继父或继母拒绝继续抚养未成年继子女的,应当予以准许。本案中,人民法院支持甲不履行抚养义务的请求是否符合法律规定,应当依照法律规定的继父或继母与形成抚养关系的继子女间权利义务终止的条件加以确定。

(三) 法律规定

1.《婚姻法》第 36 条 父母与子女间的关系,不因父母离婚而消除。离婚后,子女无论由父或母直接抚养,仍是父母双方的子女。离婚后,父母对于子女仍有抚养和教育的权利和义务。

2. 最高人民法院《关于人民法院审理离婚案件处理子女抚养问题的若干具体意见》(1993 年 11 月 3 日) 第 13 条 生父与继母或生母与继父离婚时,对曾受其抚养教育的继子女,继父或继母不同意继续抚养的,仍应由生父母抚养。

(四) 学理分析

本案中,人民法院的判决是正确的。继父或继母与继子女之间的关系,首先是姻亲关系,继父或继母与形成抚养关系的继子女关系则转化为法律拟制血亲关系,其地位与自然血亲的父母子女关系相同,适用婚姻法关于父母子女关系的规定。依照法理,在生父与继母或生母与继父离婚,继父或继母与继子女已经形成的拟制血亲关系不能终止,继父或继母对形成抚养关系的未成年继子女仍有抚养教育的权利和义务;受继父或继母抚养长大的继子女,对无劳动能力、生活困难的父母,有赡养的义务。

虽然生父与继母或生母与继父离婚时,继父或继母与继子女已经形成的拟制血亲关系不能终止,但继父或继母与继子女权利义务产生的亲属基础毕竟是姻亲关系,在姻亲关系因为当事人离婚而终止的情况下,如果继母或继父拒绝履行抚养义务,司法实践中是予以认可的,继母或继父与继子女间已经形成的权利义务因此终止。

本案中,甲与丙形成了抚养关系,双方具有婚姻法规定的父母子女间的权利和义务,但在甲与乙离婚时,甲拒绝继续抚养丙,而该拒绝请求最高人民法院的司法解释予以支持,因此在甲与乙离婚后,甲对丙不再履行抚养义务。当然根据权利义务相一致的原则,甲在拒绝履行对丙抚养义务的同时,也丧失了在丙成年后要求其赡养的权利。

(五) 自测案例

甲在前妻因飞机失事死亡后,与乙(女)登记结婚。结婚时,甲有未成年的一子一女,儿子丙10岁,女儿丁只有5岁。婚后,乙将全部精力投入到对继子女的抚养教育上。继子女在继母的抚养教育下渐渐长大,成家立业,乙也步入老年。2001年3月甲去世,因遗产继承问题丙、丁兄妹与乙产生矛盾,继而拒绝对丧失劳动能力、没有生活来源的乙履行赡养义务。乙向人民法院提起诉讼,要求丙、丁履行给付赡养费的义务。

问题:
1. 甲死亡后,乙与丙、丁已形成的父母子女关系是否消灭?
2. 乙要求丙、丁支付赡养费的诉讼请求能否成立?

第七章 收　　养

收养是公民依照法律规定的条件和程序，将他人的子女作为自己的子女抚养，从而使无父母子女关系的当事人产生拟制的父母子女关系的民事法律行为。收养关系一经合法成立，养子女与养父母及其近亲属之间的权利义务关系发生，同时养子女与生父母及其他近亲属间的权利义务关系消除。

一、收养人收养孤儿和残疾儿童的条件

收养人收养他人子女作为子女，应当同时具备以下条件：(1) 无子女；(2) 有抚养教育被收养人的能力；(3) 未患有在医学上认为不应当收养子女的疾病；(4) 年满30周岁。但收养人收养孤儿和残疾儿童的，可以不受收养人无子女和收养1名的限制。

（一）案情简介

> **案　例**
>
> 甲和乙(女)夫妇均为大学教师，婚后生有一女。2002年1月20日甲、乙不满29周岁时，在一次心连心活动中，二人了解到某贫困山区有一11岁女孩丙，学习成绩优秀，但父母双亡，由年迈的祖母抚养，生活极为困难。甲、乙在征得丙的祖母及其他有抚养义务的监护人同意后，决定收养丙。2002年5月28日，甲、乙、丙的祖母、丙持有关证明材料共同到当地民政机关申请办理收养登记手续。收养登记机关工作人员经过审查后，认为甲、乙已有一女，不符合收养人无子女的条件，拒绝为其办理收养登记手续。

(二) 思考方向

我国《收养法》对收养人收养孤儿的条件作了适当放宽的规定,收养人在具备其他收养条件时,收养孤儿作为养子女的,收养人数不受限制,收养 1 名或数名均可。上述案例中,收养登记机关拒绝为甲、乙收养丙办理收养登记手续的做法是否符合法律规定,应当依照法律规定的收养人收养孤儿的条件加以确定。

(三) 法律规定

1.《收养法》第 6 条 收养人应当同时具备下列条件:(一) 无子女;(二) 有抚养教育被收养人的能力;(三) 未患有医学上认为不应当收养子女的疾病;(四) 年满 30 周岁。

第 8 条 收养人只能收养 1 名子女。收养孤儿、残疾儿童或者社会福利机构抚养的查找不到生父母的弃婴和儿童,可以不受收养人无子女和收养 1 名的限制。

2. 中华人民共和国民政部《关于办理收养登记中严格区分孤儿与查找不到生父母的弃婴的通知》(1992 年 8 月 11 日) 孤儿系指其父母死亡或人民法院宣告其父母死亡的不满 14 周岁的未成年人。

(四) 学理分析

本案中,民政机关拒绝为甲、乙办理收养登记的做法是正确的。收养人收养子女的行为,是产生拟制血亲、形成父母子女权利义务关系的法律行为。根据我国《收养法》的规定,收养人在具备抚养教育被收养人的能力,未患有医学上认为不应当收养子女的疾病并年满 30 周岁的条件时,收养孤儿、残疾儿童或社会福利机构抚养的查找不到生父母的弃婴和儿童,可以不受收养人无子女和收养 1 名的限制。

本案中,甲、乙虽有一女,但丙是孤儿,可以不受收养人无子女的限制;但甲、乙虽有抚养丙的能力且未患医学上认为不应当收养子女的疾病,但在收养丙时不满 30 周岁,不符合收养人的年龄条件,不享有收养丙的权利,民政机关拒绝为甲、乙办理收养丙的登记手续的做法是正确的。但民政机关拒绝办理收养登记的理由不正确,甲、乙不具备收养丙的条件是因为不满 30

周岁,而不是有子女。

(五) 自测案例

甲与乙(女)结婚十余年,夫妻感情较好,生有一女。二人为了养儿防老,决定收养一子。经送养人丙夫妇同意,甲、乙决定收养其5岁的儿子丁,丁患有先天性兔唇。双方签订收养协议后,甲、乙和丙夫妇共同到民政机关申请收养登记。登记人员在审查甲、乙提供的证明材料时,发现乙患有乙型肝炎,一直未治愈。但乙再三解释病情已转入安全期,做饭等家务劳动均由甲承担,不会影响丙的健康。工作人员考虑到甲、乙收养子女心情迫切,其他收养条件均符合法律规定,遂为其办理了收养登记手续,发放了收养证。

问题:

1. 乙患乙型肝炎,甲、乙可否收养丁?
2. 甲、乙已有一女的情况下,是否可以收养丁?

二、收养人收养查找不到生父母的弃婴和儿童的条件

收养人收养他人子女应当同时具备以下条件:(1) 无子女;(2) 有抚养教育被收养人的能力;(3) 未患有在医学上认为不应当收养子女的疾病;(4) 年满30周岁。但根据我国《收养法》的规定,收养人收养社会福利机构抚养的查找不到生父母的弃婴和儿童,可以不受收养人无子女和收养1名的限制。

(一) 案情简介

案例

甲(女)为某地级医院妇产科护士,1971年1月1日生,离异后独自抚养婚生子。2001年12月20日,在其病房生产的一产妇生下一女婴后,即丢下女婴悄然而去,不知下落。看着嗷嗷待哺的婴儿,甲承担了抚育该女婴的责任,为其取名乙。转眼3个月过去了,乙的生父母仍未查找到,甲决定收养乙,并向亲朋好友宣布了这一决定。随后,甲带着医院出具的乙为弃婴、生父母查找不到的证明和本人年龄、婚姻、家庭成员、职业、财产、健康状况等证明材料,到当地收养登记机关申请办理收养登记。收养登记机关经过审查后,认为甲符合收养乙的条件,为其办理了收养登记。

(二) 思考方向

我国《收养法》对收养人收养社会福利机构抚养的查找不到生父母的弃婴和儿童的条件作了适当放宽的规定，收养人收养社会福利机构抚养的查找不到生父母的弃婴和儿童作为养子女，收养1名或数名均可，不受收养数量限制。但这里的弃婴和儿童身份应当经一定程序确认。上述案例中，收养登记机关为甲办理收养弃婴登记的做法是否符合法律规定，应当依照法律规定的收养弃婴的条件和程序加以确定。

(三) 法律规定

1.《收养法》第8条 收养人只能收养1名子女。收养孤儿、残疾儿童或者社会福利机构抚养的查找不到生父母的弃婴和儿童，可以不受收养人无子女和收养1名的限制。

第15条 收养查找不到生父母的弃婴和儿童的，办理登记的民政部门应当在登记前予以公告。

2.《中国公民收养子女登记办法》第7条第2款 收养查找不到收养查找不到生父母的弃婴、儿童的，收养登记机关应当在登记前公告查找其生父母；自公告之日起满60日，弃婴、儿童的生父母或者其他监护人未认领的，视为查找不到生父母的弃婴、儿童。公告期间不计算在登记办理期限内。

(四) 学理分析

本案中，收养登记机关的做法是错误的。根据我国《收养法》及有关规定，查找不到生父母的弃婴和儿童有两种情况：社会福利机构抚养的查找不到生父母的弃婴、儿童和非福利机构抚养的查找不到生父母的弃婴、儿童。收养人收养社会福利机构抚养的查找不到生父母的弃婴、儿童的，收养人的条件适当放宽，收养人不受无子女和收养1名的限制；收养人收养非社会福利机构抚养的查找不到生父母的弃婴、儿童的，则受无子女和收养1名的限制。另外，弃婴和儿童身份应依法定程序确定，收养人收养查找不到生父母的弃婴、儿童的，收养登记机关应当在登记前公告查找其生父母，自公告之日起满60日，弃婴、儿童的生父母或者其他监护人未认领的，视为查找不到生父母的弃婴、儿童。

本案中，乙为非社会福利机构抚养的查找不到生父母的弃婴，收养登机关应当在登记前公告查找生父母以确定弃婴身份,医院出具的证明可作为认定乙为弃婴的证据;另外甲在有子女的情况下收养非社会福利机构抚养的弃婴,也不符合收养人的条件。因此甲不具备收养丙的条件,民政部门为其办理收养登记是错误的。

(五)自测案例

甲(男)离婚后与幼子乙共同生活。因甲经常出差在外,乙由年迈的祖母抚养,乙非常孤单,甲遂产生收养一女与乙作伴的想法。2002年2月10日,甲决定收养福利院抚养的一3岁女童丙。2002年2月14日,甲与福利院的负责人持相关证明材料共同到当地收养登记机关申请办理收养登记。收养登记机关受理甲的申请后,2002年2月18日公告查找丙的生父母。2002年4月25日,丙的生父母未予认领,收养登记机关认为甲符合收养丙的条件,为其办理了收养登记。

问题:

1. 甲为无配偶男性,在有一子的情况下,能否收养丙作为养女?
2. 收养登记机关为甲办理收养丙登记手续的做法是否正确?

三、收养人收养三代以内同辈旁系血亲子女的条件

收养三代以内同辈旁系血亲的子女,与收养其他人子女的条件存在不同,收养人条件、被收养人条件以及送养人条件均在不同程度上放宽。

(一)案情简介

> **案例**
>
> 甲(男),某大学教师,1970年3月6日出生,未婚。2002年5月1日长假期间,其兄带5岁的侄女乙外出游玩途中发生车祸,其兄当场死亡。乙的母亲丙有再婚的愿望,但因对方不能接受乙而未能如愿。征得丙的同意,甲决定收养乙。2003年12月28日,甲与丙共同到收养登记机关办理收养登记手续,工作人员对有关证明材料审查后,认为甲作为无配偶男性,在收养女性作为养子女时,年龄差未达40周岁,不符合收养条件,不予登记。

（二）思考方向

根据《收养法》的规定，无配偶男性收养女性作为养女的，收养人与被收养人的年龄应当具备法定年龄差。但无配偶男性收养三代以内同辈旁系血亲之女性作为养女的，不受收养人与被收养人年龄法定差距的限制。上述案例中，收养登记机关拒绝为甲办理收养乙的手续是否符合法律规定，应当依照法律规定的收养人收养三代以内同辈旁系血亲子女的条件加以确定。

（三）法律规定

《收养法》第7条　收养三代以内同辈旁系血亲的子女，可以不受本法第四条第三项、第五条第三项、第九条和被收养人不满14周岁的限制。华侨收养三代以内同辈旁系血亲的子女，还可以不受收养人无子女的限制。

第9条　无配偶男性收养女性的，收养人与被收养人的年龄应当相差40周岁以上。

（四）学理分析

本案中，收养登记机关的做法是错误的。根据我国《收养法》的规定，无配偶男性收养女性作为养子女的，收养人与被收养人的年龄应当相差40周岁以上。但无配偶男性收养三代以内同辈旁系血亲之女，即兄弟姐妹之女、堂兄弟姐妹之女、表兄弟姐妹之女时，收养条件可放宽之处有四：(1) 其生父母无特殊困难、有抚养能力的子女，可为被收养人；(2) 无特殊困难、有抚养能力的生父母，可为送养人；(3) 无配偶的男性收养女性的，收养人与被收养人的年龄差可不超过40周岁；(4) 年满14周岁的人，可为被收养人。

本案中，甲虽为无配偶男性，被收养人又为女性，但被收养人为其胞兄的女儿，即乙为甲三代以内同辈旁系血亲的子女，因此尽管甲与乙的年龄差不足40周岁，在其他条件符合收养法规定的情况下，甲仍有权收养乙为养女，收养登记机关拒绝为甲办理收养登记手续是错误的。

（五）自测案例

甲、乙夫妇系印尼华侨，有一子已满8岁。2002年5月1日，甲、乙回国探亲时，姐姐、姐夫提出要将15岁的女儿丙送给甲、乙收养。甲、乙同意收养丙,丙本人也表示同意。2002年12月28日,甲、乙、丙和丙的父母持相关证明材料到收养登记机关申请办理收养登记手续。工作人员对有关证明材料审查后,认为甲、乙有子女,且被收养人已满14周岁,不符合收养人的条件,拒绝为其办理收养登记手续。

问题:

1. 甲、乙作为华侨,收养丙有什么特殊条件?
2. 收养登记机关拒绝为甲、乙办理收养丙的登记是否正确?

四、继父或继母收养继子女的条件

继父或继母可通过收养继子女的方式与继子女形成父母子女关系。继父或继母收养继子女后,继子女在与继父或继母产生养父母子女权利义务关系的同时,与不抚养自己一方的生父或生母间的权利义务关系终止。

(一)案情简介

> **案例**
>
> 甲与乙(女)2000年12月6日登记结婚,双方系再婚。甲的儿子由前妻抚养,乙的女儿丙随乙与甲共同生活。2001年5月20日,在丙10周岁生日时,甲向乙提出收养丙,乙和丙都表示同意,在征得丙的生父同意后,甲、乙、丙及丙的生父共同到收养登记机关申请办理收养登记手续。工作人员对有关证明材料进行审查后,认为甲已有子女,且劳改释放后无固定工作和收入,不具备抚养教育养子女的能力,拒绝办理收养登记。

(二)思考方向

继父或继母收养继子女的条件与其他收养条件有所不同,收养人只受继子女生父母是否同意的限制,不受其他收养条件的限制。上述案例中,收养登记机关拒绝为甲办理收养登记手续的做法是否符合法律规定,应当依照法律规定的继父或继母收养继子女的条件加以确定。

(三) 法律规定

1.《收养法》第 14 条　继父或继母经继子女的生父母同意,可以收养继子女,并可以不受本法第四条第三项、第五条第三项、第六条和被收养人不满十四周岁以及收养一名的限制。

2.《中国公民收养子女登记办法》第 5 条第 3 款　收养继子女的,可以只提交居民户口簿、居民身份证和收养人与被收养人生父或生母结婚的证明。

(四) 学理分析

本案中,收养登记机关对甲收养丙的申请不予登记的做法是错误的。根据《收养法》的有关规定,继父或继母经继子女的生父母同意,可以收养继子女。继父或继母在征得继子女的生父母同意收养继子女的前提下,不受《收养法》第 6 条对收养人条件规定的限制,即使继父母有子女、无抚养教育能力、患有医学上认为不应当收养的疾病、不满 30 周岁时,仍可收养继子女。同时继父或继母收养继子女条件还可放宽之处有四:(1) 其生父母无特殊困难、有抚养能力的子女,可为被收养人。(2) 无特殊困难、有抚养能力的生父母,可为送养人。(3) 无配偶的男性收养女性的,收养人与被收养人的年龄差可在 40 周岁以内。(4) 年满 14 周岁的人,可被收养。

本案中,与丙存在继父母子女关系的甲可以收养丙作为养子女。虽然甲已有子女,不具备抚养丙的经济能力,且受过刑事处罚,但根据《收养法》的规定,这些情况并不妨碍其对丙的收养,收养登记机关应当依法为其办理收养登记手续。

(五) 自测案例

甲与乙(女)2001 年 12 月 12 日登记结婚,双方系再婚。婚后甲的儿子丙与甲、乙共同生活,乙担负其对丙的抚养教育职责。2006 年 8 月 20 日,乙向甲提出收养丙的想法,甲表示同意,丙的生母也表示同意。甲、乙及丙的生母共同到收养登记机关申请办理收养登记手续。工作人员对有关证明材料进行审查后,认为乙不满 30 周岁,且患有肺结核尚未治愈,不具备抚养教育养子女的能力,遂通知不予办理收养登记。

问题:
1. 乙与丙抚养关系形成的情况下,是否具备收养丙的条件?
2. 收养登记机关拒绝为乙办理收养登记的做法是否正确?

五、有特殊困难无力抚养子女的生父母送养子女的条件

(一)案情简介

> **案 例**
>
> 甲与乙(女)离婚后,婚生子丙由乙抚养,甲每月支付300元抚育费。甲由于犯盗窃罪被判有期徒刑3年,服刑期间,甲无力支付丙的抚育费。乙由于生活困难,无力独自抚养丙,便决定将丙送丁夫妇收养。双方对收养问题达成协议后,乙和丁夫妇持乙伪造的甲同意送养的书面证明和其他有关证明材料到收养登记机关办理收养登记手续,领取了收养证。甲刑满释放后,得知丙已被丁夫妇收养,便向人民法院提起诉讼,请求确认收养关系无效。人民法院经审理认为,乙未经甲同意单方送养的行为无效。遂判决丁夫妇对丙的收养关系无效,丙由乙领回抚养。

(二)思考方向

有特殊困难无力抚养子女的生父母送养子女时,原则上须双方共同送养。只有在特定情形下,才可单方送养。上述案例中,人民法院判决乙单方送养丙的行为无效的做法是否符合法律规定,应当依照法律规定的送养人送养子女的条件加以确定。

(三)法律规定

《收养法》第 **10** 条　生父母送养子女,须双方共同送养。生父母一方不明或者查找不到的可以单方送养。

第 **18** 条　配偶一方死亡,另一方送养未成年子女的,死亡一方的父母有优先抚养的权利。

（四）学理分析

本案中,人民法院的判决是正确的。根据《收养法》的规定,有特殊困难无力抚养子女的生父母,可以作为送养人送养子女。送养子女时,须父母双方共同送养;在生父母离婚的情况下,抚养子女的一方送养子女须经另一方同意。因为父母离婚,仅发生抚养权的变更,不发生监护权消灭的后果。父母离婚后,子女仍是双方的子女,变更亲子法律关系事关重大,自应取得父母双方同意。但在生父母一方不明或者查找不到时,因为不具备双方共同送养的条件,可以单方送养;同理,生父母一方死亡的,另一方也可以单方送养子女。但死亡一方的父母有优先抚养的权利。这里所说的死亡一方的父母,是指被送养人的祖父母、外祖父母。祖父母、外祖父母作为第二顺序的抚养义务人,在有抚养意愿和能力的情况下,在孙子女或外孙子女被送养他人抚养时,享有优先抚养权。

本案中,乙和甲离婚后,由乙直接行使对丙的抚养权,甲每月支付300元的生活费。当甲因服刑无力支付抚养费、乙独自抚养丙存在严重困难时,可以将丙送养,但必须征得甲的同意。乙未经甲同意擅自将丙送与他人收养,行为无效,人民法院应当支持甲的诉讼请求,确认收养关系无效。当然,甲和乙对丁夫妇在抚养丙期间所支出的生活费用应当进行补偿。

（五）自测案例

甲和乙（女）婚后生育一女丙。甲对乙生女不满,想让乙生儿子又遭到拒绝,甲于1994年3月离家出走,从此杳无音信。四年过去了,甲仍下落不明,乙于1999年5月向人民法院申请宣告甲死亡。1999年10月10日,人民法院判决宣告甲死亡。甲被宣告死亡后乙欲择偶另嫁,但丙成为再婚障碍,于是乙决定将丙送养他人。2000年5月20日,乙与丁夫妇签订收养协议,这时丙的祖父母提出抚养丙的要求,被乙拒绝。2000年5月25日乙与丁夫妇共同到收养登记机关办理了收养登记手续。2000年7月14日,丙的祖父母向人民法院提起诉讼,请求确认收养关系无效。人民法院支持了丙祖父母的诉讼请求,判决收养关系无效,丙交由其祖父母抚养。

问题:

1. 甲被宣告死亡,甲的父母是否有优先抚养丙的权利? 为什么?
2. 乙送养丙给丁夫妇时,人民法院支持甲父母抚养丙的判决是否正确?

六、监护人作为送养人送养被监护人的条件

监护人可以作为送养人,将自己抚养的孤儿、父母不具备完全民事行为能力的未成年人送养。但监护人送养被监护人的行为,不是任意行为,而应受到法律规定条件的限制。

(一) 案情简介

案 例

1998年5月9日,甲用摩托车载着怀孕9个月的妻子乙进城进行产前检查,途中不幸与一卡车相撞,甲乙当场死亡。乙腹中的胎儿受到撞击后应孕而生,安然无恙。婴儿的祖父母承担起了对孙子的抚养责任,为其取名丙。转眼间几年过去了,祖父母因年老体弱,便有意将丙送养给丁夫妇。丙的外祖父母得知后,不同意将丙送养他人,但其本身属"五保户",不具有抚养丙的能力。2002年12月24日,丙的祖父母与丁夫妇到收养登记机关办理了收养登记手续。丙的外祖父母向人民法院提起诉讼,请求确认收养关系无效。人民法院经审理认为,丙的祖父母作为监护人送养丙时,应当征得丙外祖父母的同意。丙的外祖父母不同意送养丙,丙的祖父母无权将丙送养。遂判决:丁夫妇与丙之间的收养关系无效。

(二) 思考方向

监护人送养孤儿的,受其他有抚养义务的人同意权的限制。有抚养义务人不同意送养而监护人送养的,收养关系无效。上述案例中,人民法院确认收养关系无效的做法是否符合法律规定,应当依照法律规定的监护人作为送养人送养自己抚养的孤儿的条件加以确定。

(三) 法律规定

《收养法》第 12 条　未成年人的父母均不具备完全民事行为能力的,该未成年人的监护人不得将其送养,但父母对该未成年人有严重危害可能的除外。

第 13 条　监护人送养未成年孤儿的,须征得有抚养义务的人同意。有抚养义务的人不同意送养,监护人不愿意继续履行监护职责的,应当依照《中华人民共和国民法通则》的规定变更监护人。

(四) 学理分析

本案中,人民法院的判决是不正确的。监护人可以作为送养人将自己抚养的被监护人送养。根据《收养法》的规定,监护人在以下情形下,不得作为送养人:(1) 未成年人的父母均不具备完全民事行为能力的,该未成年人的监护人不得将其送养,除非父母对该未成年人有严重危害可能;(2) 孤儿的监护人送养未成年孤儿的,须征得有抚养义务的人同意。这里的"有抚养义务的人",是指孤儿的有监护能力和抚养能力的祖父母、外祖父母、兄姐。如祖父母、外祖父母、兄姐没有监护能力和抚养能力,根据《婚姻法》的规定,没有对孙子女、外孙子女、弟妹的抚养、扶养义务,当然也不属于《收养法》中的有抚养义务的近亲属。

本案中,丙的祖父母作为监护人在送养丙时,虽然丙的外祖父母不同意送养,但因为其本身接受"五保",不具备抚养丙的能力,不符合《婚姻法》规定的外祖父母对外孙子女履行抚养义务的条件,因此其不属于收养法中的"有抚养义务的人"。丙的祖父母未征得其外祖父母的同意送养丙的行为,符合法律规定,收养登记的效力应当得到确认。

(五) 自测案例

甲为重度智障病人,1993 年 6 月 12 日与乙(女)按民间仪式举行婚礼、结为夫妻后,1995 年 4 月 8 日生子丙。丈夫的残疾、家庭的贫困,最终导致乙精神崩溃,患上精神分裂症,对丙的抚养责任完全由其祖父母承担。乙患病之初对他人没有攻击行为,但随着病程进展,乙开始有攻击行为,有一次差点将丙掐死。丙的祖父母年事已高,防范能力越来越弱,为了使自己的孙子免遭伤害,健康成长,遂于 2000 年 4 月 20 日将丙送养他人,并办理了收养登记手续。

问题:丙的祖父母在其父母生存的情况下能否将其送养?

七、被收养人的条件

被收养人,即收养法律关系中被他人作为子女抚养的人。根据《收养法》的规定,被收养人应当同时具备以下条件:(1) 被收养人应为不满 14 周岁的未成年人;(2) 被收养人得不到父母的抚养。丧失父母的孤儿,或者查找不到生父母的弃婴和儿童,或者是生父母有特殊困难无力抚养的子女。

(一)案情简介

> **案 例**
>
> 甲和乙(女)在北京某高校工作,结婚二十多年,一直无子女。随着年龄的增大,夫妇二人为了晚年能得到照顾,便想收养甲弟弟的儿子丙,丙和其父母也表示同意,这时丙已经 17 周岁。2002 年 2 月 6 日,甲乙和丙及丙的父母持收养申请及其他证明材料,共同到收养登记机关申请收养登记。工作人员经审查认为丙已满 17 周岁,其生父母也不存在无力抚养丙的困难,甲乙的收养行为不符合法律规定,拒绝为其办理收养登记手续。

(二)思考方向

不满 14 周岁、得不到父母抚养的未成年人可以作为被收养人与收养人建立收养关系;年满 14 周岁且父母有抚养能力的未成年人,也可以作为被收养人被父母的三代以内同辈旁系血亲或被生父母的配偶收养。上述案例中,收养登记机关拒绝为甲乙办理收养登记手续的做法是否符合法律规定,应当依照法律规定的被收养人的条件加以确定。

(三)法律规定

《收养法》第 4 条　下列不满十四周岁的未成年人可以被收养:(一)丧失父母的孤儿;(二)查找不到生父母的弃婴和儿童;(三)生父母有特殊困

难无力抚养的子女。

第 7 条第 1 款 收养三代以内同辈旁系血亲的子女,可以不受本法第四条第三项、第五条第三项、第九条和被收养人不满十四周岁的限制。

第 11 条 收养人收养与送养人送养,须双方自愿。收养年满 10 周岁以上未成年人的,应当征得被收养人的同意。

第 14 条 继父或者继母经继子女的生父母同意,可以收养继子女,并可以不受本法第四条第三项、第五条第三项、第六条和被收养人不满十四周岁以及收养一名的限制。

（四）学理分析

本案中,收养登记机关的做法是错误的。我国《收养法》一般情况下不承认对成年人的收养,只规定不满 14 周岁的未成年人可以作为被收养人,这样有利于在收养人与被收养人之间建立和培养起亲子感情,利于收养关系的稳定。但在被收养人为收养人三代以内同辈旁系血亲的子女或被收养人为收养人的继子女时,不受被收养人不满 14 周岁的年龄限制。应当注意的问题是,对《收养法》"年满 14 周岁以上的未成年人"的理解,学者间存在分歧。一种意见是对该规定应理解为 14 周岁以上、18 周岁以下的未成年人,即成年人不能成为被收养人[①];另一种意见认为该规定应理解为被收养人可以超过 14 周岁,也可以是成年人[②]。我们认为,《收养法》中"年满 14 周岁以上的未成年人"的词根是"未成年人",而不是"人",从文义解释上应当理解为 14 周岁以上、18 周岁以下的未成年人,符合法律规定的本意。

本案中,甲乙收养的丙,为其胞弟之子,属三代以内同辈旁系血亲的子女。甲乙收养丙时,丙虽年满 14 周岁,但甲乙收养的是三代以内同辈旁系血亲的子女,不受被收养人不满 14 周岁和被收养人生父母有特殊困难无力抚养的限制。甲乙对丙的收养,完全符合《收养法》的规定,收养登记机关应当为其办理收养登记手续。

（五）自测案例

甲 14 周岁时父母离婚,甲随改嫁的母亲到邻村的乙家,与乙共同生活。

[①] 马忆南:《婚姻家庭法新论》,北京大学出版社 2002 年版,第 220 页。
[②] 杨遂全等:《婚姻家庭法新法》,北京大学出版社 2003 年版,第 190 页。

几年的朝夕相处,甲与继父乙和睦相处。为年老时能得到甲的赡养,甲19周岁时乙欲收养甲为养子,甲和母亲表示同意但生父反对,甲不顾生父的反对与乙一起,持所需证明材料到收养登记部门办理收养登记手续,但收养登记机关工作人员以甲已过14周岁为由,拒绝为其办理登记。

问题:

1. 甲作为被收养人,主体是否适格?
2. 乙收养成年人甲,是否必须征得甲生父的同意?

八、未经收养登记形成的收养关系的效力

收养为要式法律行为,须经法定程序始得成立。根据《收养法》的规定,未履行法定的收养程序而形成的收养行为,不具有收养的法律效力,是一种无效民事行为。但对1991年《收养法》实施前未办理收养手续而形成的事实收养关系,在符合一定条件的情况下,承认其收养关系的效力。

(一) 案情简介

> **案 例**
>
> 1978年7月16日,38周岁的独身女子甲收养一男婴乙,但未办理收养手续。2001年10月8日后,乙结婚后另立门户,并与生父母建立了联系。乙成年后甲丧失了劳动能力,生活陷入困境,乙却不闻不问。甲要求乙承担赡养义务,乙则以自己被收养时未办理收养登记为由,否认收养关系的效力,拒绝支付赡养费。甲向人民法院提起诉讼,请求乙履行赡养义务,支付赡养费。人民法院经审理认为,甲收养乙的行为,发生在1991年《收养法》实施之前,根据当时的有关规定,双方的收养关系成立。遂判决支持了甲的诉讼请求。

(二) 思考方向

未履行收养手续而形成的收养关系为事实收养关系。事实收养因欠缺收养关系成立的形式要件,不具有收养的法律效力,是一种无效民事行为。

但对1991年《收养法》实施前未办理收养手续而形成的事实收养关系,其效力被有条件地承认。本案中,人民法院确认收养关系有效的判决是否符合法律规定,应当依照法律规定的事实收养关系的认定条件加以确认。

(三) 法律规定

1.《收养法》第15条 收养应当向县级以上人民政府民政部门登记。收养关系自登记之日起成立。收养查找不到生父母的弃婴和儿童的,办理登记的民政部门应当在登记前予以公告。收养关系当事人愿意订立收养协议的,可以订立收养协议。收养关系当事人各方或者一方要求办理收养公证的,应当办理收养公证。

第25条 违反《中华人民共和国民法通则》第五十五条和本法规定的收养行为无法律效力。收养行为被人民法院确认无效的,从行为开始时起就没有法律效力。

2. 最高人民法院《关于贯彻执行民事政策法律若干问题的意见》(1984年8月30日)第28条 亲友、群众公认或者有关组织证明确认养父母与养子女关系,长期共同生活的,虽未办理合法手续,也应按收养关系对待。

3. 1991年《收养法》第24条 违反《中华人民共和国民法通则》第五十五条和本法规定的收养行为无法律效力。收养行为被人民法院确认无效的,从行为开始时就没有法律效力。

4. 最高人民法院关于学习宣传贯彻执行《中华人民共和国收养法》的通知(1992年3月26日,法发[1992]11号)第2条 收养法施行后,各级人民法院必须严格执行。收养法施行后发生的收养关系,审理时适用收养法。收养法施行前受理,施行时尚未审结的收养案件,或者收养法施行前发生的收养关系,收养法施行后当事人诉请确认收养关系的,审理时应适用当时的有关规定;当时没有规定的,可比照收养法处理。对于收养法施行前成立的收养关系,收养法施行后当事人诉请解除收养关系的,应适用收养法。

5. 1999年5月25日《中国公民收养子女登记管理办法》第7条第1款 收养登记机关收到收养登记申请书及有关材料后,应当自次日起30日内进行审查。对符合收养法规定条件的,为当事人办理收养登记,发给收养登记证,收养关系自登记之日起成立;对不符合收养法规定条件的,不予登记,并对当事人说明理由。

(四) 学理分析

本案中，人民法院的判决是正确的。根据《收养法》的规定，收养子女应当按照规定办理收养登记手续。收养关系自登记之日起成立。收养是要式的民事法律行为，须经法定程序始得成立。未履行法定的收养程序而形成的收养行为，因欠缺收养关系成立的形式要件，不具有收养的法律效力，是一种无效民事行为，从行为开始时就没有法律效力。

在我国1991年《收养法》实施前，最高人民法院1979年2月2日《关于贯彻执行民事政策法律的意见》中指出，收养子女须经有关部门办理收养手续，进行户籍登记。最高人民法院1984年8月30日《关于贯彻执行民事政策法律若干问题的意见》中指出，对办理了合法收养手续的收养关系，应依法保护。但是当时的司法实践并不否认长期形成的事实收养的效力。按照上述1984年的司法解释，亲友、群众公认或者有关组织证明确认养父母与养子女关系，长期共同生活的，虽未办理合法手续，也应按收养关系对待。对1991年《收养法》实施后形成的事实收养关系，法律不再承认其效力，收养行为自始无效。

本案中，甲与乙之间的收养关系发生在1991年《收养法》颁布实施以前，该事实收养关系得到亲友、群众的公认，并共同生活二十余年，符合事实收养关系效力的认定条件，应为有效的收养关系。人民法院确认甲与乙之间的养母子关系成立，判决支持甲的诉讼请求是正确的。

(五) 自测案例

2000年，甲乙夫妇年过四十尚无子嗣，甲乙遂收养了甲5岁的侄子丙为养子，但未办理收养登记手续。此后丙与甲乙共同生活，甲乙承担起对丙的抚养和教育责任。2006年7月，因丙的姐姐在一车祸中死亡，丙的生父母便想将丙领回自己抚养，遭到甲乙拒绝，丙的生父母遂向人民法院提起诉讼，请求确认甲乙与丙之间的收养关系无效，丙由自己领回抚养。

问题：
1. 甲乙与丙之间的事实收养关系是否成立？
2. 丙的生父母在养父母不同意的情况下，能否行使对丙的抚养权？

九、收养的拟制效力

收养的拟制效力,是指收养依法创设新的亲属关系及其权利义务的效力。按照我国《收养法》的规定,收养的拟制效力及于养子女与养父母和养父母的近亲属。

(一) 案情简介

> **案例**
>
> 甲和乙(女)结婚后,因甲无生育能力,夫妇二人决定收养一子。2005年10月20日,甲乙收养了13岁男孩丙,并依法办理了收养登记。1年后,甲乙在一次车祸中双亡,甲的父母丁戊希望丙由生父母领回抚养,但丙的生父母不同意。丙要求丁戊抚养,丁戊以丙与其没有血缘关系为由拒绝抚养。丙向人民法院提起诉讼,要求丁戊履行抚养义务。人民法院经审理认为,丙与甲乙的收养关系成立后,其与丁戊间的祖孙权利义务关系拟制产生。在丙的养父母死亡的情况下,作为有负担能力的养祖父母,丁戊有义务承担对丙的抚养责任。遂判决支持了丙的诉讼请求。

(二) 思考方向

收养关系成立后,养子女与养父母之间收养关系的效力,拟制产生于养子女与养父母的近亲属间。本案中,人民法院判决支持丙的诉讼请求是否符合法律规定,应当依照法律规定的收养的拟制效力加以确定。

(三) 法律规定

1.《收养法》第 23 条 自收养关系成立之日起,养父母与养子女间的权利义务关系,适用法律关于父母子女关系的规定;养子女与养父母的近亲属间的权利义务关系,适用法律关于子女与父母的近亲属关系的规定。养子女与生父母及其他近亲属间的权利义务关系,因收养关系的成立而消除。

2. 《婚姻法》第 28 条　有负担能力的祖父母、外祖父母,对于父母已经死亡或父母无力抚养的未成年的孙子女、外孙子女,有抚养的义务。有负担能力的孙子女、外孙子女,对于子女已经死亡或子女无力赡养的祖父母、外祖父母,有赡养的义务。

(四) 学理分析

本案中,人民法院的判决是正确的。根据我国《收养法》的规定,自收养关系成立之日起,养父母与养子女间的权利义务关系,适用法律关于父母子女关系的规定;养子女与养父母的父母间的权利义务关系,适用法律关于祖孙之间权利义务关系的规定;养子女与养父母的子女之间的关系适用法律有关兄弟姐妹间的权利义务的规定。

本案中,丙被甲乙合法收养,其与生父母及其近亲属间的权利义务关系,已因收养关系成立而消除,其生父母对丙没有抚养教育的义务。而丁戊与丙之间则因收养关系的成立而产生了祖孙之间的权利义务关系,在丙养父母死亡、自己有负担能力的情况下,应当承担对丙的抚养义务。

(五) 自测案例

甲在丈夫去世后带着 10 岁的儿子乙改嫁到邻村,与该村的丙共同生活。丙因妻子去世而与女儿丁共同生活,丁在父亲再婚时已满 16 周岁。丙非常喜欢乙,主动对乙进行抚养和教育,双方形成抚养关系。几年后丙决定收养乙,甲和乙表示同意,双方签订了收养协议,但未办理收养登记手续。2002 年甲和丙相继去世,此时丁已中专毕业,在某医院做护士,月收入一千余元,乙为初三学生。父母去世后,乙失去了生活来源,面临辍学,便要求丁履行扶养义务,但丁拒绝承担对乙的扶养义务。

问题:
1. 乙与丁之间是继兄弟姐妹关系,还是养兄弟姐妹关系?
2. 丙与乙之间拟制血亲的效力是否及于丁?
3. 丁对乙有无扶养的义务?

十、收养的解消效力

收养的解消效力,是指收养依法终止原有的亲属关系及其权利义务的效力。按照我国《收养法》的规定,收养的解消效力及于养子女与生父母,也及于养子女与生父母的近亲属。

(一) 案情简介

> **案例**
>
> 甲1976年5月10日被乙丙夫妇收养,当时甲2周岁。履行了收养登记手续后,甲即随乙丙共同生活。1999年,甲大学毕业后分到某银行工作,与同在银行工作的丁建立了恋爱关系。2002年5月10日,双方决定到婚姻登记机关申请结婚登记时,有人向婚姻登记机关反映丁是甲生母的侄女。婚姻登记机关经查实后,以双方属三代以内旁系血亲为由,对甲丁的结婚申请不予登记。

(二) 思考方向

收养关系成立后,养子女与生父母以及生父母的近亲属之间的权利义务关系消除,但是养子女与生父母及其近亲属间的自然血亲关系并不因收养的成立而消除,因此法律关于禁婚亲的规定在养子女与生父母及其近亲属间仍然适用。上述案例中,婚姻登记机关对甲丁的结婚申请不予登记的做法是否符合法律规定,应当依照《收养法》关于收养的解消效力加以确定。

(三) 法律规定

1. 《收养法》第23条 自收养关系成立之日起,养父母与养子女间的权利义务关系,适用法律关于父母子女关系的规定;养子女与养父母的近亲属间的权利义务关系,适用法律关于子女与父母的近亲属关系的规定。养子女与生父母及其他近亲属间的权利义务关系,因收养关系的成立而消除。

2. 《婚姻法》第7条 有下列情形之一的,禁止结婚:(一) 直系血亲和三代以内的旁系血亲;(二) 患有医学上认为不应当结婚的疾病。

(四) 学理分析

本案中,婚姻登记机关的做法是正确的。根据我国《收养法》的规定,自收养关系成立之日起,养子女与生父母及其他近亲属间的权利义务关系,因收养关系的成立而消除,但依亲属法原理,养子女与生父母及其他近亲属间的自然血亲关系仍然存在,除非一方死亡,其他任何条件下都不能消除。《婚姻法》关于直系血亲和三代以内的旁系血亲禁止结婚的规定在养子女与生父母及其他近亲属间仍然适用。

本案中,甲被收养后,其与生父母及其他近亲属间的权利义务关系虽然消除,但相互间的自然血亲关系仍然存在。丁是甲生母的侄女,与甲存在三代以内自然血缘的旁系血亲关系,属于《婚姻法》禁止结婚的亲属范围,不符合结婚的实质条件,婚姻登记机关对双方的结婚申请不予登记是正确的。

(五) 自测案例

甲于1974年3月20日被乙丙夫妇收养,当时甲4周岁。2000年9月,甲大学毕业分到某报社工作,与其生父母生活在同一城市。甲在得知自己的身世后,征得养父母的同意,开始和生父母来往。2002年5月10日,甲的生父因患癌症住院治疗,花费了巨额的医药费用,甲的生母要求甲承担2万元的医药费,遭到甲的拒绝。

问题:

1. 甲在收养关系存续期间,能否恢复和生父母的权利义务关系?
2. 甲对生父有无支付医药费的义务?

十一、收养关系的协议解除

收养关系当事人可以协议解除收养关系。根据法律规定,协议解除收养关系必须符合下列条件:(1) 在养子女成年前,协议解除须得收养人、送养人同意。养子女年满10周岁以上的,应当征得本人同意。(2) 在养子女成年后,协议解除须得收养人、被收养人同意。(3) 须办理收养解除登记手续。

（一）案情简介

> **案例**
>
> 甲乙夫妇婚后5年未生育子女，经医院检查诊断，妻子乙无生育能力。甲便与乙协商收养一子，乙勉强同意。2005年2月26日，甲乙收养了13岁女孩丙，并办理了收养登记手续。甲视丙为掌上明珠，但乙经常对丙实施虐待行为。丙生父母得知后，决定解除收养关系。经与甲乙协商，双方达成收养关系解除协议，但未办理解除收养关系登记手续。2007年6月10日，甲因病去世，留下遗产人民币38万元，未留遗嘱。丙要求继承甲的遗产，遭到乙的拒绝。2008年8月25日，丙向人民法院提起遗产继承诉讼。人民法院经审理认为，丙生父母与甲乙之间虽达成解除收养关系协议，但未办理解除收养关系登记手续，不产生收养关系解除的效力，丙对甲的遗产有继承的权利。

（二）思考方向

收养关系当事人可协议解除收养关系，但解除收养关系为要式法律行为，只有履行了解除收养关系程序，具备了解除收养关系的形式要件，解除收养关系的协议才发生法律效力，产生收养关系解除的后果。本案中，人民法院确认丙与甲乙之间的收养关系存在是否符合法律规定，应当依照法律规定的协议解除收养关系的条件加以确定。

（三）法律规定

1.《收养法》第26条 收养人在被收养人成年以前，不得解除收养关系，但收养人、送养人双方协议解除的除外，养子女年满10周岁以上的，应当征得本人同意。收养人不履行抚养义务，有虐待、遗弃等侵害未成年养子女合法权益行为的，送养人有权要求解除养父母与养子女间的收养关系。送养人、收养人不能达成解除收养关系协议的，可以向人民法院起诉。

第27条 养父母与成年养子女关系恶化、无法共同生活的，可以协议解除收养关系。不能达成协议的,可以向人民法院起诉。

第 28 条 当事人协议解除收养关系的,应当到民政部门办理解除收养关系的登记。

第 29 条 收养关系解除后,养子女与养父母及其他近亲属间的权利义务关系即行消除,与生父母及其他近亲属间的权利义务关系自行恢复,但成年养子女与生父母及其他近亲属间的权利义务关系是否恢复,可以协商确定。

2.《中国公民收养子女登记办法》第 9 条 收养关系当事人协议解除收养关系的,应当持居民户口簿、居民身份证、收养登记证和解除收养关系的书面协议,共同到被收养人常住户口所在地的收养登记机关办理解除收养关系登记。

第 10 条 收养登记机关收到解除收养关系登记申请书及有关材料后,应当自次日起 30 日内进行审查;对符合收养法规定的,为当事人办理解除收养关系的登记,收回收养登记证,发给解除收养关系的证明。

(四) 学理分析

本案中,人民法院的判决是正确的。根据我国《收养法》的规定,收养关系当事人可协议解除收养关系,签署解除收养关系的协议。但解除收养关系的协议自当事人协商一致成立后,并不自成立之日生效,而应自办理解除收养关系登记之日起生效。当事人应当到被收养人常住户口所在地的收养登记机关办理解除收养关系登记。领取了解除收养关系的证明,收养关系解除的效力确定,养子女与养父母及其近亲属间的权利义务关系消灭。达成解除收养关系的书面协议但未办理解除收养关系登记的,收养关系的效力继续存在。

本案中,甲乙与丙生父母就解除收养关系达成了协议,并征得了丙的同意,符合法律规定的解除条件,但未依法办理收养关系解除登记手续,解除收养关系的行为没有生效,丙与甲乙间的养父母子女关系仍然存在。在收养关系存续期间,养父甲去世,作为养女的丙当然有权以第一顺序法定继承人的身份继承甲的遗产。

(五) 自测案例

甲乙(女)结婚后未生育子女,依法收养了女孩丙。二人含辛茹苦将丙培养成大学生。丙大学毕业后不久,乙因病去世,临终前向丙披露了身世,并希望丙能够好好照顾父亲,丙含泪应允。后因婚姻问题丙与甲产生矛盾,甲声明与丙断绝父女关系,并将丙赶出家门,双方从此不再来往。丙离家2年后,甲煤气中毒死亡,丙得知消息后悲痛欲绝。安葬了养父,在处理养父的遗产时,丙与养父的胞弟丁发生纠纷。丁认为,甲已与丙断绝了父女关系,双方收养关系解除,丙无权继承甲的遗产。丙向人民法院提起诉讼,要求继承甲的遗产。

问题:
1. 甲断绝养父女关系的声明是否有效?
2. 丙对甲的遗产是否享有继承的权利?

十二、收养关系的诉讼解除

诉讼解除收养关系,是指在收养关系当事人不能达成解除收养关系协议时,可以依法向人民法院起诉,请求解除收养关系。

(一) 案情简介

案 例

甲乙生育了五个子女,由于家庭困难,决定将最小的女儿丙送给同村的丁夫妇收养,双方依法办理了收养登记手续。甲乙的孩子渐渐长大,家庭条件逐渐好转,而丁家生活条件相对较差,甲乙萌生了将丙领回抚养的念头。要求遭到丁夫妇的拒绝后,甲乙向人民法院提起诉讼,以丁夫妇生活困难、无力抚养丙为由,请求解除收养关系。人民法院经审理认为,丁夫妇与丙之间的收养关系,合法有效。收养关系存续期间,丁夫妇没有虐待、遗弃丙的行为,甲乙请求解除收养关系的理由不当。判决驳回了甲乙的诉讼请求。

(二) 思考方向

收养关系当事人可通过诉讼的方式解除收养关系。但诉讼解除收养关系时,依被收养人是否成年,起诉的主体和判决解除收养关系的条件有所不同。在上述案例中,人民法院驳回甲乙解除收养关系的诉讼请求是否符合法律规定,应依照法律关于诉讼解除收养关系的条件加以确定。

(三)法律规定

1.《收养法》第 26 条 收养人在被收养人成年以前,不得解除收养关系,但收养人、送养人双方协议解除的除外,养子女年满 10 周岁以上的,应当征得本人同意。收养人不履行抚养义务,有虐待、遗弃等侵害未成年养子女合法权益行为的,送养人有权要求解除养父母与养子女间的收养关系。送养人、收养人不能达成解除收养关系协议的,可以向人民法院起诉。

第 27 条 养父母与成年养子女关系恶化、无法共同生活的,可以协议解除收养关系。不能达成协议的,可以向人民法院起诉。

(四)学理分析

本案中,人民法院的判决是正确的。根据《收养法》的规定,通过诉讼方式解除收养关系是有条件的:(1)被收养人未成年时,送养人有权通过诉讼方式解除收养关系,收养人不得向人民法院提起解除收养关系诉讼。人民法院判决解除收养关系的条件是收养人不履行抚养义务,有虐待、遗弃等侵害未成年养子女合法权益的行为。(2)被收养人成年时,养父母与成年养子女有权通过诉讼方式解除收养关系。人民法院判决解除收养关系的条件是养父母与成年养子女关系恶化、无法共同生活。

本案中,丁夫妇收养丙以后,依法履行了对丙的抚养义务,没有虐待、遗弃等侵害丙合法权益的行为。甲乙以丙的养父母生活困难为由,请求人民法院解除收养关系,理由不当,不符合法律规定的诉讼解除收养关系的条件,人民法院依法驳回其诉讼请求是正确的。

(五)自测案例

甲与妻乙收养一男孩丙,夫妇二人对丙十分疼爱。丙长大成人结婚后,因生活琐事,乙经常借故和丙妻发生争吵。丙念及乙养育之恩,总是劝说妻子对老人忍让。甲去世后,丙要求继承养父的遗产,遭到乙的拒绝。从此以后,丙夫妇和乙的矛盾加剧,无法共同生活。2006 年 5 月 9 日,乙向人民法院提起诉讼,请求解除与丙的收养关系。人民法院经审理认为双方关系恶化、无法共同生活,未经调解判决解除了乙与丙的收养关系。

问题:

1. 养子女接受养父母的抚养成年后,能否提起解除收养关系的诉讼?
2. 调解是否为人民法院审理收养纠纷案件的必经程序?
3. 人民法院解除收养关系的判决是否正确?

十三、收养关系解除后成年养子女的生活费给付义务

根据《收养法》的规定,解除收养关系后,在一定的条件下,养父母享有要求成年养子女给付生活费的权利:(1)养父母缺乏劳动能力又缺乏生活来源;(2)收养关系解除时养子女经养父母抚养至成年;(3)收养关系解除时养子女未履行补偿义务。

(一)案情简介

> **案例**
>
> 1990年5月12日,甲乙夫妇依法收养了7周岁的丙,一直将其抚养至大学毕业。2005年5月开始,因对丙的虐待不满,甲乙便与丙协商要求解除收养关系,丙表示同意。2005年12月10日,双方办理了解除收养关系登记手续。2006年10月,养父甲被确诊肝癌晚期,巨额的医药费支出,使甲乙的生活很快陷入困境,甲乙向丙提出了给付生活费的要求,丙以收养关系解除为由,拒绝了甲乙的请求。甲乙向人民法院提起诉讼,请求丙每月向其支付生活费500元,并补偿抚养丙期间支出的生活费和教育费10万元。人民法院经审理认为,丙与甲乙之间的收养关系合法有效,甲乙将丙抚养成年后,双方的收养关系解除,丙对甲乙虽然没有赡养费的支付义务,但作为对甲乙抚养义务的回报,应当向甲乙支付生活费;另外,收养关系的解除是因为丙虐待甲乙,甲乙要求丙补偿收养期间支出的生活费和教育费,符合法律规定。遂判决支持了甲乙的诉讼请求。

（二）思考方向

养子女成年收养关系解除的,养子女对养父母的赡养义务消除,但养子女给付养父母生活费的义务并不必然消除。上述案例中,收养关系解除后,丙是否有向甲乙支付生活费和补偿收养期间生活费和教育费的义务,应当依法律规定的解除收养关系的法律后果加以确定。

（三）法律规定

《收养法》第30条第1款 收养关系解除后,经养父母抚养的成年养子女,对缺乏劳动能力又缺乏生活来源的养父母,应当给付生活费。因养子女成年后虐待、遗弃养父母而解除收养关系的,养父母可以要求养子女补偿收养期间支出的生活费和教育费。

（四）学理分析

本案中,人民法院判决丙补偿甲乙收养期间生活费和教育费的做法是正确的,但判决丙支付甲乙生活费的做法是错误的。收养关系解除后,养父母与养子女之间的权利义务关系即行消除。但是,这并不排除特殊情况下养父母有要求经其抚养的成年养子女给付生活费的权利。养父母收养养子女的目的,就是在丧失劳动能力和生活困难的情况下,能够得到养子女的赡养。收养关系的解除,使养父母要求养子女赡养的权利丧失。根据民法上权利义务相一致的原则,养父母对养子女履行了抚养义务,养子女成年后尚未履行赡养义务时收养关系就解除,在收养关系解除后,养父母丧失了劳动能力又缺乏生活来源,养子女有给付养父母生活费的义务。收养关系因养子女成年后虐待、遗弃养父母而解除的,养父母可以要求养子女补偿收养期间支出的生活费和教育费。但养子女的补偿义务和生活费的支付义务不能同时承担,承担了补偿义务就不再承担支付生活费的义务。

上述案例中,甲乙将丙抚养成年。丙成年后因虐待甲乙导致收养关系解除。收养关系解除后,甲乙丧失了劳动能力,又无生活来源,在这种情况下,甲乙有权依法要求丙支付生活费或者补偿收养期间支出的生活费和教育费。人民法院判决丙支付补偿费10万元是正确的;但丙承担了补偿费的支付义务之后,甲乙的付出已得到补偿,丙没有另行向甲乙支付生活费的义务,人民法院判决丙支付生活费是错误的。

(五) 自测案例

甲中年时依法收养了一孤儿乙。乙成年后在外地工作,常年不回家。甲感觉与乙的关系渐渐疏远,也难以得到乙的照料,遂与乙协商解除收养关系,乙表示同意。解除收养关系时,乙一次性补偿甲收养期间支出的抚养费和教育费5万元。后因甲患病久治不愈,生活非常困难,甲希望丙能承担一部分生活费用,但丙以收养关系解除时甲已得到补偿为由,拒绝给付甲生活费。

问题:丙拒绝支付甲生活费的理由是否成立?

十四、收养关系解除后,养子女与生父母及其近亲属的关系

收养关系解除后,养子女与生父母及近亲属的关系并不必然恢复,因养子女是否成年而有不同。

(一) 案情简介

> **案例**
>
> 甲被乙丙夫妇收养后,因乙对甲有虐待行为,在甲14周岁时,甲的生父母向法院起诉,解除了甲与乙丙的收养关系,甲重新接受生父母的抚养。甲大学毕业后到一家公司工作,收入颇丰,这时生父母步入老年,逐渐丧失了劳动能力,其他子女生活困难,无力承担赡养义务。甲的生父母要求甲履行赡养费的支付义务,但甲称并未与生父母达成恢复亲子关系的协议,拒绝了生父母的赡养请求。生父母向人民法院提起诉讼,请求甲履行赡养费的支付义务。法院经审理认为,甲在与养父母收养关系解除时尚未成年,与生父母的权利义务关系自行恢复。遂判决甲每月支付生父母赡养费400元。

(二) 思考方向

收养关系解除后,养子女与生父母的身份关系能否恢复,如何恢复,直

接影响到养子女和生父母间的权利和义务,因此《收养法》对此作出了明确规定,规定了严格的条件。只有在符合法律规定的条件下,养子女与生父母间的权利义务关系才能恢复。上述案例中,人民法院判决甲对生父母履行赡养义务的做法是否符合法律规定,应当依照法律规定的养子女与生父母关系恢复的条件加以确定。

(三) 法律规定

1.《收养法》第29条 收养关系解除后,养子女与养父母及其他近亲属间的权利义务关系即行消除,与生父母及其他近亲属间的权利义务关系自行恢复,但成年养子女与生父母及其他近亲属间的权利义务关系是否恢复,可以协商确定。

(四) 学理分析

本案中,人民法院判决甲承担生父母赡养费的做法是正确的。《收养法》规定:(1) 未成年的养子女在收养关系解除后,与生父母的权利义务关系自行恢复。此处的自行恢复,应理解为未成年的养子女与生父母之间当然恢复亲子关系,不必履行其他任何手续;养子女与生父母的关系自行恢复之后,与生父母的其他近亲属间的权利义务关系同时自行恢复。(2) 成年子女在收养关系解除后,与生父母的权利义务关系并不当然恢复,是否恢复,由双方协商确定。如协商同意恢复父母子女关系的,彼此间的权利义务适用法律关于父母子女关系的规定;反之,如果没有协商恢复父母子女关系的,即使双方有经济往来,也不能认定父母子女关系恢复。在养子女与生父母关系的恢复问题上不存在行为推定,只尊重当事人明确的意思表示。

本案中,甲是在未成年时与养父母乙丙解除收养关系的,根据法律规定,其与生父母的权利义务关系自行恢复,无须办理其他手续。自收养关系解除之日,甲与生父母间的关系当然适用父母子女权利义务关系的规定,生父母对甲有抚养的权利义务。甲成年后,对无劳动能力、生活困难的生父母有赡养的义务,应当向生父母支付赡养费,故法院判决甲每月支付生父母400元赡养费是正确的。

（五）自测案例

甲由养父母抚养成年。甲结婚生子后，由于妻子与养父母关系不和，家庭矛盾严重，甲与养父母协商解除了收养关系，甲每月给付养父母生活费300元。甲的生父母在甲与养父母的收养关系解除时已丧失劳动能力，此前经常得到甲的接济。收养关系解除后，甲一如既往地在生活上照顾生父母，在经济上帮助生父母。生父母得知甲与养父母解除收养关系的消息后，要求甲承担赡养义务，每月也给付生活费300元，但甲不同意。

问题：

1. 甲在收养关系解除后对生父母生活上照顾、经济上帮助行为的性质是什么？
2. 甲是否有权拒绝生父母的赡养要求？

第八章 扶 养

扶养是指特定亲属间形成的提供与享受生活供养的法律关系。提供扶养的人为义务人,享受供养的人为权利人。扶养的概念有广义和狭义之分。广义的扶养,是指一定范围的亲属间相互供养和扶助的法定权利义务关系,是扶养、抚养和赡养的统称。狭义的扶养仅指平辈亲属之间的相互供养和扶助的法定权利义务关系。我国《婚姻法》将扶养分为扶养、抚养和赡养,而《继承法》、《民法通则》等又统称为扶养。本书依照《婚姻法》将扶养分别以扶养、抚养和赡养指称。

一、夫妻间的扶养

扶养,是指夫或妻对对方经济上的供养和生活上的照料,夫妻间扶养义务的履行以夫妻身份的确立为前提。

(一) 案情简介

> **案例**
>
> 甲与乙结婚后实行分别财产制,双方约定夫妻在婚姻关系存续期间所得的财产归各自所有,婚姻关系存续期间所发生的共同生活费用双方均担,个人所发生的费用个人承担。2005年甲妻乙患肺癌,在花光个人积蓄后,没有能力承担继续治疗费用,便请求甲承担医疗费用,但甲以分别财产制为由拒绝了乙的请求。乙向人民法院提起诉讼,要求乙履行扶养义务,承担医疗费的支付义务。人民法院支持了乙的诉讼请求。

（二）思考方向

夫妻身份确立之后，夫妻之间基于夫妻身份必然产生相互扶养的义务。夫妻间的扶养义务能否以协议免除，取决于该义务的性质。上述案例中，人民法院判决甲应承担对乙扶养义务的做法是否符合法律规定，应当依照法律规定的夫妻间承担扶养义务的条件加以确定。

（三）法律规定

1.《婚姻法》第20条 夫妻有互相扶养的义务。

一方不履行扶养义务时，需要扶养的一方，有要求对方付给扶养费的权利。

2.《刑法》第261条 对于年老、年幼、患病或者其他没有独立生活能力的人，负有扶养义务而拒绝扶养，情节恶劣的，处五年以下有期徒刑、拘役或者管制。

（四）学理分析

本案中，人民法院的判决是正确的。夫妻之间的扶养义务是夫妻身份关系派生的义务，是夫妻身份的必然结果。夫妻之间的扶养义务是法定义务，同时又是强行性义务，双方当事人不得以约定的形式排除，夫妻分别财产制只发生夫妻财产所有权归属的效力，不发生扶养义务免除的效力。一方不履行扶养义务时，需要扶养的一方，有要求对方付给扶养费的权利。

上述案例中，甲和乙婚后实行分别财产制。按照分别财产制，婚姻关系存续期间甲乙个人所得的财产归各自所有，相应地个人的日常生活费用和所负债务也应当由个人承担。但分别财产制的这种效力不能免除相互间的扶养义务，当乙个人没有个人财产、又没有获取个人财产的能力时，甲作为丈夫有扶养乙的义务。

（五）自测案例

甲与乙双方自由恋爱结婚，婚后感情很好，1年后生育一子。2005年乙不幸患重症肌无力，甲在乙患病之初极尽夫道，履行了对乙的生活照料和经济供养义务。乙的病情久治不愈，甲渐渐失去了耐心，索性不再回家并拒绝支付乙的治疗费用,无奈之下乙年迈的父母将乙接回家中照顾。乙向人民法院提起诉讼,请求甲履行扶养义务,甲则向人民法院提起离婚诉讼,以夫妻分居已满两年、感情破裂为由,要求解除与乙的婚姻关系。

问题:
1. 甲离家出走的行为,是与乙的分居事实行为,还是遗弃行为?
2. 如甲坚持离婚,甲的离婚自由和扶养义务的冲突应如何解决?
3. 人民法院应如何保护乙的利益?

二、父母对子女的抚养

抚养,是指父母对子女经济上的供养和生活上的照料。包括负担子女的生活费、教育费、医疗费等。父母对未成年子女无条件履行抚养义务,对成年子女在特定条件下有抚养的义务。

(一)案情简介

案例

甲于2000年9月考取北京某大学计算机专业,开始为期四年的本科学习生活,入校时刚满16周岁。按照学校规定,甲每年需交纳5000元的学杂费,加上一年近5000元的生活费用等费用,甲的父母每年要为其承担近10000元的费用。甲入校后不思进取,经常旷课,父母规劝无效,自2002年9月不再承担甲的生活和教育费用。2003年1月,甲以自己尚未独立生活为由,向人民法院提起诉讼,请求父母履行生活费和教育费的支付义务。人民法院经审理认为,甲已经成年,在校接受的是高等教育而非高中及其以下学历教育,父母对其没有抚养的义务。遂判决驳回了甲的诉讼请求。

(二)思考方向

抚养义务是父母对未成年子女必须负担的义务。父母不履行抚养义务时,未成年的子女,有要求父母付给抚养费的权利;一般情况下,父母对成年子女无抚养的义务。上述案例中,人民法院判决驳回甲的诉讼请求是否符合法律规定,应当依照法律规定的父母对成年子女的抚养条件加以确定。

(三)法律规定

1.《婚姻法》第 21 条 父母对子女有抚养教育的义务。父母不履行抚养义务时,未成年的或不能独立生活的子女,有要求父母付给抚养费的权利。

2.《婚姻法解释一》第 20 条 婚姻法第二十一条规定的"不能独立生活的子女",是指尚在校接受高中及其以下学历教育,或者丧失或未完全丧失劳动能力等非因主观原因而无法维持正常生活的成年子女。

第 21 条 婚姻法第二十一条所称"抚养费",包括子女生活费、教育费、医疗费等费用。

(四)学理分析

本案中,人民法院的判决是正确的。根据《婚姻法》及相关规定,父母对未成年子女的抚养是无条件的,父母对子女的抚养义务应当履行到子女成年时为止。子女成年后,父母原则上没有抚养的义务,只有在成年子女在校接受高中及其以下学历教育或者因为劳动能力的全部、部分丧失等非因主观原因而无法维持正常生活时,父母才继续承担抚养义务。父母对子女的抚养义务是法定的强制性义务,父母不履行抚养义务时,未成年的或不能独立生活的子女,有要求父母付给生活费的权利。追索抚养费的要求,可向抚养义务人的所在单位或有关部门提出,也可直接向人民法院提起诉讼。

本案中,2002 年 9 月甲已经成年,虽因在校接受教育未独立生活,但其接受的是高等教育,而不是高中及其以下学历的教育,不符合法律规定的父母对其支付抚养费的条件,因此其追索抚养费的诉讼请求不能成立,人民法院依法驳回其诉讼请求是正确的。

(五)自测案例

1999 年 3 月甲满 16 周岁初中尚未毕业即辍学。踏入社会后,因其没有生存技能,难以维持自己的生活,遂萌生重新入校读书的想法。经过努力,2001 年 9 月甲考取了某职业高中,学习烹饪。但父母以其已满 18 周岁为由,拒绝提供生活费、教育费。甲向父母追索无果的情况下,向人民法院提起诉讼,要求父母承担其在职业高中学习期间的全部费用共计15000元。

问题:

1. 甲接受职业高中教育期间,能否认定为未独立生活?
2. 甲是否有权要求其父母支付抚养费?

三、子女对父母的赡养

赡养,是指子女对父母的供养,包括在物质上为父母提供必要的生活条件、在生活上对父母进行照料以及在精神上对父母的慰藉。赡养人不得以放弃继承权或者其他理由,拒绝履行赡养义务。

(一) 案情简介

案例

甲、乙夫妇现年62岁,退休在家。两人的退休金总额每月5000元,在人均月收入1000元的城市里,物质生活条件相当不错。二老身板硬朗,衣食无忧,唯一的烦恼是独子丙因为婚姻问题断绝了与父母的联系,至今已有5年的时间。期间老人曾试图改善关系,遭到拒绝。儿子的绝情,引起了老人的愤怒,2001年9月9日,甲、乙向法院提起诉讼,要求丙履行精神赡养义务,每月探望父母一次,并支付赡养费100元。人民法院经审理认为,子女对父母的赡养,既包括经济上的赡养,也包括精神上的赡养。当父母无劳动能力或生活困难时,子女应当履行支付赡养费的义务,以满足父母的正常生活需要;当父母有劳动能力或不存在生活困难时,子女应当履行精神赡养义务,以满足父母的情感需要。遂判决丙每月探望甲、乙一次,但驳回了甲、乙要求丙支付赡养费100元的诉讼请求。

(二) 思考方向

成年子女对父母的赡养是其法定义务。成年子女对父母的赡养义务的履行方式和内容,取决于父母自身的状况和需要。上述案例中,人民法院应否支持甲、乙的诉讼请求,应当依照法律规定的子女对父母的赡养义务内容加以确定。

(三) 法律规定

1.《婚姻法》第 21 条 子女对父母有赡养扶助的义务。子女不履行赡养义务时,无劳动能力的或生活困难的父母,有要求子女付给赡养费的权利。

2.《老年人权益保障法》第 11 条 赡养人应当履行对老年人经济上供养、生活上照顾和精神上慰藉的义务,照顾老年人的特殊需要。赡养人是指老年人的子女以及其他依法负有赡养义务的人。赡养人的配偶应当协助赡养人履行赡养义务。

第 12 条 赡养人对患病的老年人应当提供医疗费用和护理。

第 13 条 赡养人应当妥善安排老年人住房,不得强迫老年人迁居条件低劣的房屋。老年人自有的住房,赡养人有维修的义务。

第 14 条 赡养人有义务耕种老年人承包的田地,照管老年人的林木和牲畜,收益归老年人所有。

第 15 条 赡养人不得以放弃继承权或者其他理由,拒绝履行赡养义务。赡养人不履行赡养义务,老年人有要求赡养人付给赡养费的权利。

(四) 学理分析

本案中,人民法院的判决是正确的。有独立生活能力的成年子女对父母的赡养是其法定义务。根据法律有关规定,子女对父母既有经济上供养的义务,在父母无劳动能力或者生活困难时应当支付赡养费,使父母得到物质生活条件的满足;同时,子女对父母又有精神上慰藉的义务,应当照顾老年人的特殊需要,经常探望父母,使父母得到精神上的温暖。

在父母有劳动能力或者生活并不困难的情况下,是否有要求子女付给赡养费的权利?这涉及对《婚姻法》第 21 条第 3 款"子女不履行赡养义务时,无劳动能力的或生活困难的父母,有要求子女付给赡养费的权利"的理解问题。我们认为,对该条应当进行文义解释,赡养费的支付请求权是无劳动能力或者生活困难的父母享有的权利,通过该权利的行使达到基本生活费用保障的目的;父母有劳动能力或不存在经济困难时,赡养费物质生活保障的功能已没有作用,失去了支付的价值,子女可不履行该义务。

本案中,丙拒绝和父母来往,已造成对甲、乙精神上的伤害。而根据婚姻法和老年人权益保障法的规定精神,成年子女应当履行对父母精神进行慰藉的义务。因此当丙不履行探望父母、和父母进行直接感情交流的精神赡养义务时,父母可通过起诉的方式要求丙履行精神赡养义务。因此,甲、乙要求丙每月探望一次的诉讼请求应当得到支持。但是甲、乙生活不存在困难,不具备要求丙进行经济上赡养、支付赡养费的条件,因此人民法院驳回甲、乙要求丙每月支付赡养费100元的诉讼请求是正确的。

(五) 自测案例

甲与乙(女)1968年10月8日登记结婚,婚后生有一子丙一女丁。1978年5月丙8岁、丁6岁时,甲移情别恋,并抛妻舍子,离家与他人远走他乡追求幸福生活去了,从此杳无音信,未再对子女履行抚养义务。2001年10月20日,甲突然孑身一人回到原籍生活,以无劳动能力、生活困难为由,要求丙、丁履行赡养义务,丙、丁以甲未履行抚养义务为由拒绝了甲的要求。2002年3月15日,甲向人民法院提起诉讼,要求丙、丁每人每月支付赡养费100元。

问题:

1. 甲不履行对丙、丁的抚养义务,应当承担何种民事责任?
2. 甲对丙、丁未履行抚养义务的情况下,是否有要求丙、丁支付赡养费的权利?

四、孙子女(外孙子女)对祖父母(外祖父母)的赡养

祖、孙之间作为婚姻法调整的亲属关系,在一定条件下有相互扶养的义务。根据《婚姻法》及有关法律的规定,这里的祖父母(外祖父母)包括:自然血亲的祖父母(外祖父母);养祖父母(外祖父母);形成抚养关系的继祖父母(继外祖父母)。这里的孙子女(外孙子女)包括:自然血亲的孙子女(外孙子女);养孙子女(养外孙子女);形成抚养关系的继孙子女(继外孙子女)。

（一）案情简介

> **案例**
>
> 甲有一儿一女，子乙，孙子丙；女儿丁，外孙女戊。丙现年30岁，为某私企老板，年收入10万元；戊现年26岁，务农。2000年5月20日，乙因病去世。甲因年老无劳动能力又无生活来源，便向丙提出了赡养要求。丙则以甲的赡养义务应当由丁履行为由，拒绝了甲的赡养要求。人民法院经审理认为，丙是甲的第二顺序的赡养义务人，丁是甲的第一顺序赡养义务人。在丁生存且有赡养能力的情况下，丙对甲没有赡养的义务。遂判决驳回了甲的诉讼请求。

（二）思考方向

孙子女（外孙子女）与祖父母（外祖父母）是隔代直系血亲关系，孙子女（外孙子女）相对祖父母（外祖父母）是第二顺序的赡养义务人，在一定条件下应当承担对祖父母（外祖父母）的赡养义务。上述案例中，人民法院驳回甲的诉讼请求是否正确，应当依照法律规定的孙子女对祖父母承担赡养义务的条件加以确定。

（三）法律规定

《婚姻法》第28条 有负担能力的孙子女、外孙子女，对于子女已经死亡或子女无力赡养的祖父母、外祖父母，有赡养的义务。

（四）学理分析

本案中，丙对甲没有赡养的义务，人民法院驳回甲诉讼请求的判决是正确的。根据我国《婚姻法》的有关规定，祖父母（外祖父母）无劳动能力生活困难、孙子女（外孙子女）已经成年且有负担能力的情况下，并不必然产生孙子女（外孙子女）对祖父母（外祖父母）的赡养义务。赡养人对被赡养人赡养义务的履行是有顺序的，首先由被赡养人的成年子女来履行。被赡养人的成年子女死亡或者丧失赡养能力，不能履行赡养义务导致被赡养人无生活来源的,被赡养人的孙子女(外孙子女)的赡养义务才产生,孙子女(外孙子女)对祖父母(外祖父母)的赡养义务是第二顺序的。

本案中,甲在子乙死亡后还有一女丁,丁又具有赡养能力,因此对其赡养义务应由丁履行,而不应当由丙履行。只有在丁死亡或丧失赡养能力的情况下,丙才负有对甲的赡养义务。

(五)自测案例

甲现年67岁,有子乙、女丙,结婚后均独立生活。甲的外孙丁大学毕业后参加工作,月收入1500元左右。现甲体弱多病,仅靠每月200元的遗属补助费维持生活,生活非常困难。乙单位效益不好,每月有500元的收入,有妻需要其扶养;丙没有固定工作,靠每月260元最低生活保障维持生活。

问题:甲的赡养义务应由谁履行?

五、祖父母(外祖父母)对孙子女(外孙子女)的抚养

为保护未成年人的合法权利,贯彻《婚姻法》保护儿童合法权利的原则,法律规定有负担能力的祖父母(外祖父母),在一定条件下应承担对孙子女(外孙子女)的抚养义务。

(一)案情简介

案例

甲与乙(女)在各自的配偶去世后于2000年结婚。婚后双方各带一子共同生活,甲与乙子丙、乙与甲子丁均形成了抚养关系。当时,丙2岁,丁4岁。甲父戊因不同意这门婚事,在甲与乙结婚后便搬出另住,双方不再来往。戊退休后开了一家商店,月收入三千多元。2008年4月甲因车祸死亡,乙下岗,无力抚养两个子女。丙和丁便向戊提出支付抚养费的要求,戊同意支付丁的抚养费,但拒绝支付丙的抚养费。丙向人民法院提起诉讼,请求戊履行抚养费的支付义务。人民法院经审理认为,丙是戊的继孙子,双方之间是拟制血亲的祖孙关系。在丙继父死亡、母亲没有抚养能力的情况下,有负担能力的戊应当承担对丙的抚养义务。

(二) 思考方向

有负担能力的祖父母(外祖父母)对需要抚养的孙子女(外孙子女),并不都产生抚养义务,是否承担抚养义务,还需要考察孙子女(外孙子女)和祖父母(外祖父母)的亲属关系。上述案例中,人民法院支持丙要求戊履行抚养义务的判决是否正确,应当依照法律规定的继祖父母对继孙子女承担抚养义务的条件加以确定。

(三) 法律规定

1.《婚姻法》第 27 条第 2 款 继父或继母和受其抚养教育的继子女间的权利和义务,适用本法对父母子女关系的有关规定。

2.《收养法》第 23 条 自收养关系成立之日起,养父母与养子女间的权利义务关系,适用法律关于父母子女关系的规定;养子女与养父母的近亲属间的权利义务关系,适用法律关于子女与父母的近亲属关系的规定。

养子女与生父母及其他近亲属间的权利义务关系,因收养关系的成立而消除。

3.《婚姻法》第 28 条 有负担能力的祖父母、外祖父母,对于父母已经死亡或父母无力抚养的未成年的孙子女、外孙子女,有抚养的义务。

(四) 学理分析

本案中,人民法院的判决是错误的。有负担能力的祖父母(外祖父母),对父母死亡或丧失抚养能力的自然血亲的未成年孙子女(外孙子女)有抚养的义务,没有疑问。有负担能力的继祖父母(外祖父母)对父母死亡或丧失抚养能力的未成年继孙子女(外孙子女)是否有抚养的义务?这涉及继孙子女(外孙子女)与继父或继母间的拟制血亲形成后,该拟制血亲的效力能否及于继祖父母(外祖父母)的问题。我国法律规定了养子女与养父母间的拟制血亲效力及于养父母的近亲属,养孙子女(外孙子女)与养祖父母(外祖父母)间的权利义务,适用法律关于孙子女(外孙子女)与祖父母(外祖父母)关系;没有规定继子女与继父或继母的拟制血亲关系的效力及于继父或继母的近亲属,因此,继子女与继父或继母形成了抚养关系,并不意味着继孙子女与继祖父母(外祖父母)间就形成了抚养关系;有抚养关系的继祖孙关系的形成,必须是继祖父母对继孙子女实施了抚养行为。只有在继祖父母(外祖父母)对与其子女形成抚养关系的继孙子女(外孙子女),同时也进行了抚养的情况下,才可认定继祖父母(外祖父母)与继孙子女(外孙子女)之间形成了抚养关系,在有负担能力的情况下,应当承担抚养义务。

本案中,戊作为丁的祖父,在丁的生父母死亡、继母丧失抚养能力的情况下,应当履行对丁的抚养义务;但对于继孙子丙,虽然丙与其子甲之间形成了抚养关系,但戊与丙之间并没有形成抚养关系,甲与丙之间拟制血亲关系的效力并不必然及于丙和戊之间,因此戊对丙没有抚养的义务。

(五) 自测案例

甲现年57岁,为某私企的老板,月收入两万元左右。其子乙在婚姻关系存续期间,又与丙同居生活,并生一子丁。2006年10月20日乙因病死亡,一直依靠乙生活的丙便向甲提出了抚养要求。甲以丁是非婚生子为由,拒绝向其支付抚养费。

问题:

1. 丁与甲之间是否形成法律上的祖孙关系?
2. 甲对丁是否有抚养的义务?

六、兄姐对弟妹的扶养

通常情况下,未成年弟妹的抚养义务是由其父母履行的。但在特定的条件下,有负担能力的兄姐应当履行对未成年弟妹的扶养义务。根据《婚姻法》及有关法律的规定,这里的兄弟姐妹包括:同胞的兄弟姐妹;同父异母或同母异父的兄弟姐妹;养兄弟姐妹;形成扶养关系的继兄弟姐妹。

(一) 案情简介

> **案例**
>
> 甲现年15岁,某中学初三学生。2007年4月10日,其父因车祸死亡,其母受刺激精神失常,无力对甲进行抚养,甲面临辍学。其父与前妻有一子乙,为某外企职员,年收入在5万元左右。甲向乙提出扶养要求,遭到乙的拒绝。2008年6月,甲向法院起诉,要求乙履行扶养义务。人民法院经审理查明,乙在其生父与生母离婚后由其母抚养,未与其父和继母共同生活,乙成年工作后与甲也没有来往,双方之间未形成抚养关系。遂判决驳回了甲的诉讼请求。

(二) 思考方向

兄、姐对未成年弟妹,并不必然发生法定的扶养义务,而是有条件的。兄、姐对未成年弟妹的扶养义务是第二顺序的,具有递补性质。上述案例中,人民法院判决驳回甲要求乙履行扶养义务的做法是否符合法律规定,应当依照法律规定的兄姐扶养弟妹的条件加以确定。

(三) 法律规定

《婚姻法》第29条 有负担能力的兄、姐,对于父母已经死亡或父母无力抚养的未成年的弟、妹,有扶养的义务。

(四) 学理分析

本案中,人民法院的判决是错误的。根据我国《婚姻法》的规定,有负担能力的兄、姐对父母已经死亡或其父母无力抚养的未成年弟、妹,有扶养的义务。这里的兄弟姐妹包括同胞的兄弟姐妹、同父异母或同母异父的兄弟姐妹、养兄弟姐妹以及形成扶养关系的继兄弟姐妹。

本案中,甲是乙的同父异母弟弟,而不是继兄弟,双方之间扶养权利义务的有无不存在是否形成抚养关系的判断。甲在未成年时父亲死亡,母亲精神失常丧失抚养能力;乙作为甲的同父异母兄长,年收入5万元左右,具有负担张某扶养费的能力,符合法律规定的承担扶养义务的条件,应当履行对甲进行扶养这一法定义务。

(五)自测案例

甲在2005年5月10日12岁时,因生父死亡,随生母与继父乙共同生活,乙对其进行了抚养教育,双方形成了抚养关系。乙的儿子丙在父母离婚后由生母抚养,乙再婚时丙已参加工作,月收入两千余元。2008年10月1日,乙夫妇携甲外出旅游时遇车祸双双死亡,甲虽幸免于难却丧失了生活来源,希望能得到丙的经济帮助,完成学业,丙拒绝了甲的要求。

问题:

1. 甲与乙之间拟制血亲的父子关系产生后,甲与丙之间是否必然产生拟制血亲的兄弟关系?

2. 丙作为甲的继兄,是否有扶养甲的义务?

七、弟、妹对兄、姐的扶养

根据我国《婚姻法》的有关规定,弟、妹在一定条件下产生对兄、姐的扶养义务,弟、妹对兄、姐的扶养义务为第二顺序,具有递补性质。

(一)案情简介

案例

甲4岁时父母离婚,甲随生母乙生活。一年后,乙再嫁于丙,甲随生母与继父丙共同生活,丙有一成年儿子丁。乙与丙婚后不久,在一次车祸中双双遇难,年幼的甲便在丁的扶养下长大。甲现为某私企老板,月收入两万余元,而丁婚后无子女,2006年5月因单位效益不好下岗,妻子没有工作,生活非常困难。丁便请求甲进行经济帮助,甲同意了丁的请求。

(二) 思考方向

由继兄、姐扶养长大的继弟、妹,属于《婚姻法》规定的具有权利义务关系的兄弟姐妹的范围。在上述案例中,甲是否有扶养丁的义务,应当依照法律规定的弟、妹对兄、姐履行扶养义务的条件加以确定。

(三) 法律规定

1. 《婚姻法》第29条　由兄、姐扶养长大的有负担能力的弟、妹,对于缺乏劳动能力又缺乏生活来源的兄、姐,有扶养的义务。

2. 《继承法》第10条第5款　本法所说的兄弟姐妹,包括同父母的兄弟姐妹、同父异母或者同母异父的兄弟姐妹、养兄弟姐妹、有扶养关系的继兄弟姐妹。

(四) 学理分析

本案中,甲对丁有法定的扶养义务。根据我国《婚姻法》的有关规定,有负担能力的接受兄、姐扶养长大的弟、妹,对缺乏劳动能力又无生活来源的兄、姐,有扶养的义务。兄、姐缺乏劳动能力又无生活来源,是指兄、姐没有第一顺序的扶养义务人或第一顺序的扶养义务人没有扶养能力。

本案中,甲与丁之间因丁的生父与甲的生母结婚而形成继兄弟关系。在甲因继父和生母死亡而无人抚养的情况下,丁承担了对甲的扶养义务,将其扶养成人,双方之间形成扶养关系。丁在年老丧失劳动能力又没有生活来源的情况下,有负担能力的甲应当承担对丁的扶养义务。只有这样,才能体现权利义务对等的原则,也有利于互敬互爱、团结和睦家庭关系的建立。

(五) 自测案例

甲兄弟姐妹四人,其为老大。其父母早亡,其弟妹三人均由甲扶养长大。甲婚后生有一子一女,均已结婚成家,生活富裕。现甲年老体弱,无劳动能力,子女不履行赡养费的支付义务。

问题:甲可否要求弟妹履行扶养义务?

第九章 监 护

监护是民法上为无民事行为能力人和限制民事行为能力人设定监督保护人的一项制度。所设定的监督保护人称为监护人,被保护的无民事行为能力人或限制民事行为能力人称为被监护人。监护人有四种设立方式:一是法定监护,二是指定监护,三是自愿监护,四是遗嘱监护。监护人应当认真履行监护职责,监护人不履行监护职责,实施有损被监护人利益的行为,经有关人员申请法院可以撤换监护人。

一、监护人的设立

(一) 案情简介

案例

甲与乙离婚后,婚生子丙归母亲乙抚养。丙6岁时乙因病死亡,丙由外祖母丁抚养。丙7岁时,甲得知了乙去世的消息,便要求将丙领回自己抚养,遭到丁的拒绝。甲以丁侵犯其监护权为由向人民法院提起诉讼,要求丁停止侵害。人民法院经审理认为,甲作为丙的父亲,是丙第一顺序的法定监护人,其监护人资格不因离婚时丙归乙抚养而消灭。在乙死亡的情况下,甲作为丙第一顺序的抚养人和监护人,有权直接对丙行使抚养权和监护权,他人无权干涉。遂判决支持了甲的诉讼请求。

(二) 思考方向

父母对未成年子女有抚养的权利和义务,同时又有监护的权利和义务;祖父母(外祖父)在一定条件下,对未成年的孙子女(外孙子女)有抚养的权利和义务,同时又有监护的权利和义务。父母或祖父母(外祖父母)对未成年人的抚养和监护的权利和义务,既是统一的又可能是分离的。上述案例中,人民法院支持甲诉讼请求的判决是否正确,应当以法定监护的条件加以确定。

(三) 法律规定

1.《民法通则》第 16 条 未成年人的父母是未成年人的监护人。

未成年人的父母已经死亡或者没有监护能力的,由下列人员中有监护能力的人担任监护人:

(一) 祖父母、外祖父母;

(二) 兄、姐;

(三) 关系密切的其他亲属、朋友愿意承担监护责任,经未成年人的父、母的所在单位或者未成年人住所地的居民委员会、村民委员会同意的。

对担任监护人有争议的,由未成年人的父、母的所在单位或者未成年人住所地的居民委员会、村民委员会在近亲属中指定。对指定不服提起诉讼的,由人民法院裁决。

没有第一款、第二款规定的监护人的,由未成年人的父、母的所在单位或者未成年人住所地的居民委员会、村民委员会或者民政部门担任监护人。

第 17 条 无民事行为能力或者限制民事行为能力的精神病人,由下列人员担任监护人:

(一) 配偶;

(二) 父母;

(三) 成年子女;

(四) 其他近亲属;

(五) 关系密切的其他亲属、朋友愿意承担监护责任,经精神病人的所在单位或者住所地的居民委员会、村民委员会同意的。

对担任监护人有争议的,由精神病人的所在单位或者住所地的居民委员会、村民委员会在近亲属中指定。对指定不服提起诉讼的,由人民法院裁决。

没有第一款规定的监护人的,由精神病人的所在单位或者住所地的居民委员会、村民委员会或者民政部门担任监护人。

2.《民法通则意见》第 11 条 认定监护人的监护能力,应当根据监护人的身体健康状况、经济条件,以及与被监护人在生活上的联系状况等因素确定。

第 14 条 人民法院指定监护人时,可以将民法通则第十六条第二款中的(一)、(二)、(三)项或者第十七条第一款中的(一)、(二)、(三)、(四)、(五)项规定视为指定监护人的顺序。前一顺序有监护资格的人无监护能力或者对被监护人明显不利的,人民法院可以根据对被监护人有利的原则,从后一顺序有监护资格的人中择优确定。被监护人有识别能力的,应视情况征求被监护人的意见。

监护人可以是一人,也可以是同一顺序中的数人。

第 15 条 有监护资格的人之间协议确定监护人的,应当由协议确定的监护人对被监护人承担监护责任。

第 21 条 夫妻离婚后,与子女共同生活的一方无权取消对方对该子女的监护权。但是,未与该子女共同生活的一方,对该子女有犯罪行为、虐待行为或者对该子女明显不利的,人民法院认为可以取消的除外。

(四)学理分析

本案中,人民法院的判决是正确的。未成年子女的父母是未成年人的监护人。父母对未成年子女的监护资格当然取得,只要子女出生,父母子女关系形成,父母即当然取得对未成年子女的监护权。父母离婚后,子女归一方抚养时,不抚养子女一方的监护权依然存在,与子女共同生活的一方无权根据自己的抚养权取消对方对该子女的监护权。父或母对未成年子女的直接抚养和监护关系可因父母的离婚与一方发生分离,但并不因为父或母一方的直接抚养和监护而导致对方抚养和监护权利的消灭。因此,当直接抚养和监护子女的一方死亡时,另一方作为未成年子女的第一顺序抚养权和监护权人,有权请求直接抚养和监护未成年子女,其他人不得干涉。

上述案例中,丙在母亲乙死亡、父亲甲无法取得联系的情况下,外祖母丁作为第二顺序的抚养人和监护人,有抚养和监护丙的义务。但当甲要求抚养和监护丙时,甲作为丙第一顺序的抚养权和监护人,有优先于丁对丙进行抚养和监护的权利和义务,丙应当由甲抚养和监护。因此,人民法院判决支持甲的诉讼请求是正确的。

(五) 自测案例

甲与乙系夫妻，双方感情较好。婚后不久，乙因遭受外力打击颅脑严重损伤，患上精神分裂症。转眼10年过去了，乙的病情没有任何好转的迹象，甲向人民法院提起离婚诉讼，请求解除与乙的婚姻关系。人民法院受理后，找到乙的父母，希望乙的父母能够承担对乙的监护职责。乙的父母虽刚过60周岁，身体健康，但拒绝监护乙。乙的姑姑同情甲的遭遇，自愿要求担任乙的监护人，并作为乙的法定代理人参与了甲与乙的离婚诉讼，并就离婚和财产分割问题与甲达成了调解。

问题：

1. 甲作为乙的配偶，在自己作为乙监护人的身份没有消灭时，能否起诉与乙离婚？

2. 乙的父母在有监护能力而拒绝担任乙监护人的情况下，人民法院能否根据甲与乙感情破裂的事实，判决准予甲与乙离婚？

3. 乙的姑姑自愿提出担任乙的监护人并经人民法院同意后，乙的姑姑以法定代理人的身份参与了甲与乙离婚纠纷案件，其代理行为是否发生法律效力？

4. 假设乙姑姑的代理行为有效，其就何种事项的代理能够产生代理的后果？

二、监护人的监护职责

(一) 案情简介

> **案例**
>
> 甲之父母乙丙2004年6月6日在一次空难事故中遇难死亡，保险公司支付保险赔偿金20万元（未指定受益人）；民航局支付赔偿金18万元。甲的祖母丁领取了上述赔偿款，甲监护权由丁行使。处理完乙丙的后事，甲被送进某寄宿中学就读，丁共为甲支付了学费和生活费5万元。2008年9月，甲满18周岁时考取了某大学，丁转交甲继承遗产

时扣除了甲学费和生活费 5 万元,但甲认为丁自己有抚育的义务,不应该用自己的继承所得支付学费和生活费,双方发生纠纷。甲起诉到人民法院,请求丁返还扣除的 5 万元。人民法院经审理认为,丁作为甲的监护人,有权为了被监护人的利益处分财产。丁用甲继承所得的财产为其支付学费和生活费,并不损害甲的利益。遂判决驳回了甲的诉讼请求。

(二) 思考方向

监护人对被监护人有监护职责。监护人依法履行监护的权利,受法律保护。监护人不履行监护职责或者侵害被监护人的合法利益的,应当承担责任,给被监护人造成财产损失的,应当赔偿损失。上述案例中,人民法院驳回甲诉讼请求的判决是否正确,应当依照法律关于监护人监护职责的规定加以确定。

(三) 法律规定

1.《民法通则》第 18 条 监护人应当履行监护职责,保护被监护人的人身、财产及其他合法权益,除为被监护人的利益外,不得处理被监护人的财产。

监护人依法履行监护的权利,受法律保护。

监护人不履行监护职责或者侵害被监护人的合法权益的,应当承担责任;给被监护人造成财产损失的,应当赔偿损失。人民法院可以根据有关人员或者有关单位的申请,撤销监护人的资格。

2.《民法通则意见》第 10 条 监护人的监护职责包括:保护被监护人的身体健康,照顾被监护人的生活,管理和保护被监护人的财产,代理被监护人进行民事活动,对被监护人进行管理和教育,在被监护人合法权益受到侵害或者与人发生争议时,代理其进行民事诉讼。

(四) 学理分析

本案中,人民法院的判决是正确的。甲的第一顺序监护人乙丙死亡,甲的祖母丁作为第二顺序的法定监护人,应当担任甲的监护人,履行监护职责。丁作为甲的监护人,有保护甲的人身和财产及其他合法权益不受侵害的义务,但法定监护人和其他监护人并不负有以自己的财产对被监护人进行抚养的义务。丁作为甲的祖母,在甲的父母死亡不能提供抚养费抚养甲的情况下,丁作为第二顺序的抚养义务人,有负担能力时对未成年的丙有抚养费的支付义务;如果丁没有负担能力或者丙有生活来源,丁即没有对丙支付抚养费的义务。但是,丁是否承担抚养义务,与其监护人资格的取得无关。丁对甲法定监护人资格的取得,只依据自己祖母的身份、甲第一顺序监护人死亡的条件。

本案中,丁作为甲的法定监护人,在甲因为继承取得遗产所有权的情况下,丁对甲没有抚养的义务,只有监护的义务。丁没有义务用个人财产来支付甲的生活和教育费用,甲的生活和教育费用应当以个人财产支付。丁用甲个人财产支付甲的教育费和生活费,属于为被监护人利益处分被监护人财产的履行监护职责行为,应当受法律保护。因此人民法院判决驳回甲诉讼请求是正确的。

(五) 自测案例

甲之父乙与母丙离婚后,甲由丙直接抚养并独自承担甲的抚养费用。2006年5月16日甲尚未成年时乙因病死亡,留有遗产若干。甲的祖父母与甲、丙协商乙的遗产处理问题时,甲的祖父母表示将分得的10万元遗产赠与甲,甲表示接受而丙则明确表示不同意接受赠与。2008年甲成年后要求到父亲留给自己的房屋中独自生活,遭到丙的反对,追问原因才知道丙在甲成年前为了避免房屋贬值已将房屋出卖给丁,并且办理了过户手续。房屋出卖后,房屋的价格开始下跌。

问题:

1. 甲未成年时接受赠与的行为是否应征得丙的同意?
2. 丙以法定代理人身份代理实施的不接受赠与行为是否有效?
3. 丙代理甲出卖房屋的行为是否有效?

三、监护人对被监护人致人损害责任的承担

(一) 案情简介

> **案 例**
>
> 甲因患精神病,于 2003 年 6 月与妻子离婚,随后被其母乙接回家中照料。2006 年 5 月的一天,甲挣脱乙束缚离家外出,乙紧随其后追赶,但因年事已高,被甲远远甩在后面。因在路上遭到丙等人的戏弄,甲被惹怒,随手抄起一块砖头扔去,导致丙右鼻翼穿透,住院 1 个月共花去医疗费 5000 元。丙要求乙赔偿。但乙认为是丙的挑逗行为激怒甲动手伤人,丙的损失完全是咎由自取,不同意赔偿。法院经审理判决:乙未尽到监护义务,应承担主要赔偿责任;丙戏弄甲引起事件发生也有过错,自行承担医疗费的 20%。

(二) 思考方向

监护人负有照管被监护人的生活、监督被监护人的行为的义务。被监护人致人损害时,监护人在一定条件下,应当就被监护人造成的损害后果,向受害人承担民事责任。上述案例中,人民法院判决乙对甲致丙损害承担民事赔偿责任的做法是否正确,应当依照法律规定的监护人对被监护人致人损害赔偿责任的构成条件加以确定。

(三) 法律规定

1.《民法通则》第 131 条 受害人对于损害的发生也有过错的,可以减轻侵害人的民事责任。

第 133 条 无民事行为能力人、限制民事行为能力人造成他人损害的,由监护人承担民事责任。监护人尽了监护责任的,可以适当减轻他的民事责任。

有财产的无民事行为能力人、限制民事行为能力人造成他人损害的,从本人财产中支付赔偿费用。不足部分,由监护人适当赔偿,但单位担任监护

人的除外。

2. 最高人民法院关于《审理人身损害赔偿案件适用法律若干问题的解释》第 2 条 受害人对同一损害的发生或者扩大有故意、过失的,依照民法通则第一百三十一条的规定,可以减轻或者免除赔偿义务人的赔偿责任。但侵权人因故意或重大过失致人损害,受害人只有一般过失的,不减轻赔偿义务人的赔偿责任。

适用民法通则第一百零六条第三款规定确定赔偿义务人的赔偿责任时,受害人有重大过失的,可以减轻赔偿义务人的赔偿责任。

(四) 学理分析

本案中,人民法院的判决是错误的。甲为无民事行为能力的精神病人,在其离婚后其配偶的监护权消灭,由其母作为监护人对其履行监护职责。乙对甲进行监护期间,甲离家外出是由于乙没有能力阻止,而不是其疏于管理造成的。甲走出家门后,乙即紧随其后追赶,还是因为年龄原因被甲远远甩在后面。因此,乙履行了监护职责,人民法院认定乙未尽监护职责违背本案事实。但是监护人对被监护人致人损害责任的承担适用无过错责任原则,监护职责的履行并不产生监护人民事责任免除的后果,只是减轻民事责任的条件。因此乙对甲致丙的损害应当承担赔偿责任,但应当减轻。甲致丙损害的发生,是因为丙对甲的挑逗行为引起的。丙在明知甲是精神病人的情况下戏弄甲,导致甲被激怒而对丙实施攻击行为,丙对后果的发生存在重大过失,应当减轻甲的赔偿责任,相应地乙的监护人责任也因受害人的重大过失而减轻。在乙尽了监护人职责、受害人丙有过错减轻侵害人甲民事责任的情况下,乙不应承担甲致丙损害的全部赔偿责任,只应当承担次要责任,丙本人应当承担主要责任。根据本案的实际情况,乙应承担 20% 的赔偿责任,其余 80% 的损失应由丙自行承担。

(五) 自测案例

甲为某小学三年级学生。某周日休息时,甲的母亲带甲到某公园游玩,碰上单位的同事带着刚上小学的乙,于是两位母亲便让甲和乙一起去玩。甲母和乙母聊天过程中忽然听到乙的哭声,过去一看是甲帮乙荡秋千时,乙没有抓牢从秋千上摔下来右臂骨折。经过治疗乙痊愈但花费医疗费 2000

元。乙母要求甲母承担,甲母认为乙母应该自行承担,双方无法达成协议。

问题:

1. 甲对乙的损害结果是否需要承担赔偿责任?
2. 乙对损害结果的发生是否有存在过错?
3. 如果甲要承担对乙损害的赔偿责任,应适用何种损害赔偿原则?

四、监护人监护职责的转移

(一)案情简介

> **案例**
>
> 　　甲和乙是邻居。一日甲因临时有事不能到幼儿园接孩子丙,便委托乙接孩子丁时顺便把丙接回,乙愉快地接受了委托。乙将自己孩子和丙从幼儿园接出后带着两个孩子到小区花园玩耍,因疏忽导致丙将丁从滑梯上推下,造成丁颅脑损伤,住院治疗2个月,花费医疗费用20000元。丁病愈出院后丁要求甲赔偿医疗费用及其他损失,甲则以丙是在乙看管期间造成丁损害的,应当由乙对丙的行为承担责任。乙代理丁向人民法院提起诉讼,请求丙赔偿丁损失人民币30000元。人民法院法院经过审理认为,乙在受委托履行对丙的监护职责期间,因看管不力导致丙致丁损害结果的发生,乙有过错,应当对丙的损害承担连带赔偿责任。乙作为丁的监护人和丁的连带债务人,已承担了丁的医药费等费用,丁的赔偿权利因乙赔偿义务的履行得以实现,甲作为监护人的赔偿责任因连带债务人的履行而消灭。遂判决驳回了丁的诉讼请求。

(二)思考方向

　　监护人的监护权是身份权,只可在特定当事人之间变更,不得任意转让。但监护人有权将监护职责的部分或者全部委托给他人行使。受托人在对被监护人履行监护职责期间,其身份是管理人而不是监护人,因此在被监护人致人损害时不承担监护人责任,只承担管理不当的过错责任,即受托人确有过错时,对被监护人造成的损害与监护人承担连带责任。上述案例中,人民法院驳回丁诉讼请求的判决是否正确,应当依照法律规定的受托人对被监护人致人损害承担民事责任的条件加以确定。

(三) 法律规定

1.《民法通则》第 133 条　无民事行为能力人、限制民事行为能力人造成他人损害的,由监护人承担民事责任。监护人尽了监护责任的,可以适当减轻他的民事责任。

有财产的无民事行为能力人、限制民事行为能力人造成他人损害的,从本人财产中支付赔偿费用。不足部分,由监护人适当赔偿,但单位担任监护人的除外。

2.《民法通则意见》第 22 条　监护人可以将监护职责部分或者全部委托给他人。因被监护人的侵权行为需要承担民事责任的,应当由监护人承担,但另有约定的除外;被委托人确有过错的,负连带责任。

(四) 学理分析

本案中,人民法院的判决是正确的。监护人甲有权将监护职责的部分或者全部委托给他人行使。受托人在履行监护职责期间,应当履行监护人应当履行的保护被监护人的身体健康,照顾被监护人的生活,管理和保护被监护人的财产,对被监护人进行管理和教育等职责,但因受托人并不取得监护人身份,因此监护人对被监护人的法定代理权不属于委托的监护职责范围。本案中,乙受甲委托负责接丙回家,乙在接受委托后有义务保证丙的人身安全,管理丙的行为,既要避免丙受到他人伤害,又要避免丙伤害他人。丙在乙照看期间致丁损害,甲尽管没有过错,但作为监护人仍应当承担民事赔偿责任,甲将监护职责委托给乙行使的事实不能对抗赔偿权利人。因此,丙对丁造成的损害,丁作为权利人提出赔偿请求后,甲作为丙的监护人应当向丁承担赔偿责任。

乙受托管理丙期间,因为疏忽导致丁受到丙的伤害,确有过错。根据《民法通则意见》第 22 条的规定,就丙致丁的损害,甲作为监护人不能以监护职责委托乙行使为由对抗丁的赔偿请求,但在双方没有免责约定的情况下,有权请求乙就丙对丁的损害与甲共同承担赔偿责任。

乙作为连带债务人,有义务承担丙对丁损害的全部赔偿责任。因为乙是丁的监护人,又是丁损害赔偿债权的连带债务人,丁的医疗费等损害赔偿费用已由乙承担后,丁因丙损害而产生的损害赔偿请求权因乙的履行而消灭,丁不再享有请求甲作为监护人承担丙对其损害进行赔偿的权利。因此,人民法院判决驳回丁的诉讼请求的做法是正确的。

(五)自测案例

甲为某小学五年级学生。某日课间休息时,甲和同班同学玩老鹰捉小鸡的游戏时,甲扮演的老鹰在捉乙扮演的小鸡时,乙在躲闪过程中摔倒,导致面部撞地鼻骨断裂。乙被送往医院治疗,住院20天花费医药费8000元。乙的父母请求甲的父母承担医药费用,甲的父母认为甲是在学校管理期间致乙受伤的,应当由学校承担赔偿责任。

问题:

1. 甲对乙的损害结果是否需要承担赔偿责任?

2. 如果甲要承担对乙损害的赔偿责任,应适用何种归责原则?

3. 甲没有财产承担赔偿责任时,甲对乙应承担的赔偿责任是由学校承担,还是甲的父母承担?

五、监护人的变更

(一)案情简介

> **案 例**
>
> 甲10周岁,生父因病去世,甲与母亲相依为命。不幸的是,两年后其母在一次车祸中受重伤,医治无效死亡。在为甲确定监护人时,甲的祖父母和外祖父母产生分歧,于是甲住所地的居民委员会指定由甲的祖父母担任监护人。甲的祖父母担任监护人期间,因甲顽皮难管,便与甲的外祖父母协商变更监护关系,甲的外祖父母表示同意,双方签订了变更监护人协议。甲在外祖父母监护期间,一次在公园玩耍时扔球砸中乙的眼部,造成乙眼角膜受伤,花去医疗费2万元。因对赔偿数额未

能协商一致,乙向法院提起诉讼,要求甲承担损害赔偿责任,甲外祖父母负连带责任。人民法院在审理过程中依职权追加甲的祖父母作为被告,并判决其与甲的外祖父母作为监护人,就甲对乙的损害,承担连带赔偿责任。

(二) 思考方向

有监护资格的人之间可以协议确定监护人,但应当按照法律规定的条件和方式进行。上述案例中,人民法院的判决甲的祖父母和外祖父母共同承担监护责任是否正确,应当依照监护人变更的条件和方式加以确定。

(三) 法律规定

《民法通则意见》第 15 条 有监护资格的人之间协议确定监护人的,应当由协议确定的监护人对被监护人承担监护责任。

第 18 条 监护人被指定后,不得自行变更。擅自变更的,由原被指定的监护人和变更后的监护人承担监护责任。

(四) 学理分析

本案中,人民法院的判决是正确的。监护人的变更有两种情况,一是依协议变更监护人。这适用于同一顺序的有监护资格的人通过协议方式确定监护人后,可以通过自行协商的方式变更监护人。变更监护人的协议生效后,原监护关系终止,新监护人行使监护职责。二是经指定变更监护人。这适用于指定监护的情况。监护人经有关单位或人民法院指定后,法定监护人的变更必须通过原指定单位指定,自行协商变更监护人的协议无效,不能产生原监护关系终止消灭的后果,只能认定协议中的新监护人是原监护人的监护受托人。对监护的后果,由原监护人和受委托人共同承担责任。

上述案例中,甲的祖父母作为甲的法定监护人,是经甲住所地的居民委员会指定产生的,其监护人的身份确定后,应当履行监护人职责。甲的祖父母要将监护人变更为甲的外祖父母,必须经过甲住所地的居民委员会的重新指定,不得通过协议的方式自行变更。甲的祖父母和外祖父母通过协议的方式对监护人所做的变更无效,应当共同对监护后果承担责任。因此,甲的祖父母和外祖父母应当共同承担监护责任,对被监护人甲造成的乙的损害,应当共同承担监护人责任。

(五)自测案例

甲婚前患有神经性强迫症被送到医院治疗,病情好转出院后,2005年6月8日与乙登记结婚。婚后双方感情较好,并与甲父丙共同生活,但丙一直向乙隐瞒甲患病的事实。2007年1月1日,甲乘乙熟睡之机,持砖头击打乙,造成乙轻伤的后果,花费医药费2000元。这时丙才将甲患过精神病的事实告诉乙,乙坚决要求离婚。乙经过和丙协商,确定丙为甲的监护人后,乙向人民法院提起离婚诉讼,丙作为甲的法定代理人参加了诉讼。人民法院经审理后判决准予乙与甲离婚。之后,乙要求丙承担甲造成自己伤害的赔偿责任,丙以当时乙是甲的监护人为由,拒绝了乙的请求。

问题:

1. 乙与丙之间确定监护人的协议是否具有法律效力?
2. 甲对乙造成的损害,丙是否应当承担监护人民事赔偿责任?

六、监护人资格的撤销

(一)案情简介

案例

甲乙婚后生一女丙。甲对乙生女儿很是不满,乙生产期间甲将乙丙母女放在医院不管不问,出院后,仍是冷若冰霜。乙不能忍受甲的冷淡,提出离婚,甲同意离婚。双方到婚姻登记机关办理登记离婚后,丙由乙直接抚养。离婚后,乙带丙与母亲丁共同生活,甲依约按时向丙支付抚养费,但从不探望。乙积郁成疾,在丙2周岁时撒手人寰。甲因再婚后妻子无生育能力,要求将丙领回抚养。丙的外祖母丁则向人民法院申请撤销甲的监护人资格,选任自己担任丙的监护人。人民法院经审理查明,丁身体健康,品德优良,与丙感情很深,唯经济条件相对差一些。遂裁决撤销了甲的监护资格,指定丁担任丙的监护人。

（二）思考方向

监护人不履行监护职责或者侵害被监护人的合法权益时，人民法院可以根据有关人员或者有关单位的申请，撤销监护人的资格。前一顺序监护人的监护资格被取消以后，人民法院可以根据对被监护人有利的原则，从后一顺序有监护资格的人中择优确定。上述案例中，人民法院裁决撤销甲的监护人资格、指定丁作为监护人是否正确，应当依照法律规定的监护人撤销的条件加以确定。

（三）法律规定

1.《民法通则》第 18 条 监护人应当履行监护职责，保护被监护人的人身、财产及其他合法权益，除为被监护人的利益外，不得处理被监护人的财产。

监护人依法履行监护的权利，受法律保护。

监护人不履行监护职责或者侵害被监护人的合法权益的，应当承担责任；给被监护人造成财产损失的，应当赔偿损失。人民法院可以根据有关人员或者有关单位的申请，撤销监护人的资格。

2.《民法通则意见》第 21 条 夫妻离婚后，与子女共同生活的一方无权取消对方对该子女的监护权。但是，未与该子女共同生活的一方，对该子女有犯罪行为、虐待行为或者对该子女明显不利的，人民法院认为可以取消的除外。

（四）学理分析

本案中，人民法院的判决是正确的。甲乙离婚后，丙归乙抚养，但甲对丙仍有监护权。在乙死亡后，甲作为丙第一顺序的监护权人和抚养权人，有权将丙领回，直接行使抚养权和监护权。但甲自丙出生后，从未对丙产生父女之情，也未履行监护职责，甲作为监护人对丙明显不利，符合监护权被取消的条件。丁作为第二顺序有监护资格的人，一直与丙共同生活，协助丙的母亲对其进行抚养，在甲的监护权被取消后，由丁作为丙的监护人行使监护人，对丙的成长有利。丁虽然经济条件较差，但对被监护人没有经济上帮助并不是监护人的职责范围。从另一个角度讲，原第一顺序监护人甲监护资格的取消,并不消除其作为丙的生父对丙进行抚养的权利和义务,因此丙的监护人由甲变更为丁后,甲对丙仍有支付抚养费的义务。因此,人民法院根据监护人丁的身体健康状况以及与被监护人丙在生活上的联系状况等因素,确定丁为丙的监护人,是适当的。

(五) 自测案例

甲乙离婚后,婚生子丙归父亲甲抚养。甲经济条件较好,对丙也很有耐心,丙在甲的抚养下健康成长。但这种局面在甲再婚后发生了根本的改变。丙的继母丁对丙有抵触情绪,丙经常遭到丁的漫骂,渐渐地甲也开始虐待丙。乙看到这种情况心疼不已,要求甲提出履行监护职责也无效果,于是向人民法院申请撤销甲的监护人资格,由自己单独对丙行使监护权;同时请求变更抚养关系,要求抚养丙,甲每月支付抚养费500元。

问题:

1. 乙是否有权申请取消甲的监护人资格?
2. 乙是否有权在申请变更监护人的同时,请求变更抚养关系?

第十章　特殊婚姻家庭关系

一、涉外结婚

涉外结婚,是指中国公民与外国人或外国人与外国人在中国内地结婚或复婚的法律行为。根据"结婚适用婚姻缔结地法律"的原则,涉外婚姻的成立应当符合我国《婚姻法》规定的结婚条件并履行结婚登记手续。

(一)案情简介

> **案例**
>
> 甲系加拿大某跨国公司在华机构的工作人员,加拿大人,现年26周岁。在华工作期间,甲在与中国朋友的聚会中,认识了某市公安局城关派出所户籍民警乙,双方一见钟情,决定于2003年12月1日在中国内地结婚,并按照中国的习俗举行婚礼。当双方持婚姻登记所需证件和有关证明材料到婚姻登记机关申请结婚登记时,婚姻登记机关工作人员以乙的身份不符合结婚条件为由,拒绝为其办理结婚登记。

(二)思考方向

涉外婚姻关系的建立,不仅直接决定双方当事人的权利和义务,有时还会影响到国家的利益和安全,因此我国法律对涉外结婚的条件和程序作出了严格的规定。只有在符合我国《婚姻法》规定的条件并履行了结婚登记程序后,涉外婚姻关系才具有法律效力。上述案例中,婚姻登记机关对甲和乙的结婚申请不予登记的做法是否符合法律规定,应当依照法律规定的涉外结婚主体条件加以确定。

（三）法律规定

1.《民法通则》第 147 条　中华人民共和国公民和外国人结婚适用婚姻缔结地法律，离婚适用受理案件的法院所在地法律。

2.《婚姻法》第 8 条　要求结婚的男女双方必须亲自到婚姻登记机关进行结婚登记。符合本法规定的，予以登记，发给结婚证。取得结婚证，即确立夫妻关系。未办理结婚登记的，应当补办登记。

3.《中国公民同外国人办理婚姻登记的几项规定》（1983 年 8 月 26 日）**第 4 条**　下列中国公民不准同外国人结婚：（一）现役军人、外交人员、公安人员、机要人员和其他掌握重大机密的人员；（二）正在接受劳动教养和服刑的人。

4.《婚姻登记条例》第 2 条第 2 款　中国公民同外国人，内地居民同香港特别行政区居民（以下简称香港居民）、澳门特别行政区居民（以下简称澳门居民）、台湾地区居民（以下简称台湾居民）、华侨办理婚姻登记的机关是省、自治区、直辖市人民政府民政部门或者省、自治区、直辖市人民政府民政部门确定的机关。

第 4 条第 2 款　中国公民同外国人在中国内地结婚的，内地居民同香港居民、澳门居民台湾居民、华侨在中国内地结婚的，男女双方应当共同到内地居民常住户口所在地的婚姻登记机关办理结婚登记。

第 5 条第 1、4 款　办理结婚登记的内地居民应当出具下列证件和证明材料：

（一）本人的户口簿、身份证；

（二）本人无配偶以及与对方当事人没有直系血亲和三代以内旁系血亲关系的签字声明。

办理结婚登记的香港居民、澳门居民、台湾居民应当出具下列证件和证明材料：

（一）本人的有效通行证、身份证；

（二）经居住地公证机构公证的本人无配偶以及与对方当事人没有直系血亲和三代以内旁系血亲关系的签字声明。

办理结婚登记的外国人应当出具下列证件和证明材料：

（一）本人的有效护照或者其他有效的国际旅行证件；

（二）所在国公证机构或者有权机关出具的、经中华人民共和国驻该国使（领）馆认证或者该国驻华使（领）馆认证的本人无配偶的证明，或者所在国驻华使(领)馆出具的本人无配偶的证明。

第 6 条 办理结婚登记的当事人有下列情形之一的,婚姻登记机关不予登记:

(一) 未到法定结婚年龄的;

(二) 非双方自愿的;

(三) 一方或双方已有配偶的;

(四) 属于直系血亲或者三代以内旁系血亲的;

(五) 患有医学上认为不应当结婚的疾病的。

第 7 条 婚姻登记机关应当对结婚登记当事人出具的证件、证明材料进行审查并询问相关情况。对当事人符合结婚条件的,应当当场予以登记,发给结婚证;对当事人不符合结婚条件不予登记的,应当向当事人说明理由。

(四) 学理分析

本案中,婚姻登记机关对甲和乙的结婚申请不予登记的做法是错误的。2003 年 10 月 1 日《婚姻登记条例》实施以前,根据 1983 年民政部颁布实施的《中国公民同外国人办理婚姻登记的几项规定》,下列中国公民不准同外国人结婚:一类是现役军人、外交人员、公安人员、机要人员和其他掌握重大机密的人员;另一类是正在接受劳动教养和服刑的人。《婚姻登记条例》实施后,《婚姻登记管理办法》自然废止,与该办法有关的规定包括《中国公民同外国人办理婚姻登记的几项规定》也应当废止,这样同外国人结婚的中国公民的主体资格的限制就失去了法律根据。按照《婚姻登记条例》,中国公民同外国人在中国内地结婚,如果双方当事人出具的证件和证明材料符合《婚姻登记条例》的要求,当事人又不具备《婚姻登记条例》不予登记的情形,婚姻登记机关应当对当事人的申请当场予以登记,发给结婚证。当然,如果上述中国公民所在机关对其同外国人在中国内地结婚有限制性规定的,中国公民应当遵守所在机关的规定。

本案中,甲和乙的结婚申请为涉外结婚。乙虽为公安人员,但《婚姻登记条例》中对与外国人结婚的中国公民的主体资格没有作出限制性规定。因此婚姻登记机关在对甲和乙出具的证件、证明材料进行审查并询问相关情况后,仅以乙的身份不符合同外国人结婚的条件为由拒绝为其办理结婚登记的做法是错误的。

(五) 自测案例

保罗系比利时某电气公司工程师,未婚,现年28周岁。在华工作期间,保罗与中国公民李莉建立恋爱关系,双方决定2002年春节在中国境内举行婚礼。2002年1月10日双方持所需证件和有关证明材料到李莉户籍所在地的县级婚姻登记机关申请结婚登记。婚姻登记机关经过审查,认为双方的结婚申请符合《婚姻法》和《中国公民同外国人办理婚姻登记的几项规定》的规定,准予登记,为其办理了结婚登记手续,发放了结婚证。

问题:该婚姻登记机关为保罗和李莉进行结婚登记、发放结婚证的行为是否符合法律规定?

二、涉外离婚

涉外离婚,是指中国公民与外国人、外国人与外国人之间在中国内地按照我国法律办理离婚的法律行为。在中国内地的涉外离婚,根据"离婚适用受理案件的法院所在地法律"的规定,涉外离婚必须符合我国《婚姻法》关于离婚条件和程序的规定。

(一) 案情简介

案例

甲(女)系某大学英语系毕业生,Willson是该大学法籍教师。俩人于2005年2月自由恋爱,2006年1月10日在中国内地登记结婚。2006年10月3日,婚生子乙出生。由于婚前缺乏充分了解,加上中西方文化的差异,婚后生活没有了恋爱时的甜蜜与浪漫,代之以无休止的矛盾。甲渐渐厌倦了跨国婚姻生活,遂与Willson协商离婚。Willson同意离婚,双方签署了离婚协议书。2008年12月6日,甲与Willson共同到婚姻登记机关申请离婚登记。婚姻登记机关对双方当事人出具的证件、证明材料进行审查并询问了相关情况后,认为双方符合登记离婚条件,当场予以登记,向甲和Willson发放了离婚证。

（二）思考方向

涉外离婚同中国内地公民之间的离婚一样，首先会引起双方身份关系、子女的抚养、财产的分割方面的变化，同时由于涉外离婚的一方当事人为外国人，婚姻关系解除的效力还存在得到外国人本国法律承认的问题，因此法律对涉外离婚程序作出了特殊的规定。上述案例中，婚姻登记机关受理甲和 Willson 的离婚申请并向其发放离婚证的做法是否符合法律规定，应当依照法律规定的涉外离婚条件和程序加以确定。

（三）法律规定

1.《婚姻法》第 31 条　男女双方自愿离婚的，准予离婚。双方必须到婚姻登记机关申请离婚。婚姻登记机关查明双方确实是自愿并对子女和财产问题已有适当处理时，发给离婚证。

第 32 条第 3 款　有下列情形之一，调解无效的，应准予离婚：(1) 重婚或有配偶者与他人同居的；(2) 实施家庭暴力或虐待、遗弃家庭成员的；(3) 有赌博、吸毒等恶习屡教不改的；(4) 因感情不和分居满二年的；(5) 其他导致夫妻感情破裂的情形。

2.《婚姻登记条例》第 10 条第 2 款　中国公民同外国人在中国内地自愿离婚的，内地居民同香港居民、澳门居民、台湾居民、华侨在中国内地自愿离婚的，男女双方应当共同到内地居民常住户口所在地的婚姻登记机关办理离婚登记。

第 11 条　办理离婚登记的内地居民应当出具下列证件和证明材料：

（一）本人的户口簿、身份证；

（二）本人的结婚证；

（三）双方当事人共同签署的离婚协议书。

办理离婚登记的香港居民、澳门居民、台湾居民、华侨、外国人除应当出具前款第（二）项、第（三）项规定的证件、证明材料外，香港居民、澳门居民、台湾居民还应当出具本人的有效通行证、身份证，华侨、外国人还应当出具本人的有效护照或者其他有效国际旅行证件。

离婚协议书应当载明双方当事人自愿离婚的意思表示以及对子女抚养、财产及债务处理等事项协商一致的意见。

第12条 办理离婚登记的当事人有下列情形之一的,婚姻登记机关不予受理:

(一)未达成离婚协议的;

(二)属于无民事行为能力人或者限制行为能力人的;

(三)其结婚登记不是在中国内地办理的。

第13条 婚姻登记机关应当对离婚登记当事人出具的证件、证明材料进行审查并询问相关情况。对当事人确属自愿离婚,并已对子女抚养、财产、债务等问题达成一致处理意见的,应当当场予以登记,发给离婚证。

3.《中华人民共和国民法通则》第147条 中华人民共和国公民和外国人结婚适用婚姻缔结地法律,离婚适用受理案件的法院所在地法律。

4.《中华人民共和国民事诉讼法》第19条 中级人民法院管辖下列第一审民事案件:(一)重大涉外案件;(二)在本辖区有重大影响的案件;(三)最高人民法院确定由中级人民法院管辖的案件。

第23条 下列民事诉讼,由原告住所地人民法院管辖;原告住所地与经常居住地不一致的,由原告经常居住地人民法院管辖:(一)对不在中华人民共和国领域内居住的人提起的有关身份关系的诉讼。(二)对下落不明或者宣告失踪的人提起的有关身份关系的诉讼;(三)对被劳动教养的人提起的诉讼;(四)对被监禁的人提起的诉讼。

(四)学理分析

本案中,婚姻登记机关对甲和 Willson 的离婚申请予以登记是正确的。中国公民和外国人有权在我国内地按照我国法律规定的离婚条件和程序解除婚姻关系。如果当事人的结婚登记是在中国内地办理的,可通过离婚登记程序或诉讼离婚程序解除;如果当事人的结婚登记不是在中国内地办理的,则只能通过诉讼程序解除。

本案中,甲与 Willson 的婚姻为中国公民与外国人之间的涉外婚姻,双方的结婚登记是在中国内地办理的。因双方自愿离婚,并对子女抚养、财产等问题达成一致处理意见,向婚姻登记机关出具的证件和证明材料符合规定,婚姻登记机关根据《婚姻法》和《婚姻登记条例》的规定对当事人的离婚申请予以登记是正确的。

(五) 自测案例

甲与乙(女)于1999年4月16日在香港登记结婚。婚后没有生育子女,亦没有共同的债权债务。2004年5月,乙自费到美国留学,并于2006年2月6日加入美国国籍。2006年5月乙向甲提出离婚请求,甲表示同意。2006年12月20日,乙回国与甲签署了离婚协议书。2006年12月28日,双方共同到甲户籍所在地的婚姻登记机关申请离婚登记。

问题:
1. 婚姻登记机关能否受理甲与乙的离婚申请?
2. 如果受理,受理之后是否应当为其办理离婚登记?

三、涉外收养

涉外收养是指外国人在中国收养中国公民为养子女。收养人与送养人订立书面收养协议后,应当持有关证件和证明材料,共同到被收养人户籍所在地的省级人民政府的民政部门办理收养登记。

(一) 案情简介

> **案 例**
>
> 约翰夫妇系英国驻华工作的专家。约翰夫妇在一次参观福利院时,喜欢上一名3岁孤儿陈某。经过几次接触,约翰夫妇决定收养陈某。夫妇二人回国办理了有关证明材料,通过了英国外交机关和我国驻英国使馆的认证,并与福利院订立了收养协议。约翰夫妇同福利院的负责人到民政部门办理登记手续时,工作人员在审查材料时发现,约翰夫妇其他条件都符合我国《收养法》的规定,也符合英国收养法的规定,但双方已生有3个子女,于是拒绝办理登记手续。

(二) 思考方向

外国人收养中国公民的子女,无论是在收养条件还是在收养程序方面,我国法律都作了明确、严格的规定。只有在符合我国收养法律的规定,并应当符合收养人所在国有关收养法律的规定的情况下,收养关系才能成立。上述案例中,约翰夫妇收养陈某的申请是否符合我国法律的规定,应当依照收养法规定的外国人在华收养子女的条件加以确定。

（三）法律规定

1.《收养法》第 21 条　外国人依照本法可以在中华人民共和国收养子女。外国人在中华人民共和国收养子女,应当经其所在国主管机关依照该国法律审查同意。收养人应当提供由其所在国有权机构出具的有关收养人的年龄、婚姻、职业、财产、健康、有无受过刑事处罚等状况的证明材料,该证明材料应当经其所在国外交机关或者外交机关授权的机构认证,并经中华人民共和国驻该国使领馆认证。该收养人应当与送养人订立书面协议,亲自向省级人民政府民政部门登记。收养关系当事人各方或者一方要求办理收养公证的,应当到国务院司法行政部门认定的具有办理涉外公证资格的公证机构办理收养公证。

2.《外国人在中华人民共和国收养子女登记办法》(1999 年 5 月 25 日民政部令第 15 号) 第 3 条　外国人在华收养子女,应当符合中国有关收养法律的规定,并应当符合收养人所在国有关法律的规定；因收养人所在国法律的规定与中国法律的规定不一致而产生的问题,由两国政府有关部门协商处理。

第 4 条　外国人在华收养子女,应当通过所在国政府或者政府委托的收养组织(以下简称外国收养组织)向中国政府委托的收养组织(以下简称中国收养组织)转交收养申请并提交收养人的家庭情况报告和证明。前款规定的收养人的收养申请、家庭情况报告和证明,是指由其所在国有权机构出具,经其所在国外交机关或者外交机关授权的机构认证,并经中华人民共和国驻该国使馆或者领馆认证的下列文件：(一) 跨国收养申请书；(二) 出生证明；(三) 婚姻状况证明；(四) 职业、经济收入和财产状况证明；(五) 身体健康检查证明；(六) 有无受过刑事处罚的证明；(七) 收养人所在国主管机关同意其跨国收养子女的证明；(八) 家庭情况报告,包括收养人的身份、收养合格性和适当性、家庭状况和病史、收养动机以及适合于照顾儿童的特点等。在华工作或者学习连续居住 1 年以上的外国人在华收养子女,应当提交前款规定的除身体健康检查证明以外的文件,并应当提交在华所在单位或者有关部门出具的婚姻状况证明,职业、经济收入或者财产状况证明,有无受过刑事处罚证明以及县级以上医疗机构出具的身体健康检查证明。"

第5条 送养人应当向省、自治区、直辖市人民政府民政部门提交本人的户口簿和居民身份证(社会福利机构作送养人的,应当提交其负责人的身份证件)、被收养人的户籍证明等情况证明,并根据不同情况提交有关证明材料。

第8条 外国人来华收养子女,应当亲自来华办理登记手续。夫妻共同收养的,应当共同来华办理收养手续;一方因故不能来华的,应当书面委托另一方。委托书应当经所在国公证和认证。外国人来华收养子女,应当与收养人订立书面收养协议。书面协议订立后,收养关系当事人应当共同到被收养人常住户口所在地的省、自治区、直辖市人民政府民政部门办理收养登记。

第10条 收养关系当事人办理收养登记时,应当填写外国人来华收养子女登记申请书并提交收养协议,同时分别提供有关材料。收养人应当提供下列材料:(一)中国收养组织发出的来华收养子女通知书;(二)收养人的身份证件和照片。送养人应当提供下列材料:(一)省、自治区、直辖市人民政府民政部门发出的被收养人已被同意收养的通知;(二)送养人的居民户口簿和居民身份证(社会福利机构作送养人的,为其负责人的身份证件)、被收养人的照片。

第11条第1款 收养登记机关收到外国人来华收养子女登记申请书和收养人、被收养人及其送养人的有关材料后,应当自次日起7日内进行审查,对符合本办法第十条规定的,为当事人办理收养登记,发给收养登记证书。收养关系自登记之日起成立。

(四)学理分析

本案中,工作人员拒绝为约翰夫妇办理收养登记是错误的。根据《收养法》及《外国人在中华人民共和国收养子女实施办法》的规定,外国人收养中国公民为养子女的,收养应当符合我国收养法关于收养实质要件的规定,即被收养人、收养人、送养人条件合法,同时不得违反收养人所在国法律的规定。因为收养是在收养人与被收养人之间建立亲子关系的行为,如果收养因为违反收养人所在国法律而被确认无效时,必然会对被收养人的产生不利影响。收养符合法律规定条件的,收养人与送养人订立书面收养协议后,应当共同到省级人民政府民政部门办理收养登记。收养关系自登记之日起成立。

本案中,约翰夫妇其他条件都符合,只是在国外已有3个孩子,但其收养的是社会福利机构抚养的弃婴和儿童,不应受无子女的限制。因此,约翰夫妇对陈某的收养是完全符合我国法律规定的收养条件的,收养登记机关工作人员应当为其办理收养登记。

(五)自测案例

露西,意大利人,在丈夫去世后,便带着孩子汤姆来到中国。在中国工作期间,认识了离异单身的中国公民王某,两人登记结婚。婚后夫妻双方与汤姆及王某的6岁的儿子王灿组成了一个温暖的四人家庭。露西非常喜欢王灿,打算收他为养子,于是与丈夫商量,王某表示同意。在征得王灿生母同意后,夫妻二人在准备好所有证件和证明材料后,到当地(县级)民政部门申请办理收养登记手续。工作人员在认真审查了相关的材料后,为其办理了登记手续。

问题:
1. 露西对王灿的收养是否为涉外收养?
2. 民政部门为露西办理收养登记手续的做法是否正确?

四、涉侨、涉港澳台的结婚登记

(一)案情简介

案例

严某侨居美国,现年25周岁。2005年5月与国内某机关公务员田某确定恋爱关系,双方商定在我国内地登记结婚。2006年12月8日,双方共同到田某户口所在地的省级婚姻登记机关申请结婚登记。婚姻登记机关工作人员对双方交验的证件、证明进行审查后,认为双方的申请符合结婚条件,即时予以登记,发给结婚证。

（二）思考方向

华侨、港澳台同胞为中华人民共和国公民，与国内或内地公民结婚，应当适用我国法律。但因华侨、港澳台同胞，长期在大陆以外的国家和地区工作、生活，法律对其同国内或内地公民办理结婚登记的程序作出了特别规定。只有在符合特别规定的情况下，华侨同国内公民、港澳台同胞同内地公民的结婚申请，才能被婚姻登记机关予以登记确认。在上述案例中，婚姻登记机关为严某和田某发放结婚证的做法是否符合法律规定，应当依照法律规定的华侨同国内公民结婚的特别规定加以确定。

（三）法律规定

1.《婚姻登记条例》第 2 条第 2 款 中国公民同外国人，内地居民同香港特别行政区居民（以下简称香港居民）、澳门特别行政区居民（以下简称澳门居民）、台湾地区居民（以下简称台湾居民）、华侨办理婚姻登记的机关是省、自治区、直辖市人民政府民政部门或者省、自治区、直辖市人民政府民政部门确定的机关。

第 4 条第 2 款 中国公民同外国人在中国内地结婚的，内地居民同香港居民、澳门居民台湾居民、华侨在中国内地结婚的，男女双方应当共同到内地居民常住户口所在地的婚姻登记机关办理结婚登记。

第 5 条第 1、2、3 款 办理结婚登记的内地居民应当出具下列证件和证明材料：

（一）本人的户口簿、身份证；

（二）本人无配偶以及与对方当事人没有直系血亲和三代以内旁系血亲关系的签字声明。

办理结婚登记的香港居民、澳门居民、台湾居民应当出具下列证件和证明材料：

（一）本人的有效通行证、身份证；

（二）经居住地公证机构公证的本人无配偶以及与对方当事人没有直系血亲和三代以内旁系血亲关系的签字声明。

办理结婚登记的华侨应当出具下列证件和证明材料：

（一）本人的有效护照；

（二）居住国公证机构或者有权机关出具的、经中华人民共和国驻该国使（领）馆认证的本人无配偶以及与对方当事人没有直系血亲和三代以内旁系血亲关系的证明，或者中华人民共和国驻该国使（领）馆认证的本人无配偶以及与对方当事人没有直系血亲和三代以内旁系血亲关系的证明。

第7条 婚姻登记机关应当对结婚登记当事人出具的证件、证明材料进行审查并询问相关情况。对当事人符合结婚条件的，应当当场予以登记，发给结婚证；对当事人不符合结婚条件不予登记的，应当向当事人说明理由。

2.《婚姻法》第8条 要求结婚的男女双方必须亲自到婚姻登记机关进行结婚登记。符合本法规定的，予以登记，发给结婚证。取得结婚证，即确立夫妻关系。未办理结婚登记的，应当补办登记。

（四）学理分析

本案中，婚姻登记机关为严某和田某办理婚姻登记的做法是正确的。根据《婚姻登记条例》的规定，华侨同国内公民、港澳台同胞同内地公民办理婚姻登记，必须符合我国《婚姻法》规定的结婚条件。与国内公民之间的婚姻登记相比，特别之处在于对当事人须持证件的要求和办理登记的婚姻登记管理机关的级别不同。办理涉侨、涉港澳台居民结婚登记的机关，是内地居民常住户口所在地的省、自治区、直辖市人民政府民政部门或者省、自治区、直辖市人民政府民政部门确定的机关。

本案中，严某和田某的婚姻为涉侨婚姻。双方当事人在符合《婚姻法》规定的结婚条件的情况下，持《婚姻登记条例》要求的证件和证明材料，到内地一方田某常住户口所在地的婚姻登记管理机关申请结婚登记，其申请符合法律规定，应当予以登记。

（五）自测案例

吕某（男）系台湾来大陆探亲人员，无配偶。在旅游途中，与大陆女青年吴某一见钟情，双方决定在大陆结婚。2006年10月28日，双方持办理婚姻登记所需的证件和证明材料，到吴某户口所在地的县级婚姻登记管理机关申请结婚登记。婚姻登记机关经过审查认为双方的申请符合《婚姻法》和《大陆居民与台湾居民婚姻登记管理暂行办法》的规定，为其办理了结婚登记，发放了结婚证。

问题：

1. 婚姻登记机关为吕某和吴某办理结婚登记所适用的法律法规是否正确？

2. 婚姻登记机关为吕某和吴某发放的结婚证书是否有效？

五、涉侨、涉港澳台的离婚登记

（一）案情简介

案例

甲为台湾居民，乙（女）为内地居民，双方于1998年7月10日在美国注册结婚。婚后因为工作关系，在结婚不满一周年时，双方分别回到各自的居住地，开始分居生活。2007年11月10日，甲在香港连续停留8个月后来到大陆，请求与乙解除婚姻关系，乙表示同意，双方签署了离婚协议书。随后双方持协议书和办理离婚登记所需的证件和证明材料，到乙常住户口所在地的省级婚姻登记管理机关申请离婚登记。婚姻登记管理机关经过审查，认为双方当事人的离婚申请符合法律规定，当场予以登记，发给离婚证。

（二）思考方向

华侨、港澳台同胞为中华人民共和国公民，其与国内或内地居民在中国内地自愿离婚的，应当符合我国法律规定的离婚条件并按照我国法律规定的离婚程序登记离婚。在上述案例中，婚姻登记机关为甲和乙办理离婚登记的做法是否符合法律规定，应当依照法律规定的台湾居民同内地居民自愿离婚登记的规定加以确定。

（三）法律规定

《婚姻登记条例》第 10 条第 2 款 中国公民同外国人在中国内地自愿离婚的，内地居民同香港居民、澳门居民、台湾居民、华侨在中国内地自愿离婚的，男女双方应当共同到内地居民常住户口所在地的婚姻登记机关办理离婚登记。

第 11 条 办理离婚登记的内地居民应当出具下列证件和证明材料：

（一）本人的户口簿、身份证；

（二）本人的结婚证；

（三）双方当事人共同签署的离婚协议书。

办理离婚登记的香港居民、澳门居民、台湾居民、华侨、外国人除应当出具前款第（二）项、第（三）项规定的证件、证明材料外，香港居民、澳门居民、台湾居民还应当出具本人的有效通行证、身份证，华侨、外国人还应当出具本人的有效护照或者其他有效国际旅行证件。

离婚协议书应当载明双方当事人自愿离婚的意思表示以及对子女抚养、财产及债务处理等事项协商一致的意见。

第 12 条 办理离婚登记的当事人有下列情形之一的，婚姻登记机关不予受理：

（一）未达成离婚协议的；

（二）属于无民事行为能力人或者限制行为能力人的；

（三）其结婚登记不是在中国内地办理的。

第 13 条 婚姻登记机关应当对离婚登记当事人出具的证件、证明材料进行审查并询问相关情况。对当事人确属自愿离婚，并已对子女抚养、财产、债务等问题达成一致处理意见的，应当当场予以登记，发给离婚证。

（四）学理分析

本案中，婚姻登记管理机关为甲和乙办理离婚登记的做法是错误的。根据《婚姻登记条例》的有关规定，内地居民同香港居民、澳门居民、台湾居民、华侨在中国内地登记离婚应当具备的首要条件是结婚登记是在中国内地办理的。本案中，甲和乙的离婚申请，虽符合《婚姻法》规定的离婚条件，所持证件和证明材料也符合《婚姻登记条例》的规定，但双方的结婚登记不是在中国内地办理而是在美国办理的,因此婚姻登记机关对其离婚申请不应予以受理。婚姻登记机关受理甲和乙的离婚申请并为其办理离婚登记的做法,违反了《婚姻登记条例》的规定,其发放离婚证的行为是无效的。

(五)自测案例

王某为旅法华侨,丁某(女)为内地居民,双方于2000年7月20日在中国内地登记结婚。婚后因为语言、文化背景等方面存在的极大差异,双方难以共同生活,王某离开中国回到法国,双方开始分居生活。2007年12月10日,王某请求与丁某解除婚姻关系,丁某表示同意,双方签署了离婚协议书。随后,双方持协议书和办理离婚登记所需的证件和证明材料,到丁某常住户口所在地的婚姻登记管理机关申请离婚登记。婚姻登记管理机关经过审查并询问了相关情况后,认为双方的离婚申请符合法律规定,当场予以登记,向王某和丁某发放了离婚证。

问题:婚姻登记机关向双方发放离婚证的做法是否正确?

第十一章　继承法概述

现代法学意义上的继承仅指财产继承,是指因人的死亡而由与其有一定亲属关系的生存人概括继承其死亡财产的法律制度。我国继承法目前虽采单行法的形式,但本质上依然属于法典主义。继承法中包括继承,还包括一些与继承关系密切的遗赠、遗赠扶养协议等内容。

一、继承的种类

根据不同的标准,继承可以分为不同类型:(1)祭祀继承、身份继承及财产继承;(2)有限制继承与无限制继承;(3)单独继承、共同继承与一子继承;(4)法定继承与遗嘱继承;(5)本位继承、代位继承与转继承。

(一)案情简介

> **案例**
>
> 被继承人华栋臣于解放前先后与李仔容、徐苹倩结婚。李仔容生三个子女:女儿华婉珍、儿子华宁熙,华纯熙(华纯熙早年去美国,1969年病故,遗下妻子李介寿,女儿华克增、华安增、华德增)。徐苹倩生三个子女:女儿华蔷珍,儿子华椿熙、华枝熙。1959年7月,华栋臣与徐苹倩协议离婚,徐苹倩所生三个子女归华栋臣抚养。从此,华蔷珍、华椿熙、华枝熙即由华栋臣、李仔容抚养,在上海共同生活。1962年,华栋臣患病,徐苹倩又回来服侍照料。1963年,华栋臣病故。1964年10月18日,在李仔容主持下,同华婉珍、华宁熙、华蔷珍、华椿熙、华枝熙(未成年)成立了家庭协议:华栋臣的全部财产由李仔容继承,李仔容给付华蔷珍补贴费5000元,给付华椿熙、华枝熙每人抚养费11400元,李仔容

对他们的抚养责任到此为止,今后不再有经济上的关系。1969年,李仔容到北京落户与儿子华宁熙共同生活,于1971年病故。华栋臣和李仔容名下遗产,有多笔股息和存款,共计254256.19元;有上海市淮海中路1857弄41号楼房一幢,估价37028.71元;1979年落实政策时,华枝熙、华椿熙领走华栋臣名下存款及利息26362.87元,华婉珍、华宁熙领走李仔容名下存款及利息15318.85元,也应列入华栋臣和李仔容的遗产之内。属华栋臣和李仔容的遗产共计332966.62元。此外,徐苹倩于1979年以华栋臣二妻名义领走的"文革"中被抄家物资折价款74972.29元。华枝熙、华椿熙、华蔷珍向北京市中级人民法院起诉,请求合理分割父亲华栋臣和母亲李仔容的遗产。①

(二) 思考方向

本案涉及问题较多。首先,作为继子女的三原告能否继承继母的遗产?其次,在继母主持下的分家协议是否有效?再次,李介寿、华克增、华安增、华德增能否继承遗产,其继承遗产是什么性质的继承?最后,徐苹倩能否适当分得遗产?这里主要关注的是被继承人的五个子女以及李介寿、华克增、华安增、华德增继承遗产属于何种继承。

(三) 法律规定

1.《继承法》第10条 本法所说的子女,包括婚生子女、非婚生子女、养子女和有扶养关系的继子女。

第11条 被继承人的子女先于被继承人死亡的,由被继承人的子女的晚辈直系血亲代位继承。代位继承人一般只能继承他的父亲或者母亲有权继承的遗产份额。

2. 最高人民法院《关于贯彻执行〈中华人民共和国继承法〉若干问题意见》(以下简称《继承法意见》)第25条 被继承人的孙子女、外孙子女、曾孙

---

① 摘编自 http://www.law.cn/anli/msal/2005721142300.htm,2008年12月14日最后一次登陆。

子女、外曾孙子女都可以代位继承,代位继承人不受辈数的限制。

第 52 条 继承开始后,继承人没有表示放弃继承,并于遗产分割前死亡的,其继承遗产的权利转移给他的合法继承人。

(四) 学理分析

本案中,华栋臣与徐苹倩离婚时,原告华枝熙、华椿熙、华蔷珍均尚未成年,由华栋臣、李仔容共同抚养,李仔容与他们已形成抚养关系。因此,李仔容所生的三个子女和徐苹倩所生的三个子女,对华栋臣和李仔容的遗产,都有继承的权利。

1964 年成立的家庭协议,由于当时华枝熙尚未成年,不具有完全行为能力,应由他的法定代理人李仔容代为行使继承权,李仔容作为华枝熙的法定代理人,本应保护他的合法权益,但在她主持协商的该协议中,却明显地侵害了被代理人的合法继承权;同时华纯熙未参加协议的协商,故该协议应视为无效。华栋臣和李仔容各自的遗产,应依法由六名子女合理分割。

由于华纯熙于 1969 年死亡,死于被继承人之一的华栋臣之后,对于华栋臣的遗产,应当由李介寿及子女华克增、华安增、华德增转继承。因为,转继承是指继承人在继承开始后、遗产分割前死亡,其所应继承的遗产份额转由其继承人继承的制度。转继承本质上是两个本位继承,而遗产一次性处理的一种制度。

由于华纯熙是在李仔容之前死亡,其应当继承李仔容的遗产应当由子女华克增、华安增、华德增代位继承。因为,代位继承是指被继承人的子女先于被继承人死亡或宣告死亡,由被继承人的子女的晚辈直系血亲代替其已故的长辈直系血亲继承被继承人遗产的一项法律制度。如孙子女、外孙子女代替其已故的父亲或母亲继承祖父母或者外祖父母的遗产。

另外,徐苹倩曾经同被继承人共同生活多年,并且在华栋臣因病卧床时曾服侍照料,故可以适当分得华栋臣遗产的一部分。

(五) 自测案例

李余早年丧妻,独自将两个儿子李用和李猛养大成人。李用与李猛都已经结婚,李用娶妻陈世,生一女李容鹃,已经出嫁。李用、李猛结婚后,各自生活都不错,两个孩子对老人也挺孝顺,吃穿不愁,但老人闲不住,自己在年轻的时候修过自行车,于是就在离家不远的地方开了一个修车铺,由于老人人缘好,生意还颇为红火。2006年,李猛因工伤去世,留下一正在读初中的儿子李容学,李猛妻子周平改嫁,儿子随其一起生活。2008年,老人在修车时,因脑溢血不幸逝世,李用在整理老人遗产时,发现老人在修车的五年时间,积攒下10万元存款。在为老人办理完丧事后,还没有来得及分割遗产,李用就在一次车祸中不幸身亡。李用死后,周平、李容学、陈世、李容鹃为如何分割李余的10万元遗产争吵不休,最后诉至法院。

问题:本案属于何种类的继承?

二、继承法的基本原则

继承法的基本原则是贯穿于继承制度立法、司法和继承活动的根本准则。根据《继承法》、最高人民法院的司法解释以及司法实践经验,继承法的基本原则通常包括以下几项:保护公民私有财产继承权原则;继承权平等原则;养老育幼、照顾无劳动能力又无生活来源者的原则;权利义务相一致原则。

(一) 案情简介

案例

原告缪明机与被告缪明清系同胞兄弟关系,生父缪作美,生母钟长玉。20世纪60年代,缪作美与钟长玉离婚,原告缪明机随生父缪作美生活,被告缪明清随生母钟长玉生活。1980年包产到户时,原告缪明机与生父缪作美分田,被告缪明清与生母钟长玉分田。缪作美于1982年去世。被告缪明清于1983年结婚,1985年又与母亲钟长玉分家。由于钟长玉身体不好,为更好地照顾其生活,1990年,被告缪明清又把母亲钟长玉接过来一起共同生活。2004年初,钟长玉中风瘫痪在床,其间一直由被告缪明清负责照顾,并承担了相关费用,直至2005年上半年去世。由于钟长玉去世前一直随被告缪明清生活,其与缪明清共同分得的田土因全南县兴建工业园而被征用,土地征用补偿款于2006年已由

> 被告缪明清领取。据原告方提供的两份征用土地补偿款发放表显示，被告缪明清领取的土地补偿款共计金额为人民币22224元，此款为被告缪明清及其母钟长玉二人的土地补偿款。之后，原、被告就土地补偿款产生矛盾，原告诉至法院。法院认为，因钟长玉生前与被告缪明清共同分田，钟长玉的遗产只是其中的一半，即11112元。因钟长玉死亡时没有配偶、父母，只有两个儿子，即原告缪明机和被告缪明清，他们系同一顺序继承人，地位平等。根据我国继承法的规定，与被继承人共同生活并尽较多赡养义务的继承人，在分配遗产时，可以多分。故被告缪明清领取的钟长玉的遗产即土地征用补偿款11112元，被告缪明清应当在判决生效后10日内将其中的5000元支付给原告缪明机。①

（二）思考方向

继承人对被继承人遗产的继承，应当遵循继承法的基本原则。本案中，人民法院确认原告有继承权和被告多分遗产的判决是否符合法律规定，应当按照继承法的基本原则，尤其是继承权平等原则以及权利义务相一致原则加以确定。

（三）法律规定

《继承法》第9条　继承权男女平等。

第13条　同一顺序继承人继承遗产的份额，一般应当均等。对生活有特殊困难的缺乏劳动能力的继承人，分配遗产时，应当予以照顾。对被继承人尽了主要扶养义务或者与被继承人共同生活的继承人，分配遗产时，可以多分。有扶养能力和有扶养条件的继承人，不尽扶养义务的，分配遗产时，应当不分或者少分。继承人协商同意的，也可以不均等。

---

① 摘编自http://gzzy.chinacourt.org/sfwm/more.php?p=2&LocationID=0702010000&sub=7，2008年12月12日访问。

(四) 学理分析

本案中,人民法院的判决符合继承法的继承权平等原则与权利义务相一致原则。首先,继承人的继承权平等。我国继承法上继承权平等表现在以下几个方面:(1) 继承权男女平等。夫妻之间的继承、子或女对父母的遗产继承、父或母对子女的遗产继承、孙子女(外孙子女)对祖父母(外祖父母)遗产的代位继承,继承人的继承权完全平等,不因性别而有差异。(2) 非婚生子女与婚生子女享有平等的继承权。(3) 养子女、形成事实上抚养关系的继子女与亲生子女继承权平等。(4) 同一顺序继承人继承遗产的权利平等。本案中原告和被告是同一顺序继承人,享有平等的继承权。

其次,享有平等的继承权并不意味着继承人在继承遗产时一定平均分配。在遗产分配时还需要考虑继承人所尽的法定义务。对被继承人尽了主要扶养义务或者与被继承人共同生活的继承人,分配遗产时,可以多分;有扶养能力和有扶养条件的继承人,不尽扶养义务的,分配遗产时,应当不分或者少分。本案中,由于被告与母亲一起生活,尽了较多的赡养义务,根据权利和义务相一致原则,在分得遗产时可以多分,法院将11112元的被继承人的财产中的5000元分给原告,就是充分考虑了原告对继承人尽的赡养义务较少,所以法院的处理是合理的。

(五) 自测案例

原告翁元明为汪兰芳之夫,其他原告(钟友根、翁玉成、翁玉琼、翁玉英)及被告(翁玉平)为汪兰芳之子女,汪兰芳已于2002年10月18日去世。2005年7月,成都高新区拆迁清水村二组,按家庭成员共五人、拆迁房屋为五人共有的标准对翁玉平一家进行安置,翁玉平以户主身份领取了拆迁安置费。拆迁部门参照继承房屋的补偿规定,对去世村民家属的房屋按死者遗留房屋40平方米、每平方米600元的价格给予货币补偿。据此拆迁部门支付给汪兰芳的拆迁补偿款为24000元。另查明,汪兰芳生前由翁玉平负责日常生活。翁玉平为购买汪兰芳墓地支出8670元。法院认为,原、被告均为死者汪兰芳的第一顺序继承人,有权继承汪兰芳的个人财产。原、被告住所地拆迁部门在拆迁被告翁玉平一户时,认可了汪兰芳在原拆迁房中有共同份额,因此依政策24000元的拆迁补偿费应为汪兰芳所遗留的财产权益,当作为死者遗产进行分割。因原、被告均同意在此款中扣除为汪兰芳购买墓地的支出,故余额15330元由原、被告进行继承分割。在遗产分割中,由于被告翁玉平在汪兰芳生前主要负责其日常生活,尽了主要赡养义务,故翁玉平有权多分遗产。本院依照继承法之分割精神,考虑原、被告对被继承人汪兰芳的赡养情况,认为翁玉平分得遗产5330元、其他原告每人分得2000元为宜。由于上述款项是由被告翁玉平领取,故翁玉平有义务向原告支付每人应得款项。据此判决如下:原告钟友根、翁元明、翁玉成、翁玉英、翁玉琼每人各分得汪兰芳应得的拆迁补偿费2000元,翁玉平分得5330元。①

问题:法院的判决是否合理?

---

① 摘编自 http://www.hun-yin.com/new-show.asp? newsid=627,2008年12月13日最后登陆。

第十二章　继承法律关系

继承法律关系是指由继承法规范调整,因被继承人死亡而发生的继承人之间、继承人与其他公民之间的财产方面的权利义务关系。继承法律关系作为民事法律关系的一种,也是由主体、客体和内容三要素构成。

一、胎儿的继承能力

继承能力又称继承权利能力,是继承人得为继承人的能力,为民事权利的一项内容。它要求继承开始时,继承人必须是生存之人,理论上称之为"同时存在原则"。但胎儿利益的保护,存在"同时存在原则"适用的例外。

(一) 案情简介

> **案例**
>
> 王某是汽车驾驶员,家庭经济状况较好,生育有三个儿子,其妻早年去世。2007年8月,王某的第三个儿子因车祸而死亡,此时,其妻李某已怀孕6个月。同年10月,王某突然发病死亡,安葬完毕之后,其长子与次子将遗留的11万元的现金和一栋价值16万元的楼房进行了分割。李某得知后,遂向两位哥哥提出异议,认为其怀孕胎儿应分得一份遗产。为此,两位哥哥反对,认为弟弟已去世,李某腹中胎儿不具有继承权。故李某诉至法院,要求保护腹中胎儿的合法权益。[①]

[①] 摘自 http://www.china.com.cn/law/txt/2008-07/22/content_16050145.htm,2008年12月13日访问。

（二）思考方向

依照《继承法》的规定，继承自被继承人死亡时开始，被继承人的遗产自继承开始时当然转移于继承人。因此只有于被继承人死亡时即继承开始时生存的继承人才具有继承能力。胎儿在被继承人死亡时未出生，不具有继承能力，但为了胎儿出生后的合法利益能够得到保护，我国法律作出了特别规定。在上述案例中，胎儿是否具有继承遗产的权利，应当依照法律关于胎儿对遗产权利的规定加以确定。

（三）法律规定

1.《民法通则》第9条 公民从出生时起到死亡时止，具有民事权利能力，依法享有民事权利，承担民事义务。

2.《继承法》第28条 遗产分割时，应当保留胎儿的继承份额。胎儿出生是死体的，保留胎儿的份额按照法定继承办理。

3.《继承法意见》第45条 应当为胎儿保留的遗产份额没有保留的应从继承人所继承的遗产中扣回。为胎儿保留的份额，如胎儿出生后死亡的，由其继承人继承；如胎儿出生是死体的，由被继承人的继承人继承。

（四）学理分析

本案中，李某腹中的胎儿有继承生父遗产的权利，同时有代位继承祖父遗产的权利。自然人的民事权利能力始于出生，终于死亡。因此，只有于被继承人死亡时即继承开始时生存的自然人才具有继承能力，才能继承被继承人的遗产。胎儿在继承开始时尚未出生，因而无继承能力，但为了保护胎儿的利益，我国规定了"同时存在原则"的例外，不论是法定继承还是遗嘱继承，遗产分割时，应当保留胎儿的继承份额。

另外，在代位继承中，胎儿应当视同生存的直系血亲卑亲属，当被继承人的子女先于被继承人死亡时，由被代位继承人的子女代位继承，若被代位继承人的子女是个尚未出生的胎儿，此胎儿就是代位继承人。所以本案中，应当为李某腹中胎儿保留其父应当继承的遗产份额。

（五）自测案例

周永与刘田结婚两年,盖有房屋三间,银行存款6万元,三间房屋是周永婚前其父母为周永结婚准备的,6万元存款是婚后所得。2000年1月5日,周永不幸遇难,这时刘田已经怀孕8个月,周永的单位给抚恤金10万元。办理完丧事后,刘田与周永的父母为遗产的继承发生纠纷。刘田认为存款与抚恤金都应当归自己与自己腹中的胎儿,房屋归还周永的父母。周永的父母不同意,认为抚恤金应当有自己的一份,为此周永的父母诉至法院。在审理过程中,刘田早产,生有一女,但只活了一天。

问题:本案中财产应当如何继承?

二、失踪人的继承能力

（一）案情简介

案例

原告纪毛治与被告纪亚琴系同胞姐妹关系,坐落在厦门市厦禾巷26号4层楼房一幢,系原告和被告生父纪经山、生母陈树共同建置,产权登记于陈树名下。被继承人生有2男2女,长子纪天河、次子纪乃顺于解放前去台湾省谋生,至今下落不明。长女纪毛治,自幼被他人收养;次女纪亚琴,长期与母陈树共同生活。诉争的楼房1、3、4层由国家改造,2层由陈树和被告居住。后来,被改造的3、4层楼房落实政策退还,由陈树出租。原告虽自幼被他人收养,但在成年后仍与生母保持来往,生活上多方给予关照。陈树晚年在病中原告前往护理。1986年1月陈树去世,原告与被告共同主持安葬。之后原告提出继承、分割陈树遗产楼房,被告不同意,双方发生纠纷。①

---

① 《最高人民法院公报》1998年第4期。

(二) 思考方向

本案涉及失踪人的继承能力问题。我国法律规定,公民下落不明达到法定期间,利害关系人可以根据宣告失踪的条件向人民法院申请宣告其为失踪人,也可根据宣告死亡的条件向人民法院申请宣告其死亡。公民下落不明而被宣告失踪的,仍有权利能力和行为能力,因而也应有继承能力,可以继承遗产。上述案例中,纪天河、纪乃顺对陈树遗产是否有继承的权利,应当依照法律关于失踪人财产权利的享有条件加以确定。

(三) 法律规定

1.《婚姻法》第 20 条 2 款 养子女与生父母之间的权利和义务,因收养关系的成立而消除。

2.《民法通则》第 20 条 公民下落不明满二年的,利害关系人可以向人民法院申请宣告他为失踪人。战争期间下落不明的,下落不明的时间从战争结束之日起计算。

第 21 条 失踪人的财产由他的配偶、父母、成年子女或者关系密切的其他亲属、朋友代管。代管有争议的,没有以上规定的人或者以上规定的人无能力代管的,由人民法院指定的人代管。失踪人所欠的税款、债务和应付的其他费用,由代管人从失踪人的财产中支付。

第 22 条 被宣告失踪的人重新出现或者确切知道他的下落,经本人或者利害关系人申请,人民法院应当撤销对他的失踪宣告。

3.《民法通则意见》第 26 条 下落不明是指公民离开最后居住地后没有音讯的状况。对于在台湾或者在国外,无法正常通讯联系的,不得以下落不明宣告死亡。

第 29 条 宣告失踪不是宣告死亡的必须程序。公民下落不明,符合申请宣告死亡的条件,利害关系人可以不经申请宣告失踪而直接申请宣告死亡。但利害关系人只申请宣告失踪的,应当宣告失踪;同一顺序的利害关系人,有的申请宣告死亡,有的不同意宣告死亡,则应当宣告死亡。

(四) 学理分析

本案中,纪天河、纪乃顺去台湾至今下落不明,为失踪人,其继承份额应予保留。关于失踪人的继承能力问题,有瑞士和德国两种不同的立法例。瑞士民法采死亡证明主义,即根据情形如果可以认定该人已经死亡的,视为失踪就是死亡的证明。德国采生存推定主义,即失踪人没有经过死亡宣告时,推定其尚未死亡。

我国采纳生存推定主义。自然人被宣告失踪后,并不丧失民事权利能力和民事行为能力,当然也不丧失继承能力。厦禾巷 26 号楼房 2、3、4 层,系被继承人纪经山、陈树的遗产,应由其第一顺序法定继承人纪亚琴、纪天河、纪乃顺共同继承;纪天河、纪乃顺去台湾至今下落不明,其继承份额应予保留。原告纪毛治自幼送他人收养,与生父母之间的权利和义务,已因收养关系的成立而消除,因此不能作为法定继承人继承被继承人陈树的遗产。但原告基于长期对被继承人陈树给予生活上关照和经济上扶助的事实,可享有适当分得被继承人陈树遗产的权利。

(五) 自测案例

2003 年朱清山外出打工,三年多杳无音信,被债权人申请宣告失踪。妻子通过离婚诉讼程序,解除了与朱清山的婚姻关系,五岁的儿子朱冲由爷爷奶奶抚养。2008 年,爷爷奶奶先后去世,朱冲随生母与继父共同生活。朱冲的爷爷奶奶去世后留下遗产房屋 6 间,银行存款 12 万元。房屋与存款被朱清山的两个弟弟全部分割,没有给朱清山留下任何财产。朱冲的母亲认为,朱清山对其父母的遗产有继承的权利,其弟弟在分割遗产时应当留出朱清山的遗产份额,并将该部分遗产交由朱冲。

问题:
1. 朱清山能否分得遗产?
2. 在朱清山有继承权的情况下,朱冲能否代为行使其继承权?

三、继承权的丧失

继承权丧失,又称为继承权的剥夺,是指在发生法定事由时,依照法律的规定取消继承人继承被继承人遗产的资格。依照《继承法》第 7 条的规定,继承人丧失继承权的法定事由有:(1) 故意杀害被继承人的;(2) 为争夺遗产而杀害其他继承人的;(3) 遗弃被继承人的,或者虐待被继承人情节严重的;(4) 伪造、篡改或者销毁遗嘱,情节严重的。

（一）案情简介

> **案例**
>
> 苗星兄弟父母早亡，兄弟二人相依为命。1947年其兄苗朝去香港做生意，1949年去台湾。1960年苗星收养一孤儿取名苗新生，养父子相依为命。苗星长期患病，但无钱住院。1981年，苗朝从台湾回大陆探亲，在回台湾前留下10万人民币给苗星。1984年，苗新生与张雪梅结婚并于次年产一子。1992年，苗星病情加重住院治疗，经医生诊断为喉癌晚期。苗新生眼看苗朝留下的10万人民币就要被苗星花光，鉴于其养父之病无可救药，不如让其早死。于1993年，在其养父的药中投下大量的安眠药。事后，苗新生想起养父对他的抚养之情，良心发现，叫医生对苗星进行抢救。经抢救，苗星并未死亡。但医院已将上述情况报告当地派出所，苗新生被依法逮捕。苗星原谅了他的过错。1994年5月10日，苗新生在狱中服刑期间死亡。1996年，苗星死亡。苗朝从台湾回大陆奔丧与张雪梅共同料理丧事。经查，苗星留下瓦房4间，人民币4万余元。现苗朝与张雪梅为分割遗产发生纠纷，苗朝认为苗新生对被继承人苗星有杀害行为，应当剥夺其继承权。张雪梅则认为苗星生前已原谅了苗新生，苗新生也为自己的罪行受到了惩罚，其对苗星的遗产应当有继承权。苗新生先于苗星死亡，应当由其子代位继承。

（二）思考方向

继承权的丧失分为绝对丧失和相对丧失。绝对丧失是指继承权的终局丧失，丧失后不可逆转。相对丧失是指，因发生某种法定事由继承人的继承权应当丧失，但如果被继承人作出宽恕的意思表示，继承权也可恢复。因继承权丧失直接影响到继承人对被继承人遗产的权利，法律对继承权的丧失规定了严格的条件。只有在符合法律规定的继承权丧失条件并经过法律程序确认的情况下，继承人的继承权才能依法被剥夺。上述案例中，苗新生是否丧失继承权，其丧失继承权后子女能否代位继承，应当依照法律规定的继承权丧失的条件及对晚辈直系血亲的效力加以确定。

(三) 法律规定

1.《继承法》第 7 条　继承人有下列行为之一的,丧失继承权:(一) 故意杀害被继承人的;(二) 为争夺遗产而杀害其他继承人的;(三) 遗弃被继承人的,或者虐待被继承人情节严重的;(四) 伪造、篡改或者销毁遗嘱,情节严重的。

2.《继承法意见》第 9 条　在遗产继承中,继承人之间因是否丧失继承权发生纠纷,诉讼到人民法院的,由人民法院根据继承法第七条的规定,判决确认其是否丧失继承权。

第 10 条　继承人虐待被继承人情节是否严重,可以从实施虐待行为的时间、手段、后果和社会影响等方面认定。虐待被继承人情节严重的,不论是否追究刑事责任,均可确认其丧失继承权。

第 11 条　继承人故意杀害被继承人的,不论是既遂还是未遂,均应确认其丧失继承权。

第 12 条　继承人有继承法第七条第(一)项或第(二)项所列之行为,而被继承人以遗嘱将遗产指定由该继承人继承的,可确认遗嘱无效,并按继承法第七条的规定处理。

第 13 条　继承人虐待被继承人情节严重的,或者遗弃被继承人的,如以后确有悔改表现,而且被虐待人、被遗弃人生前又表示宽恕,可不确认其丧失继承权。

第 14 条　继承人伪造、篡改或者销毁遗嘱,侵害了缺乏劳动能力又无生活来源的继承人的利益,并造成其生活困难的,应认定其行为情节严重。

第 28 条　继承人丧失继承权的,其晚辈直系血亲不得代位继承。如该代位继承人缺乏劳动能力又没有生活来源,或对被继承人尽赡养义务较多的,可以适当分给遗产。

(四) 学理分析

本案中,苗新生具备丧失继承权的法定情形,苗朝可向人民法院提起诉讼,请求确认苗新生丧失继承权。首先,苗新生实施的故意杀害被继承人的行为,属于继承权绝对丧失的法定事由。继承人故意杀害被继承人是一种严重的犯罪行为,不论是出于何种动机、不论既遂还是未遂、不论其是否被追究刑事责任,只要存在杀害行为,并且主观上是故意,不论是直接故意还是间接故意,都绝对丧失继承权。继承人的悔改和被继承人生前的宽恕不能改变继承人丧失继承权这一结果。

其次,苗新生的儿子也不能代位继承。《继承法意见》第28条规定:"继承人丧失继承权的,其晚辈直系血亲不得代位继承。"基于此,苗新生虽然先于苗星死亡,其子也不能代位继承。苗星死后,因第一顺序法定继承人丧失继承权,其遗产应由第二顺序法定继承人苗朝继承。

(五)自测案例

1. 李山,1964年与张莲结婚。次年,张莲死于难产,但婴儿活了下来,是一残疾男婴,取名李财。1966年,李山又娶马珍为妻,生育一女李玲。1984年,马珍认为李财已经长大成人,应自谋生活,让李财自立门户,单独生活。李财离开父母后,一直靠为别人干杂活勉强生活,未曾结婚。2000年、2004年,李山、马珍先后去世,遗留下住房4间、存款6500元及各种家具和日用品等。李山与马珍夫妇无遗嘱。在办完马珍的丧事后,李财向李玲提出了平分父母遗产的要求。不久,李玲拿出一份1999年4月父母共同立下的书面遗嘱,声称父母已经把全部财产遗留给他。李财虽老实本分,但在村人的议论下对此也发生了怀疑,遂于2006年1月起诉到县人民法院,请求法院查证遗嘱的真伪,并提出与妹妹平分遗产的要求。后经法院查明,遗嘱系李玲伪造。

问题:李玲是否有权与哥哥平分父母的遗产,为什么?

2. 苏星之生母苏王氏在其出生后第6天因病死亡。次年其父苏重另娶毛秀为妻,生育一子苏文。毛秀十分溺爱、娇纵苏文,苏文从小沾染不良习气,经常打架、斗殴。苏星对此十分不满,苏星、苏文兄弟之间感情不和。2004年3月1日,苏重突发心肌梗塞,生命垂危。苏星闻讯后即赶来探视其父病情,因与苏文就其送父亲来医院太迟之事发生争吵。苏文用挂吊瓶的铁架砸伤苏星。苏星经抢救无效死亡。苏重亦于苏星死后第二天死亡,并留下房屋6间,现金7000元及日常用品、图书资料等。在分割遗产时,苏星之妻提出,苏文杀害了苏星,无权继承父亲的遗产。苏文之妻则认为(苏文已被公安机关收审),苏文误伤其兄致死,与遗产继承无关,应该继承遗产。

法院审理查明，苏星与苏文各有一儿子。

问题：遗产应当如何继承？

四、继承权放弃的要件

继承权的放弃，是指继承人于继承开始后所作出的放弃其继承被继承人遗产权利的意思表示。继承权的放弃除要具备民事法律行为的一般有效要件外，还应当符合下列条件：(1) 继承权的放弃不得代理；(2) 继承权的放弃不得附条件、期限；(3) 继承人放弃继承权的意思表示应当在法定的期限内、向特定的相对人作出；(4) 继承人不得以放弃继承权来规避法定义务；(5) 继承权的放弃应当以明示的方式作出。

（一）案情简介

案例

刘华民的妻子因病去世，留下一女儿小敏。刘华民与一段姓女子结婚后，开始遗弃女儿，经常不给饭吃，其父母无奈将孙女接来同住。农村实行土地联产承包责任制后，由于两位老人早已丧失劳动能力，又没有其他收入，抚养小敏和赡养老人的重任就落在了刘华民两个姐姐肩上。刘华民夫妇对父母不履行赡养义务的同时，仍然经常打骂父母。1997年，母亲起诉至铁西法院，要求刘华民补交赡养费500元和医疗费1000元的同时，每月给付生活费25元。在法院执行过程中，刘华民与母亲签署了和解协议，母亲放弃了对全部赡养费和医疗费的请求权，刘华民则放弃了对母亲财产的继承权。2000年7月17日，刘华民又专门到铁西区公证处办理了"放弃继承权声明书"公证，声明放弃对其父母遗产的继承权。2001年12月1日母亲去世。刘华民的两个姐姐决定将父母的遗产赠与刘小敏。刘华民没有分到遗产，心里很不平衡，到法院起诉，要求继承母亲的遗产。

（二）思考方向

继承权的放弃，是继承人对自己权利的一种处分。因为继承权的放弃不仅会使继承人对被继承人遗产的权利消灭，还会影响到继承人的债权人和被扶养人的利益，因此法律对继承权的放弃规定了严格的条件，只有在符合《继承法》规定的条件下，继承人对继承权的放弃行为才能产生法律效力。在上述案例中，刘华民与母亲签订的和解协议与经公证的"放弃继承权的声明书"是否有效，应当依照法律规定的继承权放弃的条件及效力加以确定。

（三）法律规定

1.《继承法》第 25 条 继承开始后，继承人放弃继承权的，应当在遗产处理前，作出放弃继承的表示。没有表示的，视为接受继承。受遗赠权应当在知道受遗赠后 2 个月内，作出接受或者放弃受遗赠的表示。到期没有表示的，视为放弃受遗赠。

2.《继承法意见》第 8 条 法定代理人代理被代理人行使继承权、受遗赠权，不得损害被代理人的利益。法定代理人一般不能代理被代理人放弃继承权、受遗赠权。明显损害被代理人利益的，应当认定其代理行为无效。

第 46 条 继承人因放弃继承权，致其不能履行法定义务的，放弃继承权的行为无效。

第 47 条 继承人放弃继承应当以书面形式向其他继承人表示。用口头方式表示放弃继承，本人承认，或有其他充分证据证明的，也应当认定其有效。

第 48 条 在诉讼中，继承人向人民法院以口头方式表示放弃继承的，要制作笔录，由放弃继承的人签名。

第 49 条 继承人放弃继承的意思表示，应当在继承开始后、遗产分割前作出。遗产分割后表示放弃的不再是继承权，而是所有权。

（四）学理分析

本案中，刘华民以不承担赡养义务为条件放弃继承权是无效的。继承权的放弃是继承人对自己权利的一种处分。继承开始前，继承人并不享有可以处分的主观权利，仅享有客观权利，是继承期待权，而继承期待权仅是一种资格,是不得抛弃的。继承权的放弃只能在继承开始后遗产分割前实施。因此,刘华民在其母生前所作的放弃对母亲遗产继承权的意思表示无效。另外,单就继承权的放弃角度,继承人也不得以不承担赡养费用等义务为条件放弃继承权。因为赡养父母是法定义务,具有强制性,当事人不能以任何方式加以排除。协议或单方附条件的声明均不发生继承权放弃的后果。

虽然放弃继承权的行为无效,在父母去世后,刘华民也没有继承父母遗产的权利。因为刘华民的行为已经构成虐待、遗弃被继承人,而且情节严重,具备丧失继承权的法定情形,被继承人生前也没有作出宽恕的意思表示。因而其他继承人可以请求人民法院确认刘华民丧失继承权。

(五) 自测案例

孙任华夫妇有一女儿孙小梅,嫁给了劳改释放人员黄某。孙任华夫妇早在女儿与黄某恋爱期间,就坚决反对女儿与黄某恋爱,并声称如果孙小梅与黄某结婚就不认这个女儿。孙小梅不顾父母的反对,坚持与黄某结了婚。起初,孙任华夫妇拒绝女儿、女婿回家,直到外孙女黄蕾出世,孙任华夫妇才改变了对女儿的态度。在黄蕾4岁那年,孙小梅患癌症去世。孙任华夫妇才意识到他们以前对女儿的态度太冷淡了,同时也认为黄某没有照顾好孙小梅,积怨于黄某。在黄蕾7岁那年,黄某也患癌症去世。孙任华夫妇便将外孙女黄蕾接回家居住。黄某死时留有存款3万元,黄某父母主动表示他们不继承儿子遗产,留给孙女黄蕾。孙任华夫妇一向不承认这个女婿,认为自己能抚养外孙女,故代黄蕾表示放弃对黄某遗产继承。[①]

问题:孙任华夫妇能代黄蕾放弃继承黄某的遗产吗?

五、继承权放弃的效力

继承权放弃的效力,体现为继承人自继承开始就不为继承,退出继承法律关系。

[①] 田岚、夏吟兰著:《婚姻家庭继承法教学案例》,中国政法大学出版社1999年版,第167—168页。

（一）案情简介

案例

张令兄弟三人,父亲早年过世,母亲与弟弟张常共同生活,2000年6月,母亲去世,留下金银首饰若干,价值3万余元,房屋三间。办理完母亲的丧事后,张令考虑到自己家里较为富裕,而且母亲一直是弟弟赡养,于是对两个弟弟表示,自己放弃对母亲遗产的继承。但两个弟弟为遗产继承发生了争执,张常认为母亲一直与自己生活,应当分得大部分遗产。张升却不同意,认为应当平等分割。张令多次劝解无效的情况下,决定撤销其放弃继承的意思表示,参与继承。张升以张令、张常行为侵犯其继承权为由,向人民法院提起诉讼。人民法院经审理查明,张常一直与其母一起共同生活,对被继承人尽了较多的赡养义务,张升虽因妻子与母亲不和,和母亲很少往来,但向母亲支付赡养费。张令放弃继承权后翻悔,没有正当理由,不予承认。遂作出判决:(1)张令放弃继承权的行为有效;(2)被继承人的遗产由张升、张常共同继承,平等分割。

（二）思考方向

放弃继承权的继承人不为继承人,不仅不承受被继承人生前的债务,也不得继承被继承人生前的财产权利,因此法律对继承权放弃的条件作出了严格的规定。在符合法律规定的继承权放弃的条件下,继承权的放弃行为就发生法律效力。上述案例中,人民法院判决否认张令对放弃继承的翻悔是否符合法律规定,应当依照法律规定的放弃继承权的效力及撤销的条件加以确定。

（三）法律规定

《继承法意见》第50条 处理前或在诉讼进行中,继承人对放弃继承翻悔的,由人民法院根据其提出的具体理由,决定是否承认。遗产处理后,继承人对放弃继承翻悔的,不予承认。

第 51 条 放弃继承的效力,追溯到继承开始的时间。

(四)学理分析

本案中,人民法院判决张令放弃继承权的行为有效是正确的。根据我国《继承法》的有关规定,继承权的放弃具有如下效力:(1)放弃继承权的继承人,自继承开始就不为继承人,退出继承法律关系。放弃继承权的继承人,不承受被继承人生前的债务,也不继承被继承人生前的财产权利。(2)放弃继承权后,继承人原则上不得撤销其放弃继承的意思表示。但在遗产处理前,继承人有正当理由如有重大误解、受欺诈、胁迫等而请求撤销的,人民法院予以承认。

本案中,张令放弃继承的意思表示真实,翻悔仅是因为两弟弟争夺遗产,其参与继承可以缓和矛盾,解决纠纷。这一理由不能成立。双方发生继承纠纷既已向人民法院提起诉讼,只有人民法院通过审判权的行使才能够彻底解决张常与张升间的纠纷。人民法院对张令放弃继承权的翻悔不予支持是正确的,既维护了法律的严肃性,也保护了继承法律关系的稳定和其他继承人的利益。

张令放弃继承权的行为被人民法院确认有效后,即退出继承法律关系,被继承人的遗产由其他第一顺序的法定继承人继承。张升和张常作为被继承人第一顺序的法定继承人,母亲在世时都履行了赡养义务,享有平等继承和分割被继承人遗产的权利。

(五)自测案例

李国利兄妹三人,家中老母已于早年病故,兄李国权、姐李秀荣结婚另过,李国利与其父亲李兴民(已退休)一起生活。2007 年 7 月,李兴民病故。李国权、李秀荣及李国利三人一起为父亲办理了丧事,在办理丧事期间,李国权用自己的 500 元钱偿还了父亲到期的借款。在商量遗产处理时,李国权当即表示,自己对父亲没尽多少赡养义务,而且父亲死后也没留下多少值钱的东西,决定放弃继承。李国权走后,李国利和李秀荣二人开始清理遗物,在父亲的一件旧衣服里发现了一个 6000 元的定期存折,于是二人平分了该存款和其他遗产。李国权在一个偶然机会得知父亲还遗留 6000 元的存款后,认为李国利、李秀荣欺骗自己,隐瞒遗产,要求重新分割遗产,遭到李国利与李秀荣的反对,为此发生争议。

问题:

1. 李国权放弃继承权的效力能否及于6000元遗产?
2. 李兴民的遗产可否重新分割?

六、继承权的放弃与撤销权的行使

继承人有放弃继承权的自由。但《合同法》为保护债权人的权利,规定了债的保全制度,债务人放弃到期债权或无偿转让财产,对债权人造成损害的,债权人可以行使撤销权。由此产生一个问题,债务人放弃继承权,致使债务无法履行的,债权人可否行使撤销权。我们认为,在现行继承法律条件下,债权人不能就此行使撤销权。

(一) 案情简介

> **案 例**
>
> 王某于1999年11月5日因交通肇事致范某夫妇死亡,经人民法院判决,王某赔偿范某及其妻子的父母、子女人民币5万元,案件已进入执行程序。2000年1月,王某的父亲死亡,留下房屋8间。因无力与三个哥哥分担父亲的安葬费,王某决定放弃继承权。范某及其妻子的父母、子女得知后认为,王某放弃继承权的行为导致其无执行判决的能力,故起诉至法院,请求人民法院撤销王某放弃继承权的行为。对该案的处理,有两种不同的意见。一种意见认为,王某放弃继承权的行为是王某对自己权利的处分行为,该处分权的行使没有导致继承人不能履行法定的扶养义务,不违反法律的强制性规定,应当认定有效;另一种意见认为,对王某的法定义务应作扩大理解,既包括扶养义务,也包括债务偿还义务。王某放弃继承权导致债务不能履行,影响债权人的利益时,债权人有权请求撤销。

(二) 思考方向

继承权的放弃,是继承人对自己权利的一种处分,应当得到法律的认可。但是放弃继承权的行为受到限制,如果继承人放弃继承权致使其无法履行法定义务,继承人不得放弃继承权。上述案例中,人民法院驳回债权人请求确认王某放弃继承权的行为诉讼请求的做法是否符合法律规定,应当依照法律规定的继承权放弃的条件加以确定。

(三) 法律规定

1.《合同法》第 74 条 债务人放弃其到期债权或者无偿转让财产,对债权人造成损害的,债权人可以请求人民法院撤销债务人的行为。债务人以明显不合理的低价转让财产,对债权人造成损害,并且受让人知道该情形的,债权人也可以请求人民法院撤销债务人的行为。

2.《继承法意见》第 46 条 继承人因放弃继承权,致其不能履行法定义务的,放弃继承权的行为无效。

(四) 学理分析

本案中,我们赞同第一种意见。根据我国《继承法》规定,继承人有放弃继承权的自由。继承权为基于特定身份而形成的权利,具有专属性,法律规定的继承权放弃无效的原因是:继承人因放弃继承权,致其不能履行法定义务的。这里的法定义务应理解为继承人对扶养权人的抚养、赡养和扶养义务。《合同法》规定债权人行使撤销权的条件为:债务人放弃其到期债权或无偿转让财产,对债权人造成损害的,债权人可以请求人民法院撤销债务人的行为。债务人以明显不合理的低价转让财产,对债权人造成损害,并且受让人知道该情形的,债权人也可以请求人民法院撤销债务人的行为。债权人撤销权行使的目的在于恢复债务人的责任财产,而不在于增加债务人的责任财产。债务人接受继承,在享有遗产权利的同时,也要承担遗产义务。允许债权人撤销债务人的继承权放弃行为,不免侵害债务人的权利。就继承权的放弃本身而言,在当然继承主义理论下,其实质是拒绝取得继承财产权,而不是处分已取得的权利,故放弃继承权不问动机如何,纯属个人基于法律上规定拒绝可以取得的权利,债权人作为第三人不得请求撤销。

本案中，王某因为无力承担父亲的丧葬费而决定放弃继承权，该行为没有导致其不能履行对子女的抚养义务，其放弃继承权的行为不存在法律障碍，应当认定为有效行为。原告以债权人的身份请求人民法院确认其放弃继承权行为无效，没有法律根据，人民法院应当判决驳回原告的诉讼请求。债权人对王某享有的债权，在执行时效期间内，只要债务人有可供执行的财产，可随时请求人民法院强制执行，以实现债权。

（五）自测案例

武某与战某（女）1995 年 10 月 20 日登记结婚。婚后感情较好，1997 年 5 月 19 日，婚生女武蔚出生。2004 年 3 月，战某不幸患上肌无力症，生活能力逐步下降。患病之初，武某尚能对战某履行扶养义务，积极筹措资金为战某治疗。但随着时间的推移，战某的病情没有任何好转，债务数量却大幅增加，武家生活陷入困境，无力继续承担战某治疗费用。2007 年 5 月 3 日，武某的父亲去世，留有遗产一宗。如武某参与继承，可分得存款人民币 3 万元。武某考虑到战某治病父亲已资助 4 万余元，如再继承遗产，肯定要引起矛盾，何况战某身患不治之症，再多的资金投入也没有价值。遂向其他继承人作出了放弃继承权的表示。

问题：武某放弃继承权的行为是否有效？

七、继承权回复请求权

继承权回复请求权是在继承人的继承权受到侵害时，继承人得请求人民法院通过诉讼程序予以保护，以恢复其继承权的权利。继承权回复请求权的行使应当具备以下条件：（1）权利主体为继承人；（2）权利性质为继承权受到侵害时继承人享有的权利；（3）行使方式可以亲自行使，也可以由代理人来行使；（4）权利的行使结果是恢复继承人继承遗产的权利；（5）提起诉讼的期限为两年。

（一）案情简介

> **案例**
>
> 原告莫美欢是被告岑荣安的弟媳。莫美欢与岑卓之子岑华安1991年结婚，1992年生一子岑润明。1993年4月，岑华安通过岑荣安与其妻舅——本案第三人方常光协商，经当时生产队的同意，将原由方常光承包并已停业的木器店转由岑华安承包。该木器店后更名为幸福乡十队五金木器店，由岑华安独资经营，账户、贷款、交纳管理费、税款等经济活动，均以岑华安名义进行。开业初期，岑荣安曾在短时间内协助岑华安组织过货源，后即由岑华安自行购销。在此期间，由于五金木器店生意兴隆，盈利较多，岑华安和莫美欢在和平村建二层楼房一幢，购买了电视机、洗衣机等电器和125摩托车1辆，并用1900元安装电话机1部于岑荣安家。莫美欢承包的商店存有货底款10万元。1996年6月，岑华安患病，委托岑荣安代管五金木器店。同年7月30日，岑华安病故。同年8月，莫美欢要求接管丈夫遗下的五金木器店，被告岑荣安不愿交出，引起纠纷。1998年5月，莫美欢向顺德县人民法院起诉，要求保护她和岑润明继承岑华安遗产的权利。

（二）思考方向

继承权回复请求权是继承法上规定的继承人要求法院通过诉讼程序保护其继承权的请求权，从权利性质上体现的是实体诉权即胜诉权，而不是诉讼法上的诉权，因此其必须符合法律规定的条件并在诉讼时效期间内提起诉讼，胜诉权才能实现。上述案例中，莫美欢向顺德县人民法院起诉，要求保护她和岑润明继承岑华安遗产的权利能否实现，应当依照法律规定的继承权回复请求权的实现条件加以确定。

（三）法律规定

1.《继承法》第8条 继承权纠纷提起诉讼的期限为2年，自继承人知道或者应当知道其权利被侵犯之日起计算。但是,自继承开始之日起超过20年的,不得再提起诉讼。

2.《继承法意见》第 15 条　在诉讼时效期间内,因不可抗拒的事由致继承人无法主张继承权利的,人民法院可按中止诉讼时效处理。

第 16 条　继承人在知道自己的权利受到侵犯之日起的二年之内,其遗产继承权纠纷确在人民调解委员会进行调解期间,可按中止诉讼时效处理。

第 17 条　继承人因遗产继承纠纷向人民法院提起诉讼,诉讼时效即为中断。

第 18 条　自继承开始之日起的第十八年至第二十年期间内,继承人才知道自己的权利被侵犯的,其提起诉讼的权利,应当在继承开始之日起的二十年之内行使,超过二十年的,不得再行提起诉讼。

3.《民法通则意见》第 177 条规定　继承的诉讼时效按继承法的规定执行。……诉讼时效的中止、中断、延长,均适用民法通则的有关规定。

(四) 学理分析

本案中,莫美欢的继承权回复请求权应当得到人民法院的保护。继承人行使继承权回复请求权的权利,受诉讼时效的限制。《继承法》规定继承权回复请求权的诉讼时效与《民法通则》中规定的普通诉讼时效的期间是一致的,因此继承权回复请求权的诉讼时效的适用,《继承法》有规定的适用《继承法》,《继承法》中没有规定的,适用《民法通则》的规定。

本案中,岑华安从方常光那里转包木器店,征得了发包方的同意,因而取得了承包经营权。岑荣安并非承包人,只是协助岑华安管理木器店。对木器店的承包经营权与承包经营木器店所得收益属于岑华安和莫美欢的夫妻共同财产。在继承遗产时,应当分割夫妻共同财产,属于岑华安那一部分财产由其第一顺序法定继承人继承。本案中,岑华安的第一顺序继承人是其妻子和儿子。岑荣安只是第二顺序继承人,在第一顺序继承人没有丧失或者放弃继承权时,无权继承该部分遗产。其占有木器店拒不归还不但侵害了莫美欢、岑润明的继承权,还同时侵害了莫美欢的财产权利。莫美欢、岑润明在向人民法院提起诉讼时,是在纠纷发生后两年之内,没有经过两年的诉讼时效,因此,莫美欢的请求应当得到支持。

(五) 自测案例

姜某有儿子3人，大儿子去了台湾。姜某1992年5月10日去世。姜某去世前留下遗言，自己的9间房产留给台湾的大儿子4间，小儿子5间，当年的村支书在场见证，无其他见证人。1993年，小儿子姜山打工时被机器截去一个手指。后因姜山患精神分裂症，其妻杨某向法院起诉离婚，姜山的哥哥姜五作为姜山的法定代理人参加了诉讼。经法院调解，杨某撤回起诉。姜五与杨某签订了协议：杨某要尽到照看姜山的义务，这样姜山死后，其居住的父亲遗留的5间房屋可作为姜山的遗产归杨某所有，姜五对该房不主张权利。1999年，当地平房改造成楼房，杨某交了补偿款。但鉴于房屋权属问题，原房屋没有办理过户登记手续，新的房屋也没有办理过户登记手续。2000年，姜山在外面被冻死。姜五认为，杨某没有尽到照看弟弟的义务，致使姜山在外面被冻死，因而无权取得房屋所有权，将杨某赶出门外。杨某向人民法院提起诉讼，请求确认其对该房屋的继承权，并责令姜五交回房屋。

问题：
1. 该争议房屋应当由谁取得所有权？
2. 杨某对该房屋的继承权回复请求权能否实现？

八、遗产的范围

遗产是公民死亡时遗留下的个人合法财产。根据《继承法》第3条的规定，遗产的范围包括：(1) 公民的收入；(2) 公民的房屋、储蓄和生活用品；(3) 公民的林木、牲畜和家禽；(4) 公民的文物、图书资料；(5) 法律允许公民所有的生产资料；(6) 公民的著作权、专利权中的财产权利；(7) 公民的其他合法财产。随着经济的发展，公民财产范围的不断扩大，可继承的遗产的范围也将不断扩大。

（一）案情简介

> **案例**
>
> 杨通增早年丧妻，孤身一人，由于年岁已大，无人照料，为使自己晚年生活有所保障，1998年5月14日经与女儿杨仙桃、女婿杨世成协商，签订了《赡养老人协议书》，协议书约定，杨通增的生养死葬由两人负责，坐落在交界组的房屋由两人处理，其责任田由两人代为耕种、管理和使用直至去世为止，法律、政策有变动的除外。此协议于同年6月8日在公证处进行了公证。杨通增去世前承包经营交界组里的责任田约0.6亩，根据承包合同的约定，耕地的承包期限从1995年9月1日至2025年8月31日止，并约定了发包方的权利：发包方有权收回弃耕抛荒户、农转非户、死亡空户、外迁户的承包耕地，并重新发包。1998年12月12日杨通增去世，由于杨通增无儿子，女儿杨仙桃嫁至外村，故交界组以死亡空户将杨通增的责任田收回发包给其他农户（当年的耕地收益已由杨仙桃夫妇收获）。杨仙桃夫妇不服，要求根据公证的《赡养老人协议书》继承杨通增生前承包的责任田，为此与组里发生纠纷。①

（二）思考方向

可以作为遗产的财产包括被继承人生前享有的财产权利和所负担的财产义务。承包经营权一般情况下，不能列入遗产由继承人继承，但土地承包经营权在一定条件下，可作为遗产继承。上述案例中，杨通增女儿女婿签订的协议书的性质，是否有效，以及土地承包经营权可否作为遗产来继承，应当依照法律规定的遗产的范围加以确定。

（三）法律规定

1.《继承法》第3条 遗产是公民死亡时遗留的个人合法财产，包括：

---

① 摘自《人民法院报》，2002年10月31日。

(一)公民的收入;(二)公民的房屋、储蓄和生活用品;(三)公民的林木、牲畜和家禽;(四)公民的文物、图书资料;(五)法律允许公民所有的生产资料;(六)公民的著作权、专利权中的财产权利;(七)公民的其他合法财产。

第4条 个人承包应得的个人收益,依照本法规定继承。个人承包,依照法律允许由继承人继续承包的,按照承包合同办理。

2.《继承法意见》第3条 公民可继承的其他合法财产包括有价证券和履行标的为财物的债权等。

第4条 承包人死亡时尚未取得承包收益的,可把死者生前对承包所投入的资金和所付出的劳动及其增值和孳息,由发包单位或者接续承包合同的人合理折价、补偿。其价额作为遗产。

3.《农村土地承包法》第31条 承包人应得的承包收益,依照继承法的规定继承。林地承包的承包人死亡,其继承人可以在承包期内继续承包。

第50条 土地承包经营权通过招标、拍卖、公开协商等方式取得的,该承包人死亡,其应得的承包收益,依照继承法的规定继承;在承包期内,其继承人可以继续承包。

4.《土地管理法》第15条 农民集体所有的土地由本集体经济组织以外的单位或者个人承包经营的,必须经村民会议三分之二以上成员或者三分之二以上村民代表的同意,并报乡(镇)人民政府批准。

(四)学理分析

本案中的承包经营权不能作为遗产继承。依照我国《继承法》及《农村土地承包法》的规定,承包经营收益可以继承;林地承包经营权可以继承;通过招标、拍卖、公开协商等方式取得的土地承包经营权可以继承。杨通增取得的土地承包经营权不属于上述情形,而且杨仙桃夫妇属外村村民,要取得其父亲的耕地经营权,必须要符合法定程序。根据《中华人民共和国土地管理法》第15条第2款的规定:农民集体所有的土地由集体以外的人承包经营的,必须经村民会议三分之二以上成员或三分之二以上村民代表同意,而两人未取得村集体的同意。承包合同中也约定,发包方有权收回弃耕抛荒户、农转非户、死亡空户、外迁户的承包耕地重新发包。该约定没有违反法律,是有效的约定,应当依照该约定办理,交界组有权收回土地。

(五) 自测案例

1. 李某早年丧妻,独自抚养两个年幼的儿子,儿子长大后都已经成家立业。李某为不给儿子增加负担,拒绝由儿子赡养,走街串巷给人算命,也颇有积蓄。2009年2月,李某去世,留下算命前盖的房子3间,价值1万元;算命所得4万元存款。在为父亲办理丧事的过程中,收亲戚、朋友、同事、乡邻的丧礼8000元,李某的两个儿子为遗产继承发生了争议,起诉到法院,法院认为,算命所得的4万元属于非法所得,应当归国家,其他财产按法定继承来办理。兄弟二人不服。

问题:本案中的哪些属于遗产可以继承?

2. 栾城县南焦村个体三轮摩托车司机孙文兴于2006年5月26日运送货主张新国及其货物时,在京广铁路窦妪道口与火车相撞,致孙文兴、张新国双亡,三轮摩托车毁损。这次事故应由孙文兴负责。孙文兴生前在本县保险公司除投保了车损险,保险金为3500元。还投保了人身意外伤害险,保险金为5000元,并指定了受益人。现托运人张新国之妻梁聚芬向栾城县人民法院起诉,要求承运人孙文兴之妻郭香荣用孙文兴的遗产给予赔偿。

问题:车损险与人身意外伤害险8500元能否作为遗产来清偿债务?

3. 2002年,单某因故意杀人罪被执行死刑。受害人有一女儿,当时仅1岁,后因母亲改嫁而由其爷爷、奶奶抚养至今。从案发到现在女孩与全村所有村民一样享受国家的木材指标,但因其年龄小,在得到出售木材的人民币后,并没有抚育采伐后的林地。为此,村委会多次要求女孩的监护人将采伐后的林地更新。

问题:单某的自留山应作为遗产进行继承还是应归还村集体?女孩的监护人是否应更新林地?

九、继承开始的时间

继承开始的时间是引起继承法律关系产生的法律事实出现的时间。引起继承法律关系产生的法律事实是公民的死亡。因此,继承开始的时间就是公民死亡的时间。

（一）案情简介

> **案例**
>
> 王名1991年离家出走，杳无音讯。1995年其妻李丹（未改嫁）向人民法院申请宣告死亡，1996年人民法院依法宣告王名死亡，其房屋三间被李丹和其子王见冀继承。王名离家出走后，南下深圳，1997年，王名与李少华在教堂举行了婚礼（但未办理婚姻登记），并生子王量。1998年王名因福利彩票中奖20万，后用该款购买股票，同年获利200万。1998年12月王名因饮酒过量心脏病发作死亡。李丹知道王名死亡的消息后，到深圳办完丧事，为遗产分割与李少华发生纠纷。

（二）思考方向

被继承人的死亡是继承开始的唯一原因。被继承人的死亡分生理死亡和宣告死亡。宣告死亡毕竟只是法律上的一种推定，失踪人有可能自然生存。当公民被宣告死亡的时间与自然死亡的时间不一致时，应当严格按照法律规定确定继承开始的时间。上述案例中，王名的遗产继承从何时开始，应当依照法律规定的继承开始的时间加以确定。

（三）法律规定

1.《继承法》第2条　继承从被继承人死亡时开始。

2.《继承法意见》第1条　继承从被继承人生理死亡或被宣告死亡时开始。失踪人被宣告死亡的，以法院判决中确定的失踪人的死亡日期，为继承开始的时间。

第51条　放弃继承的效力，追溯到继承开始的时间。

3.《民法通则》第24条　被宣告死亡的人重新出现或者确知他没有死亡，经本人或者利害关系人申请，人民法院应当撤销对他的死亡宣告。有民事行为能力人在被宣告死亡期间实施的民事法律行为有效。

(四) 学理分析

本案需要确定继承开始的时间。被继承人死亡的时间就是继承开始的时间。被继承人死亡包括生理死亡和宣告死亡。王名 1996 年被人民法院宣告死亡,宣告死亡后,其虽然自然生存到 1998 年 12 月死亡,但宣告死亡判决在其自然死亡前未经判决撤销,被宣告死亡所引起的法律后果仍然有效,其被宣告死亡后,配偶李丹和儿子王见量对房屋三间的继承行为有效。但王名被宣告死亡后自然生存,其生存期间的行为是有效的。王名与李少华未依法办理结婚登记手续婚姻不成立,所以李少华无继承权,王量尽管为非婚生子女,但不影响其为法定继承人。王名被宣告死亡后,与李丹的婚姻关系终止,因而法定继承人只有王见量和王量。

(五) 自测案例

刘季南与李玉芬 1968 年结婚,生有一子刘玉和、一女刘兰兰。1980 年 5 月刘季南因与李玉芬发生争执而离家出走,一直未有音讯。1988 年 1 月李玉芬向当地法院申请宣告刘季南死亡,人民法院于 1988 年 8 月作出刘季南死亡的宣告。李玉芬及其子女对刘季南的遗产进行了继承。1989 年李玉芬再婚。刘玉和于 1987 年 7 月结婚后生有一子刘明江。1989 年 6 月刘玉和外出遇车祸死亡。1996 年 12 月李玉芬接到某公安局的通知,告知刘季南于 1996 年 11 月因心脏病死于该市。经查,刘季南 1980 年离家出走后,一直给人打工,生活非常困难。1989 年开始经商并获得成功,积聚了财产 200 万元。在经商期间,刘季南与胡柔相识,并于 1991 年元旦举行了婚礼(未履行结婚登记手续)。1992 年 4 月俩人生有一女刘冬冬。刘季南于 1995 年亲笔写了一份遗嘱,指明自己的财产在其死亡后由胡柔、刘冬冬、李玉芬和刘玉和四人均分。

问题:

1. 刘季南的死亡时间如何确定?为什么?

2. 刘季南被宣告死亡后赵玉芬等对刘季南遗产的继承是否有效?为什么?

3. 假设刘季南 1995 年(即被宣告死亡后)所立的遗嘱在内容及形式上均不违反法律的强制性规定,该遗嘱是否有效?为什么?

4. 刘季南 1995 年遗嘱如何执行?

十、同时死亡的推定

相互有继承关系的几个人在同一事故中死亡,如不能确定死亡先后时间的,我国采用死亡在先和同时死亡相结合的推定制。

(一)案情简介

> **案 例**
>
> 1979年12月,王昌行与章凯文结婚,1980年10月生女王典。1986年9月20日,王昌行、章凯文经C市西区人民法院调解离婚,王典随王昌行生活。1989年4月,章凯文同齐智学、袁华叶之子齐战民结婚。齐战民与前妻所生一子16岁的齐射阳,随齐战民、章凯文共同生活。1993年2月6日晚,齐射阳在C市家中被王营、王东枪击死亡。次日零时,齐战民、章凯文在同一房屋内亦被王营、王东枪击头部致重度颅脑损伤死亡。
>
> 齐战民、章凯文死亡后,其遗产经清理有:齐战民有生前所在单位为其投保人身保险金人民币12万元,齐战民1988年5月10日购买C市M区房屋1套,春兰和华宝空调各1台。齐战民与章凯文结婚后有存款人民币506683.92元(其中银行存26.5万元,现金50883.92元,已交阳光城投资建设集团公司购房款190800元)。另有美元41元、港币10元、外汇兑换券21.20元,某股权证2万元,卡拉OK机1部、收录机2部、密码箱1个、日立747录像机1台、激光唱片2张、尼康牌照相机1部、提包2个、手表4只(其中雷达和梅花表各1只)、白金戒指9枚、金项链8条、珍珠项链1条和望远镜1架。以上财产除12万元保险金在保险公司、购房款在阳光城投资建设集团公司和银行存款14.5万元由受诉法院冻结外,其余由齐智学和袁华叶管理。

(二)思考方向

相互有继承关系的几个人在同一事故中死亡,其死亡时间如何确定,直接影响到继承人的利益。因此,法律对死亡先后顺序的确定规定严格的条件。只有在符合法律规定的死亡顺序推定条件时,才能推定某公民死亡在先。在上述案例中,齐战民与章凯文的死亡时间如何确定,应当依照法律规定的死亡在先和同时死亡推定的条件加以确定。

(三) 法律规定

《继承法意见》第 2 条　相互有继承关系的几个人在同一事件中死亡,如不能确定死亡先后时间的,推定没有继承人的人先死亡。死亡人各自都有继承人的,如几个死亡人辈分不同,推定长辈先死亡;几个死亡人辈分相同,推定同时死亡,彼此不发生继承,由他们各自的继承人分别继承。

(四) 学理分析

互有继承权的数人在同一事故中死亡,应如何确定其死亡的先后顺序,我国《继承法》没有作出规定。但《继承法意见》第 2 条确定了死亡在先和同时死亡相结合的推定制。"互有继承权的几个人在同一事故中死亡,如不能确定死亡先后时间的,推定没有继承人的人先死亡。死亡人各自都有继承人的,如几个死亡人的辈分不同,推定长辈先死亡;几个死亡人辈分相同的,推定同时死亡,彼此不发生继承,由他们各自的继承人继承。"

本案中,齐射阳的死亡时间早于齐战民与章凯文,齐射阳对齐战民、章凯文的遗产不发生继承关系。因为齐射阳没有个人财产,没有遗产可继承,齐战民与章凯文也不与其发生继承关系。对此不存在什么争议。齐战民与章凯文为夫妻关系,二者的死亡时间无法确定,依照最高人民法院的司法解释,应当推定二人同时死亡,彼此不发生继承关系,由各自的继承人继承。齐战民的继承人是他的父母齐智学、袁华叶,章凯文的继承人是她的儿子王典。在二人的遗产中,保险金与婚前购买的 C 市 M 区房屋 1 套为齐战民的个人财产,由齐战民的父母共同继承,王典无权继承。其他财产为齐战民与章凯文的共同财产,平均分割后,王典有权继承其中的 1/2 份额。齐智学、袁华叶共同继承另 1/2 的份额。

(五) 自测案例

李树纲以打鱼为生,有两层楼房一幢,共 12 间房。其女李玲出嫁多年,常有来往。长子李全喜,用自己经商收入建房4间,自成家庭;李全喜前妻早丧,遗子李山;后妻任平,生子李林。李山是复员军人,为成立小家庭用复员费购置新房2间,其妻何慧,生女李洁。李树纲的次子李全兴已病故,妻子王氏带儿子李明星另嫁。李树纲有一友宋建曾帮助过李树纲,李树纲想赠宋建一笔钱,但其未接受。李树纲即写下字据将自己房屋2间待自己死后赠给宋建的儿子宋明。今年初,李树纲、李全喜、李山三人出海打鱼,遇台风船毁人亡,但各人死亡时间不能确定。丧事完毕,死者亲属们为房产分割发生纠纷。李玲认为,其兄已死,她是李树纲唯一子女,要求继承李树纲的房屋12间;任平认为李玲是出嫁的女,不能回娘家分房子,她系李树纲的丧偶儿媳,因此房屋应由她和李林继承;另外她还认为李山也系其子,她亦有权继承李山的房产。何慧不同意他们的意见,她及李洁均请求分割遗产,李明星也要求继承。宋明得知受遗赠后3个月来一直未表示态度。但在发生纠纷时也提出分割遗产要求。

问题:本案遗产如何继承?

第十三章 法定继承

法定继承是指依据法律直接规定的继承人范围、继承顺序、继承份额等继承被继承人遗产的一种继承方式。

一、法定继承的适用条件

法定继承的适用条件为：(1) 有遗赠扶养协议的，先要执行协议；(2) 没有遗赠扶养协议或者协议无效时，先适用遗嘱继承，按照遗嘱办理；(3) 最后才能适用法定继承。

（一）案情简介

> **案例**
>
> 焦洪宝、韩桂兰夫妇共生育子女三人，长子焦彦平，长女焦玉英，次女焦玉珍。1956年焦洪宝夫妇在吉林市丰满区江南乡前锋村购买房屋两间，土瓦结构，建筑面积82平方米。1970年1月，焦彦平结婚，并于同年7月搬出分家另过。同年9月，焦洪宝病故，其遗产未作处理。焦洪宝去世后，韩桂兰与女儿焦玉英、焦玉珍共同生活。1985年，焦玉英结婚，搬出另过。1988年焦玉珍亦出嫁，韩桂兰独立生活。1994年6月，韩桂兰病故。其病故前，于1994年5月10日经吉林市丰满区公证处公证立下遗嘱，全文如下："将房屋留给我的大女儿焦玉英。"并将房屋产权证交给了焦玉英。韩桂兰去世后，其次女焦玉珍声明将自己应有份额房屋产权赠给焦玉英。焦彦平认为，自己也是家庭成员，理应分得部分遗产，遂起诉到人民法院。[①]

---

① 林嘉著：《以案说法：婚姻家庭继承法篇》，中国人民大学出版社2000年版，第300页。

(二) 思考方向

继承开始后,应当首先适用遗嘱继承,遗嘱继承的效力优先于法定继承。不能适用遗嘱方式继承时,才按法定继承方式继承。因为法定继承的适用直接影响到法定继承人对被继承人遗产的权利,因此法律对法定继承的适用规定了严格的条件,只有在具备法定继承适用条件的情况下,人民法院才能确定法定继承人的权利。上述案例中人民法院能否按照法定继承处理,应当依照法定继承的适用条件加以确定。

(三) 法律规定

《继承法》第5条　继承开始后,按照法定继承办理;有遗嘱的,按照遗嘱继承或者遗赠办理;有遗赠扶养协议的,按照协议办理。

第27条　有下列情形之一的,遗产中的有关部分按照法定继承办理:(一)遗嘱继承人放弃继承或者受遗赠人放弃受遗赠的;(二)遗嘱继承人丧失继承权的;(三)遗嘱继承人、受遗赠人先于遗嘱人死亡的;(四)遗嘱无效部分所涉及的遗产;(五)遗嘱未处分的遗产。

(四) 学理分析

本案中,房屋是焦洪宝夫妇于1956年购买,属于夫妻共同财产,其中一半是焦洪宝的遗产,另一半是韩桂兰的个人财产。焦洪宝的遗产应当由其继承人继承,但遗产未作分割,焦洪宝病故后,一直由韩桂兰居住使用,因为其他继承人并没有明确表示放弃继承,因而房屋属于几个继承人共同共有。韩桂兰在其公证遗嘱中却将房屋指定由焦玉英一人继承。显然,她处分了共有房屋中属于他人所有部分。因而公证遗嘱部分有效。遗嘱无效部分涉及的财产应当由其法定继承人继承。房屋中属于韩桂兰所有二分之一产权加上焦洪宝遗产中韩桂兰应当继承的部分由焦玉英继承。焦玉珍同意将自己应得的份额赠给焦玉英,是对遗产的处分,该部分属于焦玉英。其他部分由焦彦平继承。

(五) 自测案例

王某是某医学院的著名教授,其妻先于他病故,两个儿子都已结婚搬出去另住。王某独自住在两层小楼里。为照顾自己的生活,便雇了一位16岁的小阿姨,为王某做饭收拾屋子。小阿姨名叫李霞,来自浙江农村,李霞聪明好学、朴实勤快,深得王某的赏识。李霞也非常崇敬知识渊博的王某。渐渐地,爱情在王某与李霞之间产生了。王某向儿子们吐露了想娶李霞为妻的心愿,但遭到了儿子、儿媳的强烈反对。王某没有顾及儿子们的反对,毅然与李霞登记结婚。王某的两个儿子从此不再上门看望王某,王某对子女的态度非常失望。婚后王某与李霞感情很好,但王某毕竟年逾70岁,考虑到自己死后,两个儿子会争抢房子,使李无住处,便去公证处立下遗嘱,死后自己的两层小楼留给李霞。两年以后,王某因病去世,留下房屋两层小楼1栋,存款8万元,书籍2000多册,家具几件。两个儿子要求继承遗产,尤其是房屋和存款。李霞认为王某生前立有遗嘱,已将房子留给自己,自己有权继承。两个儿子认为遗嘱有假,遂诉诸法院,要求继承王某的房屋和存款。

问题:
1. 遗嘱未处分的遗产是否按法定继承办理?
2. 李霞除继承房屋外能否继承王某的其他财产?

二、法定继承人的范围

法定继承人的范围是指在适用法定继承方式时,哪些人能够作为被继承人的遗产继承人。我国《继承法》主要是以婚姻和血缘产生的亲属关系为基础来确定法定继承人范围的。

(一)案情简介

案例

戴文化、戴文良兄弟二人于1929年至1931年先后从菲律宾回国在泉州市新街42号建楼房一座,由其父母戴淑和、林英蕊等人居住。1942年戴母林英蕊收黄钦辉为戴文化的养子。黄钦辉与祖母林英蕊共同生活,由其养父戴文化从国外寄给生活费和教育费,直至1955年戴文化在国外去世。当时黄钦辉尚未成年,后因生活无来源于1957年回到生母处。1980年黄钦辉向法院提起诉讼,要求继承其养父戴文化新街42号楼房遗产。

(二) 思考方向

法定继承人的范围是由法律直接规定的。子女可以作为法定继承人继承父母的遗产。能够以子女身份参与法定继承法律关系的,包括被继承人的婚生子女、非婚生子女、养子女、形成抚养关系的继子女。上述案例中,黄钦辉是否具备继承戴文化新街42号楼房遗产的主体资格,应当依照法律规定的继承人的范围和收养关系的有效条件加以确定。

(三) 法律规定

1.《婚姻法》第24条 夫妻有相互继承遗产的权利。父母和子女有相互继承遗产的权利。

2.《继承法》第9条 继承权男女平等。

第10条 遗产按照下列顺序继承:第一顺序:配偶、子女、父母。第二顺序:兄弟姐妹、祖父母、外祖父母。继承开始后,由第一顺序继承人继承,第二顺序继承人不继承。没有第一顺序继承人继承的,由第二顺序继承人继承。本法所说的子女,包括婚生子女、非婚生子女、养子女和有扶养关系的继子女。本法所说的父母,包括生父母、养父母和有扶养关系的继父母。本法所说的兄弟姐妹,包括同父母的兄弟姐妹、同父异母或者同母异父的兄弟姐妹、养兄弟姐妹、有扶养关系的继兄弟姐妹。

3.《继承法意见》第19条 被收养人对养父母尽了赡养义务,同时又对生父母扶养较多的,除可依继承法第十条的规定继承养父母的遗产外,还可依继承法第十四条的规定分得生父母的适当的遗产。

第20条 在旧社会形成的一夫多妻家庭中,子女与生母以外的父亲的其他配偶之间形成抚养关系的,互有继承权。

第21条 继子女继承了继父母遗产的,不影响其继承生父母的遗产。

第22条 养祖父母与养孙子女的关系,视为养父母与养子女关系的,可互为第一顺序继承人。

第23条 养子女与生子女之间、养子女与养子女之间,系养兄弟姐妹,可互为第二顺序继承人。被收养人与其亲兄弟姐妹之间的权利义务关系,因收养关系的成立而消除,不能互为第二顺序继承人。

第24条 继兄弟姐妹之间的继承权,因继兄弟姐妹之间的扶养关系而发生。没有扶养关系的,不能互为第二顺序继承人。继兄弟姐妹之间相互继承了遗产的,不影响其继承亲兄弟姐妹的遗产。

第30条 对被继承人生活提供了主要经济来源,或在劳务等方面给予了主要扶助的,应当认定其尽了主要赡养义务或主要扶养义务。

(四) 学理分析

本案中,戴文化与黄钦辉间的收养关系成立,黄钦辉有权继承戴文化的遗产。根据我国《继承法》的有关规定,第一顺序的法定继承人包括:配偶、子女和父母。其中子女包括婚生子女、非顺生子女、养子女和有抚养关系的继子女。

养子女是指因收养关系的成立而与养父母形成父母子女关系的子女。收养关系的成立,应当依照《收养法》的规定确认,办理合法的收养手续。《收养法》颁布前当事人双方长期以养父母子女关系共同生活、群众也承认的,法院可确认为事实上的收养关系。本案中戴文化与黄钦辉收养关系成立,直到戴文化死亡,收养关系也没有解除。黄钦辉有权继承戴文化的遗产。1955年戴文化在国外去世后,黄钦辉是因为尚未成年、生活无来源回到生母处的,生父母对黄钦辉的抚养,不是父母对子女的抚养义务的恢复。黄钦辉作为戴文化的养子,有权以法定继承人的身份提起继承诉讼。

(五) 自测案例

1. 原告王健华、王强华、王绮华、王舜华、王友华因与被告王汝范和第三人王音发生继承纠纷,向广东省深圳市南山区人民法院提起诉讼。深圳市南山区人民法院经审理查明:原告王健华、王强华、王绮华、王舜华、王友华均系被继承人王家宁与前妻的婚生子女。1989年7月,王家宁与被告王汝范再婚,婚后无子女。第三人王音及其弟王鸣,均是王汝范与前夫的婚生子女。王音于1986年7月迁至香港定居,王鸣于1989年2月去日本留学。1991年6月1日,王家宁在香港病故,因未留遗嘱,原告与被告为分割遗产发生纠纷,诉至法院。被继承人王家宁于1985年购买深圳市建设路德兴大厦第二座16楼D单元房产一套,现价值港币210903元。1987年7月,王家宁购买深圳市人民南路海丰苑衡山阁第一栋15楼H单元房产一套,现价值港币316031元,同年7月30日把该房产一半产权通过公证赠与被告王汝范。1988年4月,王家宁与第三人王音共同贷款购买深圳市华侨城东方花园别墅第一座二楼B单元房产一套,现价值港币1010907元,同时还购买东方花园别墅第二座二楼E单元房产一套,现价值港币1035146元,买房时贷款港币60万元,已由王家宁和王音共同偿还。被继承人王家宁与被告王汝范婚后居住在东方花园别墅第一座二楼B单元,在此期间购置了三菱牌冷气机4台,珠江牌钢琴1架,日立牌20英寸彩色电视机1台和电话机1部等家庭用具。东方花园别墅第二座二楼E单元房产从1991年3月1日至1992年1月30日出租,每月租金港币4000元,由王汝范收取。①

问题:本案财产应当如何继承?

2. 被继承人法融,从小在吕合牺山寺出家。土改时还俗,后来与费莲英结婚,改名赵万昌。赵万昌与费莲英婚后未生育子女,同费莲英与前夫所生儿子赵家顶形成了继父子关系。1987年兴隆寺恢复后,赵万昌第二次出家到兴隆寺当和尚,法名法融,后负责掌管账册单据。1996年12月22日,法融在兴隆寺内因患脑溢血而死亡。经兴隆寺清点,法融的遗物包括:人造革沙发2套、21时长虹彩电1台、矮柜1套、存款12176元、金属旧钱币18枚、现金651元。后又发现法融留有定期存单7张,金额共5万元。经查,法融在兴隆寺当和尚期间,掌管的账目不清,有收据可查的应交兴隆寺而未交款为20030元,其领取的26本收据中14本下落不明。赵家顶得知继父圆寂后,要求继承法融的全部遗产,遭兴隆寺拒绝,遂起诉到人民法院,要求依法处理。被告兴隆寺则辩称,法融和尚圆寂突然,其生前经管的款项混乱,除随身衣物及生活用品已发还亲属外,根据佛教的传统习惯及规制,应归本寺所有。②

问题:和尚的遗产应当由谁来继承?

三、法定继承顺序

法定继承人的继承顺序,是指法律直接规定的法定继承人参加继承的先后次序。我国《继承法》依照亲属关系的远近与扶养关系的亲疏确定了继承人的顺序,分为第一顺序继承人和第二顺序继承人。继承开始后,由第一

---

① 摘编自 http://www.hunyin8.com/shanghai/2006/0930/content_1143.htm,2008年12月13日访问。

② 林嘉著:《以案说法:婚姻家庭继承法篇》,中国人民大学出版社2000年版,第284页。

顺序继承人继承。没有第一顺序继承人继承的,由第二顺序继承人继承。

(一) 案情简介

> **案 例**
>
> 被继承人王泽民有兄弟姐妹四人,姐王彭氏于1983年春季去世,生育子女四人。哥王者军于1992年6月去世,生育子女五人,即王建明、王建芳、王建珍、王建陆、王建荣。王者昌于1997年4月去世,生育子女四人,即王建山、王建芳、王建合、王建平。被继承人王泽民于1948年随国民党军去台湾,在台居住期间,未婚及领养子女。1995年元月,被继承人王泽民因患高血压导致中风,以致卧床不起,1996年元月31日王者昌将其接来潢川县魏岗乡,由其侄子轮流护理。被继承人王泽民来潢川县后,神志不清。1996年8月20日,王泽民去世,留有遗产46万美元,人民币70万元。对遗产的归属,王者军的子女因与王者昌发生纠纷,向人民法院提起诉讼,要求代替其父继承王泽民的遗产。王泽民姐姐王彭氏生前生育的四子女,在诉讼前均已书面表示,放弃对被继承人王泽民遗产继承权。

(二) 思考方向

继承开始后,适用法定继承时,法定继承人并不是同时都参加继承,而是按照法律规定的先后顺序参加继承。因为继承人的顺序直接影响到其对遗产的权利,因此法律对法定继承人的继承顺序作出了明确的规定。只有在符合法律规定的继承顺序的条件下,才有权继承被继承人的遗产。上述案例中,王彭氏的四个子女放弃继承权的行为对本案纠纷的处理是否发生影响,应当依照法律规定的法定继承人的继承顺序加以确定。

(三) 法律规定

1.《继承法》第10条 遗产按照下列顺序继承:第一顺序:配偶、子女、父母。第二顺序:兄弟姐妹、祖父母、外祖父母。继承开始后,由第一顺序继承人继承,第二顺序继承人不继承。没有第一顺序继承人继承的,由第二顺序继承人继承。本法所说的子女,包括婚生子女、非婚生子女、养子女和有扶养关系的继子女。本法所说的父母,包括生父母、养父母和有扶养关系的继父母。本法所说的兄弟姐妹,包括同父母的兄弟姐妹、同父异母或者同母异父的兄弟姐妹、养兄弟姐妹、有扶养关系的继兄弟姐妹。

第 11 条 被继承人的子女先于被继承人死亡的,由被继承人的子女的晚辈直系血亲代位继承。代位继承人一般只能继承他的父亲或者母亲有权继承的遗产份额。

第 12 条 丧偶儿媳对公、婆,丧偶女婿对岳父、岳母,尽了主要赡养义务的,作为第一顺序继承人。

(四) 学理分析

本案中,王者军子女不是王泽民的法定继承人。依照我国《继承法》第10、12条规定,我国的继承人分为两个顺序,第一顺序的法定继承人为:配偶、子女及其直系晚辈血亲、父母、对公婆或岳父母尽了主要赡养义务的丧偶儿媳或女婿。第二顺序为兄弟姐妹、祖父母、外祖父母。继承开始后先由第一顺序继承人继承,第二顺序继承人不能继承。没有第一顺序继承人,或者第一顺序继承人全部放弃继承或者被剥夺继承权的,第二顺序继承人才能继承遗产。

王泽民生前没有立遗嘱,对其遗产应当按照法定继承进行。因为王泽民没有第一顺序法定继承人,应由第二顺序法定继承人继承。而王泽民的第二顺序继承人只有其弟王者昌,依照法律规定,王泽民的遗产只能由王者昌一人继承。王彭氏、王者军先于王泽民死亡,他们的子女不是法定继承人范围以内的人,也没有代位继承权,因此王彭氏的子女放弃继承权的行为对本案纠纷的解决没有什么影响,王者军的子女对王泽民的遗产没有继承权,其请求不能成立,应当依法驳回。

(五) 自测案例

秦志强几年前妻子病逝,有一个女儿秦珍,在上中学。1989年秦志强与曹英再婚。曹英有一子王刚、一女王惠。王刚高中毕业,在家待业,王惠刚进中学。曹英与其夫离婚时,王刚已18岁,暂由曹英抚养,王惠每月由其生父给付60元的生活费。半年后,王刚找到工作,搬出秦家到单位宿舍居住,逢年过节才回来看看。王惠与秦志强、曹英以及秦志强的女儿共同生活。1997年秋,秦志强因车祸身亡。家里共有存款6万元,其中3万元是秦志强在再婚前自己的存款,另外3万元是与曹英婚后几年的积蓄。秦志强在老家另外一城市还有1处3间祖传房屋,出租他人,由其弟秦志伟代收租金。秦珍因继承遗产与曹英发生纠纷,王刚、王惠为维护曹英的利益,也要求继承,秦志伟认为自己是死者的弟弟,而且多年来照看哥哥的房屋,自己应有权继承秦志强的房产。①

问题:

1. 本案中哪些人对秦志强的遗产有继承权?
2. 秦志伟能否参与继承?

四、法定继承的遗产分配原则

法定继承的遗产分配原则,是指在按照法定继承方式继承被继承人的遗产时,应当如何确定各参加继承的法定继承人应继承的遗产份额。一般情况下,同一顺序继承人的应继份额一般应当均等,特殊情况下继承人的继承份额可以不均等。

(一)案情简介

> **案例**
>
> 被告周琴、付自立夫妇有3个子女,即第三人付娟、第三人付化群和原告付博之父付忠群。原告付博之父母付忠群和张红霞于1991年10月离婚后,付博由父付忠群抚养。1994年6月6日,付忠群在一次空难事故中遇难死亡,保险公司支付保险赔偿金10万元(未指定受益人);民航局支付赔偿金72560元;付忠群所在单位一次发给抚恤金2965元、安葬费800元,还按月付给付博每月生活补助费60元。上述款项均由被告周琴领取,并从中支付了付忠群的安葬费7260元。付忠群死亡后,付博随周琴生活,并经张红霞同意,被送进西安博迪小学就

---

① 田岚、夏吟兰著:《婚姻家庭继承法教学案例》,中国政法大学出版社1999年版,第167—168页。

读,周琴为付博支付了学费和保险费,分别为14535元和200元。1994年11月11日,付自立死亡。同年底,付博回到母亲张红霞身边生活。但付忠群的遗产未分割。1995年4月,付博因索要其遗产应继份与周琴发生纠纷,遂起诉至西安市雁塔区人民法院,请求继承其父遗产中其应得份额8万元。被告周琴辩称:付忠群遇难后所得上述款项属实。但安葬付忠群及支付付博学费已消耗2万余元,付博实际应得应为44292元。

(二) 思考方向

在法定继承人为多人的情况下,会发生每个继承人各应继承多少遗产的问题。如何确定各个继承人应继承的遗产份额,需要依照一定的规则进行。上述案例中,付忠群死亡后的遗产,付博作为继承人应继承的份额是多少,应当依照法律规定的遗产分配原则加以确定。

(三) 法律规定

1.《继承法》第13条　同一顺序继承人继承遗产的份额,一般应当均等。对生活有特殊困难的缺乏劳动能力的继承人,分配遗产时,应当予以照顾。对被继承人尽了主要扶养义务或者与被继承人共同生活的继承人,分配遗产时,可以多分。有扶养能力和有扶养条件的继承人,不尽扶养义务的,分配遗产时,应当不分或者少分。继承人协商同意的,也可以不均等。

2.《继承法意见》第33条　继承人有扶养能力和扶养条件,愿意尽扶养义务,但被继承人因有固定收入和劳动能力,明确表示不要求其扶养的,分配遗产时,一般不应因此而影响其继承份额。

第34条　有扶养能力和扶养条件的继承人虽然与被继承人共同生活,但对需要扶养的被继承人不尽扶养义务,分配遗产时,可以少分或者不分。

(四) 学理分析

本案中,付博年幼、无劳动能力,可适当多分遗产。根据我国《继承法》的规定,法定继承中遗产分配的原则:一般情况下应当均等;例外可以不均等,这些例外情况包括:(1)对生活有特殊困难的缺乏劳动能力的继承人,分配遗产,应当予以照顾。(2)对被继承人尽了主要扶养义务或者与被继承人共同生活的继承人,分配遗产时,可以多分。(3)有扶养能力和有扶养条件的继承人,不尽扶养义务的,分配遗产时,应当不分或者少分。(4)继承人协商同意不均分。继承人之间可以本着互谅互让、团结和睦的精神自愿协商遗产的继承份额。

本案中,付博年幼,无劳动能力,可适当多分。付忠群死后,对其财产享有继承权的人有付博与周琴、付自立。遗产包括保险金10万元,赔偿金72560元。为付忠群所支付的丧葬费扣除付忠群单位所给800元,其实际支付6460元,从付忠群遗产172560元中扣除,余166100元为实际可分割的遗产。抚恤金不属遗产范围,应由周琴、付自立、付博平均分享。付博的生活补助费归其个人所有。继承开始后,付自立没有表示放弃继承,并于遗产分割前死亡,其继承遗产的权利转移给他的合法继承人周琴、付化群及付娟,付博作为代位继承人。付博学费应由其监护人承担,周琴在付博有法定抚养人的情况下没有义务承担付博的学费,其已支付学费2万元应从付博继承的份额中扣除。

(五)自测案例

沈某的丈夫孔某于解放前去世,他们生有二女一子。长女孔琪玉,次女孔琪林,儿子孔琪华。孔某去世后,留下房屋一处,共12间。两个女儿在沈某去世前已出嫁。土地改革时,当地政府将12间房产权确认给沈某,以沈某的名义领取了房产证。早年沈某和未成年的儿子孔琪华生活在一起。孔琪华成年后,到外地工作,沈某在家乡独自生活。"文革"期间,沈某的房产被侵占,沈某无房居住,在乡下的长女孔琪玉将母亲接到自己家居住,因孔琪玉生活困难,3年后沈某又到二女儿孔琪林家居住了8年,直到1976年去世。1976年当地政府落实私房政策,将沈某的12间房归还原房主,孔琪华认为两姐姐早已出嫁,自己是这12间房的房主,应全部归自己所有。孔琪玉和孔琪林认为,12间房是父母的遗产,3个孩子都有继承权,而且我们两姐妹在母亲晚年生活困难时,照顾母亲生活,对母亲尽了主要的赡养义务,应多分几间。为此,姐弟间发生了争执。1981年,孔琪华从外地回来,卖掉2间房,得款2400,从中拿出800元,分给两姐姐各400元,自己留1600元。两姐妹不满意弟弟的行为,认为分钱不均。1986年孔琪华再次回乡,将余下的10间房卖掉,得款1.6万元,自己独吞。两姐姐得知后,起诉到法院。①

问题:在分配遗产时,孔家两姐妹能否多分?

五、酌情分得遗产权

酌情分得遗产权是指法定继承人以外的自然人,由于与被继承人生前形成过某种扶养关系,依法可以分得适当遗产的权利。酌情分得遗产权利的行使应当具备以下条件:(1)权利主体限于参加继承的继承人以外的不得参加继承的人。(2)该权利只能在法定继承中取得。(3)酌情分得遗产权受到侵犯时,本人有权以独立的诉讼主体的资格向人民法院提起诉讼。(4)权利的诉讼时效期间为两年。

(一)案情简介

> **案例**
>
> 金春兰早年丧夫,留下一个儿子郑志军,娘俩相依为命,一直到郑志军长大成人。郑志军成年后娶妻冯氏,婚后久未生育,中年后收养了一个孩子,取名郑国宝。1980年、1983年,郑志军、冯氏相继去世。金春兰又承担起抚养郑国宝的担子。两个人共同生活,互相照顾。1985年,在金春兰的帮助下,郑国宝成家立业,娶妻柴云飞。婚后一段时间柴云飞对老人尚好,可是时间不长,便对老人冷言冷语,以至于顶撞金春兰。郑国宝在妻子的挑唆下,开始对金春兰不尊重,偏袒妻子,后来听说自己是收养的,更加觉得金春兰是一个负担,恨不得老太太早点死去,但没有过火的蔑视行为。每当郑国宝外出时,其妻柴云飞对老人张口就骂,让其干一些重活,在一次趁郑国宝出差机会,把金春兰撵出家门,金春兰无奈,到其唯一的外甥女杨某家,杨某见老人孤苦伶仃便收留下来,与老人一同居住,赡养老人。郑国宝回来后也未接老人回家,只

---

① 田岚、夏吟兰著:《婚姻家庭继承法教学案例》,中国政法大学出版社1999年版,第173—174页。

是有时偷偷地来看望。1990年6月,金春兰病逝。杨某料理了金春兰的后事。在整理金春兰遗物时,发现金春兰竟有金戒指两个,金耳环两副,银手镯子一副,外加40块银元。杨某便保留下来。8月,郑国宝听说金春兰有这么多遗产,便找到金春兰外甥女杨某,要求把遗产归还给他。两个人发生争执,郑国宝起诉至法院。①

(二)思考方向

可分得遗产的人取得遗产不是基于继承权,而是基于他们与被继承人之间存在的特别扶养关系,因此法律对酌情分得遗产权利的行使规定了严格的条件。只有在符合法律规定的条件下,继承人以外的人才能取得被继承人的遗产。上述案例中杨某能否分得遗产,应当依照法律规定的享有酌情分得遗产权的条件加以确定。

(三)法律规定

1.《继承法》第14条 对继承人以外的依靠被继承人扶养的缺乏劳动能力又没有生活来源的人,或者继承人以外的对被继承人扶养较多的人,可以分配给他们适当的遗产。

2.《继承法意见》第31条 依继承法第十四条规定可以分给适当遗产的人,分给他们遗产时,按具体情况可多于或少于继承人。

第32条 依继承法第十四条规定可以分给适当遗产的人,在其依法取得被继承人遗产的权利受到侵犯时,本人有权以独立的诉讼主体的资格向人民法院提起诉讼。但在遗产分割时,明知而未提出请求的,一般不予受理;不知而未提出请求,在二年以内起诉的,应予受理。

---

① 杨振山主编:《民商法实务研究(继承卷)》,山西经济出版社1993年版,第89页。

（四）学理分析

本案中，杨某符合享有酌情分得遗产的条件。一般具备以下条件者可以酌情分得遗产：对继承人以外的依靠被继承人扶养的缺乏劳动能力又没有生活来源的人，或者继承人以外的对被继承人扶养较多的人，可以分配给他们适当的遗产。杨某属于被继承人以外对被继承人扶养较多的人。

郑国宝的行为尚构不成虐待或遗弃，因而没有丧失继承权，有权利继承祖母的遗产。

杨某可以继承的份额可以高于法定继承人的份额。因为我国法律规定，可以分给适当遗产的人，分给他们遗产时，按具体情况可多于或少于继承人。根据本案的实际情况，该份额可以高于郑国宝继承的份额。

（五）自测案例

某市商场经理田某从小父母双亡，邻居杨大妈经常照顾他，虽然杨大妈家里也不宽裕，但是家里有什么好吃的，都给田某一份，过年杨大妈给自己的孩子缝新衣服，也给田某缝一件，平时常帮田某洗洗涮涮、缝缝补补，有时还给他几角零花钱。田某高中毕业后考上大学去了外地，之后就一直没有回故乡。大学毕业后留在省城，当了几年经理积攒十几万元准备结婚，但天有不测风云，就在田某刚刚领了结婚证后就因车祸死亡，田妻哭得死去活来，办完丧事后就全部接受了田某的财产。这时田某的邻居杨大妈知道了田某出车祸死亡，很难过，专程到省城吊丧。因在乡下生活困难，就问田妻能不能将田某留下的一间旧瓦房送给她，但田妻认为一间房子能值不少钱，虽然是旧房，但或许还能卖三五千元呢，于是就不同意将田某留在乡下的旧房送给杨大妈。杨大妈无奈返乡了。后来乡里的小学教师计某认为田妻不通人情，带杨大妈到法院起诉。

问题：杨大妈是否有权分得该房屋？

六、代位继承的条件

代位继承是指被继承人的子女先于被继承人死亡时，由被继承人子女的晚辈直系血亲代替先亡的长辈直系血亲继承被继承人遗产的制度。代位继承人在具备法律规定的继承条件时，有权以第一顺序继承人的身份继承被继承人的遗产。

(一) 案情简介

> **案例**
>
> 被继承人王明远、李春岭夫妇分别于1963年、1984年死亡。被继承人婚生王贵学、王贵芳、王贵昌、王淑贤、王贵刚5名子女,王贵昌早已死亡,无配偶和子女,王贵芳于1954年死亡,有配偶和婚生子女王远德、王远文和王远霞,1967年,王贵芳之妻带3名子女改嫁,但在被继承人李春岭在世时,经常来往,关心照顾其生活,过节还去探望送食品,被继承人李春岭死亡时,王远德送去70元,与王贵学、王贵刚、王淑贤共同料理丧事,被继承人遗有道外区南14道街135号院内120平方米房产,由王贵学、王贵刚和案外人周洪发分别居住,被继承人李春岭死亡后,王远德,以要求代位继承被继承人所遗房产为由,向道外区人民法院提起诉讼。

(二) 思考方向

代位继承是法定继承中的一种特殊情况。正常情况下,被继承人死亡时,被继承人的子女得继承被继承人的遗产,如被继承人的子女先于被继承人死亡,根据"同时存在"原则,被继承人的子女对被继承人的遗产则不享有权利。但根据法律的规定,在特定条件下,其晚辈直系血亲可代位继承。上述案例中,王远德、王远文、王远霞能否作为代位继承李春岭的遗产,应当依照法律规定的代位继承的条件加以确定。

(三) 法律规定

1.《继承法》第11条 被继承人的子女先于被继承人死亡的,由被继承人的子女的晚辈直系血亲代位继承。代位继承人一般只能继承他的父亲或者母亲有权继承的遗产份额。

2.《继承法意见》第25条 被继承人的孙子女、外孙子女、曾孙子女、外曾孙子女都可以代位继承,代位继承人不受辈数的限制。

第 26 条 被继承人的养子女、已形成扶养关系的继子女的生子女可代位继承;被继承人亲生子女的养子女可代位继承;被继承人养子女的养子女可代位继承;与被继承人已形成扶养关系的继子女的养子女也可以代位继承。

第 27 条 代位继承人缺乏劳动能力又没有生活来源,或者对被继承人尽过主要赡养义务的,分配遗产时,可以多分。

第 28 条 继承人丧失继承权的,其晚辈直系血亲不得代位继承。如该代位继承人缺乏劳动能力又没有生活来源,或对被继承人尽赡养义务较多的,可适当分给遗产。

第 29 条 丧偶儿媳对公婆、丧偶女婿对岳父、岳母,无论其是否再婚,依继承法第十二条规定作为第一顺序继承人时,不影响其子女代位继承。

(四) 学理分析

本案中,王远德、王远文、王远霞有权代位继承李春岭的遗产。根据我国法律有关规定,代位继承须具备以下条件:(1) 被代位人于继承开始前死亡。(2) 被代位人是被继承人的子女。被继承人的亲生子女、养子女和有扶养关系的继子女,都得为被代位继承人。(3) 须被代位人未丧失继承权。(4) 须代位人为被代位人的晚辈直系血亲。代位继承的晚辈直系血亲代位继承时,不受辈分限制。

本案中,王远德、王远文、王远霞都是李春岭儿子王贵芳的晚辈直系血亲,没有丧失继承权的法定事由,其父王贵芳也没有丧失继承权,因而王远德、王远文、王远霞都有权代位继承李春岭的遗产,三人应继承的份额是自己父亲应当继承的份额。

(五) 自测案例

1. 顾迎春、尹兰英夫妇,有一独生女儿顾小翠,后又收养了一养子顾小顺。顾迎春原在县鼓楼北街开一珠宝店经营金银首饰、珠宝,社会主义改造后,顾迎春转为珠宝店职工,顾小翠成年后出嫁。顾小顺与宋桂珍是夫妇,结婚后同其养父母在一起生活,并有子顾文方。"文革"中顾迎春自杀,祖遗瓦房 5 间被没收。落实政策时,祖房退还顾家。自 1990 年以来,尹兰英重病缠身,自觉活不了多久,于是,把养子顾小顺叫到跟前说:"屋北墙角地下有个秘密小洞,藏着自家多年的积蓄,等我死后,你拿出来和姐姐两人分。"并且要顾小顺写信告诉姐姐顾小翠,要小翠在她死前来看看她。顾小顺得知母亲埋藏着财物后,当晚撬开秘密小洞,取出一小方盒,盒内装有金银首饰多件,价值数万元。顾小顺见利忘义,一夜没睡,考虑着怎样把这些金银财宝据为己有。顾小顺怕养母把这事告诉顾小翠,于是,顿生杀人灭口之心,决定在养母见到顾小翠之前,把养母毒死,以达到独占这笔遗产的罪恶目的。顾小顺乘养母吃药时,把毒药放入碗内,致使其养母尹兰英中毒而死。后事情败露,顾小顺依法被判处死刑,立即执行。事后顾迎春、尹兰英的全部遗产都被其女顾小翠拿走,并多次要求宋桂珍母子交出5间祖遗房产。宋桂珍认为其丈夫顾小顺毒死养母,被判处死刑固然是死有余辜,但是其儿子顾文方是无辜的,他应当有权代位继承其祖父母的遗产,因而起诉至人民法院。

问题:顾文方是否可以代位继承祖父母的遗产?

2. 吉林省某县老干部孙怀早年参加革命,"文化大革命"中被判刑。1980年平反出狱,补发了工资及被查抄的物资价值达三万余元。他有四个孩子,除长子孙爱民有一男一女两个小孩外,其他三个孩子各有一个小孩。1988年6月孙爱民去某地出差,其弟孙爱国也一同前往旅游。在上山的路上,由于来不及躲闪对面开来的旅游车而翻入沟内,孙爱国当场死亡,孙爱民身负重伤,因抢救无效也于第二天死去,孙怀面对这样的打击,不到两年也去世了,处理完丧事后,在继承遗产时,孙怀之妻表示放弃继承权,其他两个儿子及孙爱国之妻表示愿意继承遗产的四分之一,但是,孙爱民之妻表示反对,她认为孙爱国等三家只有一个孩子继承一份,我家两个孩子就应当继承两份遗产,这样才合情理,其他三人表示反对,经反复协商,没有达成协议,孙爱民之妻告到法院,请求解决。①

问题:孙爱民的两个孩子应该继承遗产的份额是多少?

---

① 杨振山主编:《民商法实务研究(继承卷)》,山西经济出版社1993年版,第86页。

七、转继承的条件

转继承,又称转归继承,连续继承,是指继承人在继承开始后实际接受遗产前死亡时,继承人有权实际接受的遗产归由其法定继承人承受的一项法律制度。转继承的发生应当具备以下条件:(1)被转继承人于继承开始后、遗产分割前死亡;(2)被转继承人是被继承人的继承人;(3)被转继承人未丧失或放弃继承权;(4)转继承人为被转继承人的法定继承人。

(一)案情简介

> **案例**
>
> 原告谢东辉、郑兆本分别系被继承人郑萍的父母。被告陈世军、陈秀英、陈瑞玉、陈世忠分别系被继承人陈世杰的兄姐。郑萍、陈世杰从1987年1月起,即以夫妻名义公开同居生活,并购置生活用具。上述事实,有证人证言、陈世杰生前信件等书证证明。1989年4月11日夜,郑萍、陈世杰在家中被害死亡。据公安机关对郑萍、陈世杰被杀害时间出具的法医鉴定结论证实,陈世杰的死亡时间先于郑萍20分钟左右。郑萍、陈世杰死亡后,遗有存款及现金12810元,债权1万元,彩电2台,冰箱、洗衣机、收录机、电视投影机、电风扇各1台,金项链1条及家具、生活日用品等。以上遗产,经西安市公安局核查后,由被告保管。郑萍生前系西安市硅酸盐制品厂车间会计,1964年4月20日出生,与陈世杰同居生活时已年满23周岁,无配偶。陈世杰生前系个体工,1961年6月22日出生,与郑萍同居生活时已年满26周岁,无配偶。郑萍与陈世杰共同生活期间,未生育子女。陈世杰的父亲陈先民、母亲吴兰花已分别于1977年、1982年去世。原告起诉要求继承遗产。[①]

[①] 摘编自 http://www.peichang.cn/1274w.html,2008年12月13日访问。

（二）思考方向

被继承人死亡时，生存的继承人具有继承能力，得继承被继承人的遗产。但在遗产分割前，继承人对遗产的权利是体现在应继承的份额上，而不是体现在对具体某物的所有权上，这时如果继承人死亡，因其已无权利能力，自然不能直接承受遗产，但因其对遗产的应继份额存在由何人承受的问题，因此就存在转继承的问题。上述案例中，由于陈世杰先于郑萍死亡，所以陈世杰的遗产首先应当由郑萍继承，郑萍死亡后，其遗产由郑萍父母继承，这属于转继承，应当依照转继承的条件加以确定。

（三）法律规定

《继承法意见》第52条　继承开始后，继承人没有表示放弃继承，并于遗产分割前死亡的，其继承遗产的权利转移给他的合法继承人。

第53条　继承开始后，受遗赠人表示接受遗赠，并于遗产分割前死亡的，其接受遗赠的权利转移给他的继承人。

（四）学理分析

本案属于转继承案件。我国《继承法》中没有明确规定转继承，但《继承法意见》第52条规定："继承开始后，继承人没有表示放弃继承，并于遗产分割前死亡的，其继承遗产的权利转移给他的合法继承人。"可见，我国是承认转继承的。

转继承只是将被转继承人应继承的遗产份额转由其继承人承受，转继承所转移的不是继承权，而是遗产所有权。因此在转继承中，还存在夫妻财产的分割问题。我国继承法采当然继承主义。继承开始后，继承人没有表示放弃继承的，就视为接受继承，被继承人原享有的财产权利义务即由继承人承受。被继承人死亡后遗产分割前，继承人应得的遗产份额已经是继承人的财产。根据我国《婚姻法》的规定，夫妻在婚姻关系存续期间接受继承所得的财产，归夫妻共同所有，双方另有约定的除外。我国《继承法》也规定，夫妻在婚姻关系存续期间所得的共同所有的财产，除有约定的以外，如果分割遗产，应当先将共同所有的财产的一半分出为配偶所有，其余的为被继承人的遗产。因此，在转继承中，首先应将被转继承人应继承的遗产份额作为同配偶的夫妻共同财产进行分割,属于被转继承人的部分,再由其法定继承人继承。

本案中,虽然周萍与陈世杰没有登记,但是由于在1987年同居时已经达到法定婚龄,所以构成事实婚姻,双方是合法的夫妻关系。由于陈世杰先于周萍死亡,所以陈世杰的财产应当由第一顺序的法定继承人周萍来继承,被告是陈世杰的第二顺序法定继承人,不能继承陈世杰的遗产。随后周萍死亡,其财产应当由周萍的父母来继承。但可以考虑被告在陈世杰和周萍生前和死后进行的一些帮助,在分割完夫妻共同财产后,剩余的遗产可以酌情分配给被告一些。

(五) 自测案例

顾华荣、李英夫妇,生有一子顾强。顾华荣在"文革"期间被打成"走资派",停发了工资,与李英被遣送农村接受劳动改造。儿子顾强与儿媳也被株连,与父母一道下乡,正在上学的顾强的女儿顾云与其外祖父母住在城里。1976年,顾华荣心脏病发作,因治疗不及时而死亡。妻子李英随后也因病去世。2年后,儿子顾强与儿媳在一次车祸中同时死亡。1981年顾华荣的工作单位为其平反昭雪,补发了"文革"期间扣发的1967年至1975年的工资2万多元,并退还了没收的价值8万多元的珠宝玉器(此系顾华荣婚前继承所得)。顾华荣的弟弟顾华平听到消息后,去顾华荣单位要求领取哥哥的补发工资,认为哥哥唯一的儿子已死,自己作为顾华荣的弟弟对顾华荣的工资和珠宝有继承权,应由他领取。顾云的外祖父母也到该单位,要求代替外孙女领取这笔钱和珠宝,认为顾云是顾华荣的孙女,有权继承。双方争执不下。[1]

问题:

1. 谁是顾华荣的法定继承人?
2. 顾云继承祖父的遗产,是基于代位继承还是转继承?

---

[1] 田岚、夏吟兰著:《婚姻家庭继承法教学案例》,中国政法大学出版社1999年版,第182页。

第十四章　遗嘱继承和遗赠

遗嘱继承是按照被继承人生前所立合法有效遗嘱继承遗产的继承方式。遗赠与遗嘱继承不同，二者虽然都是通过遗嘱方式实现的，但是遗产承受主体不同。

一、遗嘱能力

遗嘱能力，是指被继承人生前在法律上享有的订立遗嘱，自由处分自己财产的资格。公民的遗嘱能力应当具备以下条件：(1) 年满18周岁；(2) 具有完全民事行为能力。

（一）案情简介

> **案例**
>
> 周光义夫妇有两个儿子，长子周林，次子周宏。1978年，周光义夫妇因病先后相继去世，当时周林24岁，已经结婚成家单独生活，周宏年仅14岁，正在中学读书，尚无独立生活能力，此后他只好随兄嫂共同生活。但周宏的嫂子对周宏很不好，周林与周宏的兄弟关系也因此渐渐疏远和恶化。1980年，周宏中学毕业后待业家中，街道居委会为照顾其生活，便把他安排在一个集体企业工作，于是，周宏与其兄嫂分开独立生活。周宏居住的二间房屋是其父母留给他的遗产。1981年4月，刚刚17周岁的周宏却患了肝癌，当他知道自己患有不治之症后，遂立下书面遗嘱。遗嘱中言明，他所居住的二间房屋赠给街道居委会，800元存款及衣物赠给好友刘冰。该遗嘱一式二份，一份由周宏本人保留，另一份由周宏交给街道居委会保留。遗嘱订立后三个月，周宏病逝。其兄周林在整理遗物时发现遗嘱。周林认为弟弟尚未成年，因而他所立

的这份遗嘱是无效的,他作为唯一的法定继承人有权继承弟弟的全部遗产。但街道居委会和受遗赠人刘冰均认为周宏所立遗嘱是合法、有效的,周林无权继承弟弟的遗产。双方因此产生纠纷。①

(二) 思考方向

遗嘱,是遗嘱人单方的民事行为。因为遗嘱具有在遗嘱人死亡时优先于法定继承的效力,法律对遗嘱的有效规定了严格的条件。只有在符合法律规定的遗嘱的有效条件下,指定继承人才能按照遗嘱取得被继承人的遗产。上述案例中,周宏所立遗嘱是否具有法律效力,应当依照法律规定的遗嘱人的遗嘱能力加以确定。

(三) 法律规定

1.《继承法》第 22 条 无行为能力人或者限制行为能力人所立的遗嘱无效。遗嘱必须表示遗嘱人的真实意思,受胁迫、欺骗所立的遗嘱无效。伪造的遗嘱无效。遗嘱被篡改的,篡改的内容无效。

2.《继承法意见》第 41 条 遗嘱人立遗嘱时必须有行为能力。无行为能力人所立的遗嘱,即使其本人后来有了行为能力,仍属无效遗嘱。遗嘱人立遗嘱时有行为能力,后来丧失了行为能力,不影响遗嘱的效力。

3.《民法通则》第 11 条 十八周岁以上的公民是成年人,具有完全民事行为能力,可以独立进行民事活动,是完全民事行为能力人。十六周岁以上不满十八周岁的公民,以自己的劳动收入为主要生活来源的,视为完全民事行为能力人。

第 12 条 十周岁以上的未成年人是限制民事行为能力人,可以进行与他的年龄、智力相适应的民事活动;其他民事活动由他的法定代理人代理,或者征得他的法定代理人的同意。不满十周岁的未成年人是无民事行为能力人,由他的法定代理人代理民事活动。

---

① 杨振山主编:《民商法实务研究(继承卷)》,山西经济出版社 1993 年版,第 109 页。

第 13 条 不能辨认自己行为的精神病人是无民事行为能力人,由他的法定代理人代理民事活动。不能完全辨认自己行为的精神病人是限制民事行为能力人,可以进行与他的精神健康状况相适应的民事活动;其他民事活动由他的法定代理人代理,或者征得他的法定代理人的同意。

(四) 学理分析

本案中,周宏具有遗嘱能力,所立遗嘱同时符合遗嘱的其他有效条件,遗嘱具有法律效力。依照被继承人是否具有遗嘱能力,可以将自然人分为两类:一类是有遗嘱能力的人,一类是无遗嘱能力的人。遗嘱是民事法律行为,有遗嘱能力的人必须具有相应的民事行为能力,遗嘱能力与民事行为能力相一致。

确定遗嘱能力的时间,应当以立遗嘱时为准。《继承法意见》第 41 条明确规定:"遗嘱人立遗嘱时必须有行为能力。无行为能力人所立的遗嘱,即使其本人后来有了行为能力,仍属无效遗嘱。遗嘱人立遗嘱时有行为能力,后来丧失了行为能力,不影响遗嘱的效力。"

本案中,周宏所立的遗嘱是有效遗嘱。周宏立遗嘱时虽然未满 18 周岁,但已经年满 16 周岁,独立生活,以自己的劳动收入为主要生活来源的,应视为完全民事行为能力人,具有遗嘱能力,所立遗嘱是有效遗嘱,应当按照遗嘱来继承。

(五) 自测案例

王力与周才 1992 年自由恋爱结婚,婚后感情一直很好,1999 年 6 月,王力因为一次车祸受到惊吓,精神受到刺激,经诊断患有间歇性精神病,多次治疗也没有效果,反而更加严重。妻子周才悉心照顾,病情也没有好转,2001 年 6 月,王力溺水身亡。办理完丧事后,王力的父母与周才因为遗产问题发生争议,王力父母认为自己应该继承儿子的遗产。周才认为,王力在病情稳定的时候立有遗嘱,遗嘱中将全部财产留给了自己。双方发生争议。法院审理查明,遗嘱时间是 1999 年 12 月,确实是王力亲笔书写,医院也证实,1999 年 12 月王力的精神状况正常。

问题:王力所立的遗嘱是否有效?

二、遗嘱的形式

遗嘱为要式法律行为,必须符合法律规定的形式才能发生法律效力。遗嘱应当具备的法律形式为:(1) 公证遗嘱;(2) 自书遗嘱;(3) 代书遗嘱:(4) 录音遗嘱;(5) 口头遗嘱。以上遗嘱必须符合各自形式要件的要求,否则遗嘱无效。

(一)案情简介

案 例

柴川佳系被继承人柴索新与郝永茵之孙女。2001年9月19日,被继承人柴索新因病住院,他自感时日不多,需要安排后事,便让妻子郝永茵与好友黎某来到病床前,自己口述,两人同时记录后,由黎某整理,立下以下遗嘱:自己所存的人民币3000元给儿子柴时锦、孙女柴川佳(7岁),其余财产由妻子处理。黎某念给柴索新听后,柴索新遗嘱上签字盖章、按了手印,并注明年、月、日。柴索新想起法律规定在场见证的须有两人以上,所以感到心里不踏实,遂当着两人的面,委托黎某去请居委会主任甄某见证。次日,经黎某说明情况,甄某在遗嘱上签字并盖章。被继承人柴索新于3日后病故。郝永茵依照遗嘱付给儿子柴时锦人民币1000元。儿媳多次向婆婆索要被继承人柴索新遗嘱中指定给其女柴川佳的教育费,均被郝永茵以种种借口搪塞过去。2001年12月,柴时锦夫妇感情破裂,法院准予离婚,同时判决柴川佳由女方抚养。由于郝永茵拒绝履行遗嘱指定给柴川佳的教育费,女方便以法定代理人身份代理柴川佳向人民法院起诉,要求郝永茵依照柴索新的遗嘱付给柴川佳教育费。①

(二)思考方向

在法律规定的五种遗嘱形式中,除公证遗嘱和自书遗嘱外,代书遗嘱、

---

① 林嘉著:《以案说法:婚姻家庭继承法篇》,中国人民大学出版社2000年版,第322页。

录音遗嘱、口头遗嘱还应当具备有两个以上无利害关系人在场见证的条件。在上述案例中,对柴索新的遗嘱性质及效力的判定,应当依照法律规定的遗嘱形式加以确定。

(三)法律规定

1.《继承法》第17条 公证遗嘱由遗嘱人经公证机关办理。自书遗嘱由遗嘱人亲笔书写,签名,注明年、月、日。代书遗嘱应当有两个以上见证人在场见证,由其中一人代书,注明年、月、日,并由代书人、其他见证人和遗嘱人签名。以录音形式立的遗嘱,应当有两个以上见证人在场见证。遗嘱人在危急情况下,可以立口头遗嘱。口头遗嘱应当有两个以上见证人在场见证。危急情况解除后,遗嘱人能够用书面或者录音形式立遗嘱的,所立的口头遗嘱无效。

第18条 下列人员不能作为遗嘱见证人:(一)无行为能力人、限制行为能力人;(二)继承人、受遗赠人;(三)与继承人、受遗赠人有利害关系的人。

第20条 遗嘱人可以撤销、变更自己所立的遗嘱。立有数份遗嘱,内容相抵触的,以最后的遗嘱为准。自书、代书、录音、口头遗嘱,不得撤销、变更公证遗嘱。

2.《继承法意见》第35条 继承法实施前订立的,形式上稍有欠缺的遗嘱,如内容合法,又有充分证据证明确为遗嘱人真实意思表示的,可以认定遗嘱有效。

第36条 继承人、受遗赠人的债权人、债务人,共同经营的合伙人,也应当视为与继承人、受遗赠人有利害关系,不能作为遗嘱的见证人。

第40条 公民在遗书中涉及死后个人财产处分的内容,确为死者真实意思的表示,有本人签名并注明了年、月、日,又无相反证据的,可按自书遗嘱对待。

(四)学理分析

本案中,柴索新所立遗嘱为代书遗嘱,因不符合代书遗嘱的法定形式而无效。我国《继承法》规定的五种遗嘱形式中,代书遗嘱、录音遗嘱、口头遗嘱都须有两个以上的见证人在场见证。见证人的证明直接关系到遗嘱的效力。为保证遗嘱的真实性,无行为能力人、限制行为能力人、继承人、受遗赠人,与继承人、受遗赠人有利害关系的人等不能作为遗嘱的见证人。

本案中,柴索新在遗嘱上签字盖章,且注明了年月日,但内容并非自己亲笔书写,因而并非自书遗嘱,而为代书遗嘱。该代书遗嘱在场见证的人只有黎某一人,郝永茵是继承人,与其他继承人有利害关系,不能作为遗嘱见证人;甄某是事后补签,并没有现场见证,因而不是有效见证人。该遗嘱不符合必须有两个以上见证人的要求,因而该遗嘱无效。柴川佳不能获得遗嘱中指定的3000元,柴川佳也不是第一顺位的法定继承人,因而无权继承柴索新的遗产。

(五)自测案例

姚清民是某厂工程师,其妻子1988年病故。当时他们的长子姚刚在外地工作并已成家,次子姚强也成年,是某企业职工。1992年,经人介绍,姚清民与教师张雅洁登记结婚,婚后两人生活幸福,姚刚、姚强也经常回家看望。1999年6月,姚清民在一次实验事故中受重伤,生命垂危,需手术抢救。在手术之前,姚清民神志清醒,并对守护在他身边的妻子和一位厂领导立下口头遗嘱:"我死以后,与妻子张雅洁再婚后所购置的新家具由妻子张雅洁继承;我近几年从事科研活动所得的三千元奖金也由妻子继承。我的自行车、手表以及衣物由姚强继承。"经过医护人员的抢救,姚清民脱离了危险,四个月后痊愈出院。出院以后,姚清民继续进行原科研项目的实验和研究。2006年11月,姚清民因劳累过度导致突发性脑溢血死亡。姚清民死亡后,其子姚刚和姚强要求,根据法定继承分割其父遗产,但其继母坚持按姚清民立下的口头遗嘱继承遗产。

问题:本案应否按遗嘱继承来办理?

三、共同遗嘱

共同遗嘱,有的称为合立遗嘱,是指两个以上的遗嘱人共同设立的一份遗嘱,在遗嘱中同时处分共同遗嘱人的各自或共同财产。共同遗嘱以夫妻双方合立的共同遗嘱为常,我国继承法对共同遗嘱未作规定,根据遗嘱只有在符合法律规定的形式才能发生效力的特点,共同遗嘱应当为无效遗嘱,不具有遗嘱效力。

（一）案情简介

> **案例**
>
> 王强与张玲于1982年结婚，婚后二人经营一个食品零售部。王强与前妻所生子王林，张玲与前夫所生子张微，也同在一起生活。1987年6月，王强同张玲共同立了一份遗嘱，遗嘱规定，夫妻先死的一方遗产由另一方继承，后死的一方遗产由王林、张微按遗产折价等额继承，不经双方同意，任何一方不得变更、撤销遗嘱。1988年1月，王强在提货途中，因交通事故死亡，其遗产9万元全部由张玲继承。后王林与继母关系逐渐恶化。1992年6月，张玲身患绝症，立下遗嘱，由女儿张微继承其遗产30万元中的27万，继子王林继承3万元。1992年8月，张玲病逝。王林认为，继母的最后遗嘱违反了她和父亲王强的共同遗嘱，因而向人民法院起诉，要求以共同遗嘱作为继承依据。①

（二）思考方向

在《继承法》施行前，司法实践上一般是承认共同遗嘱的，只要遗嘱的内容合法就承认其效力。我国《继承法》对共同遗嘱未作规定，学理上对是否承认共同遗嘱的效力有不同的观点。上述案例中，当事人所立的共同遗嘱是否有效，应当根据继承法的立法本意加以确定。

（三）法律规定

《遗嘱公证细则》第15条　两个以上的遗嘱人申请办理共同遗嘱公证的，公证处应当引导他们分别设立遗嘱。

---

① 曲润富、楼晓：《夫妻共同遗嘱不得限制一方的遗嘱自由》，载《中央政法管理干部学院学报》1994年第4期，第53页。

(四) 学理分析

王强与张玲所立的是共同遗嘱。共同遗嘱,有的称为合立遗嘱,是指两个以上的遗嘱人共同设立的一份遗嘱,在遗嘱中同时处分共同遗嘱人的各自的或共同的财产。共同遗嘱可以分为形式意义的共同遗嘱和实质意义的共同遗嘱。形式意义的共同遗嘱又叫单纯的共同遗嘱,是指内容各自独立的两个或两个以上的遗嘱记载于同一遗嘱书中。这种共同遗嘱只保持着某种形式上的同一,而在内容上是各遗嘱人独立进行意思表示,并根据各自意思表示产生独立法律效果,相互不存在制约和牵连。实质意义的共同遗嘱是指两个或两个以上的遗嘱人将其共同一致的意思通过一个遗嘱表示出来,形成一个内容共同或相互关联的整体遗嘱。实质意义上的共同遗嘱通常可以分为三种类型:一是相互指定对方为自己的遗产继承人;二是共同指定第三人为遗产的继承人或受遗赠人,其遗产以共同财产居多;三是相互指定对方为继承人,并约定后死者将遗产留给指定的第三人。通常所说的共同遗嘱仅指实质意义上的共同遗嘱。王强与张玲所立的就是实质意义上的共同遗嘱。

那么这份共同遗嘱是否有效呢?我国在《继承法》施行前,司法实践上一般是承认共同遗嘱的,只要遗嘱的内容合法就承认其效力。《继承法》颁布后,因法律中未对共同遗嘱作出明确规定,理论上对是否承认共同遗嘱的效力也就有肯定说、限制肯定说、否定说三种不同的观点。我们认为,共同遗嘱不是与个人遗嘱相并列的一种遗嘱类型,而是一种独立的遗嘱形式,不符合法律规定形式的遗嘱不能发生效力。《继承法》实施后设立的共同遗嘱,应当是属于形式不合法律规定的无效的遗嘱。另外,《遗嘱公证细则》第15条规定:"两个以上的遗嘱人申请办理共同遗嘱公证的,公证处应当引导他们分别设立遗嘱。"据此规定,公证机关不予办理共同遗嘱公证。根据以上分析,我们认为王强与张玲所立共同遗嘱无效。王强的遗产应当按照法定继承办理。张玲1992年所立的遗嘱中,除了共同遗嘱中无效后应属于王强和张微的3万元,其余24万元属于张玲的财产,该部分遗嘱是有效的,应当依照遗嘱办理。因此30万元中,属于王林的3万元及利息应当返还给王林,3万元属于张微的财产。另24万元由张微依照遗嘱继承。

（五）自测案例

车宁与周艳夫妇婚后多年无子女，于是收养一个2岁的男孩，取名为车宇。车宇9岁时，车宁与周艳喜得一子，取名车福。1999年，车福已成年并参加了工作，车宇也已结婚，婚后他一直照顾养父母的生活。2001年，车宁与周艳感到他们年迈多病，在世之日已不多，便立下书面共同遗嘱，遗嘱中言明，在他们死后，他们共有的三间房屋由养子车宇继承一间，由亲生子车福继承二间。2003年周艳病故，同时车宁也瘫痪在床，生活不能自理。从此车宇担负起赡养养父的义务。车福不但不尽赡养义务，反而咒骂卧病的老父，这使车宁非常痛心。于是，车宁于2006年2月变更了共同遗嘱，将三间房屋改由养子车宇全部继承。2006年9月，车宁去世后，车宇和车福在房屋继承问题上发生纠纷。车福要求按照原共同遗嘱的规定继承。而车宇则认为，应当按照变更后遗嘱继承。

问题：本案三间房屋应当如何继承？

四、遗嘱的效力

遗嘱具备了法律规定的有效条件，即发生按照遗嘱人意思表示处置其遗产的法律效力。

（一）案情简介

案 例

四川省泸州市某公司职工黄永彬和蒋伦芳1963年结婚，但是妻子蒋一直没有生育，后来只得抱养了一个儿子。由此原因给家庭笼罩上了一层阴影。1994年，黄永彬认识了一个名叫张学英的女子，并且在与张认识后的第二年同居。黄的妻子蒋发现这一事实以后，进行劝告但是无效。1996年底，黄永彬和张学英租房公开同居，以"夫妻"名义生活，依靠黄的工资（退休金）及奖金生活。2001年2月，黄到医院检查，确认自己已经是晚期肝癌。在黄即将离开人世的这段日子里，张学英面对旁人的嘲讽,以妻子的身份守候在黄的病床边。黄永彬在 2001 年 4 月 18 日立下遗嘱:"我决定,将依法所得的住房补贴金、公积金、抚恤金和卖泸州市江阳区一套住房售价的一半(即 4 万元),以及手机一部遗留给我的朋友张学英一人所有。我去世后骨灰盒由张学英负责安葬。"4 月 20 日,黄的这份遗嘱在泸州市纳溪区公证处得到公证。4 月 22 日,黄去世,张根据遗嘱向蒋索要财产和骨灰盒,但遭到蒋的拒绝。张遂向纳溪区人民法院起诉,请求依据继承法的有关规定,判令被告蒋伦芳执行遗嘱。人民法院经审理认为,黄永彬将自己的财产通过遗嘱的方式处分给和自己有同居关系的张学英,违背社会公德,应当认定遗嘱无效。遂判决驳回了张学英的诉讼请求。

(二) 思考方向

遗嘱是遗嘱人按照自己的遗愿处分其遗产的意思表示,根据"意思自治"的民法原则,一般情况下,该意思表示应当得到法律的尊重。遗嘱作为一种民事行为,只有违背法律明确规定的条件下,才能认定是无效的。上述案例中,黄永彬将财产处分给"第三者"的遗嘱,人民法院以违反善良风俗而认定无效的做法是否符合法律规定,应当依照法律规定的遗嘱有效和无效的条件加以确认。

(三) 法律规定

1.《继承法》第 19 条　遗嘱应当对缺乏劳动能力又没有生活来源的继承人保留必要的遗产份额。

第 22 条　无行为能力人或者限制行为能力人所立的遗嘱无效。遗嘱必须表示遗嘱人的真实意思,受胁迫、欺骗所立的遗嘱无效。伪造的遗嘱无效。遗嘱被篡改的,篡改的内容无效。

2.《继承法意见》第 35 条　继承法实施前订立的,形式上稍有欠缺的遗嘱,如内容合法,又有充分证据证明确为遗嘱人真实意思表示的,可以认定遗嘱有效。

第 38 条 遗嘱人以遗嘱处分了属于国家、集体或他人所有的财产,遗嘱的这部分,应认定无效。

第 41 条 遗嘱人立遗嘱时必须有行为能力。无行为能力人所立的遗嘱,即使其本人后来有了行为能力,仍属无效遗嘱。遗嘱人立遗嘱时有行为能力,后来丧失了行为能力,不影响遗嘱的效力。

第 45 条 应当为胎儿保留的遗产份额没有保留的应从继承人所继承的遗产中扣回。为胎儿保留的遗产份额,如胎儿出生后死亡的,由其继承人继承;如胎儿出生时就是死体的,由被继承人的继承人继承。

(四) 学理分析

本案中,人民法院认定黄永彬将财产处分给"第三者",该遗嘱因为双方的关系违背社会公德而无效是不正确的。依我国《继承法》的规定,遗嘱无效的情形为:(1) 无行为能力人或者限制行为能力人所立的遗嘱无效。(2) 受胁迫、欺骗所立的遗嘱无效。(3) 伪造的遗嘱无效。(4) 被篡改的遗嘱内容无效。(5) 遗嘱没有对缺乏劳动能力又没有生活来源的继承人保留必要份额的,对应当保留的必要份额的处分无效。此外,从《继承法》第 28 条以及司法解释的精神上看,取消或者忽视胎儿应继承份额的遗嘱,对该份额的处分也应当是无效的。(6) 遗嘱人以遗嘱处分了属于国家、集体或他人所有的财产,遗嘱的这部分内容,应认定无效。

黄永彬有配偶与他人同居,违反《婚姻法》"夫妻应当相互忠实"的规定,违背社会公德,应当承担一定的法律责任。但《继承法》并没有将遗嘱人与受遗赠人身份关系的违法性作为遗嘱无效的法定情形。黄永彬的遗嘱无论在内容还是形式上都符合法律规定的遗嘱条件,判决抛开《继承法》关于遗嘱有效和无效条件的具体法律规定,直接适用《民法通则》上的基本原则作为判决依据,本身就是值得商榷的。法律原则,尤其是较高层次的法律原则,在经足够的具体化之前没有直接的适用性,不能作为请求权之规范基础。民法的基本原则,根本不区分构成要件及法律效果,即使被法条明确宣示,也不能直接适用于裁判个案。因此对于民法的基本原则来说,其适用不是直接的,而必须具体化后才能直接适用。既然继承法有具体的法条形式,应当获得具体实现。

五、遗嘱的变更和撤销

遗嘱的变更,是指遗嘱人在遗嘱设立后对遗嘱内容的部分修改。遗嘱的撤销是指遗嘱人在设立遗嘱后又取消原来所立的遗嘱。遗嘱作为单方民事法律行为,在其依遗嘱人单方的意思表示成立后,遗嘱人可依单方的意思表示进行变更或撤销。

(一) 案情简介

> **案 例**
>
> 某大学教授邹曙文早年丧妻,有一子一女。大儿子邹健刚为某汽车修配厂的技术员,小女儿邹雪冰大学毕业后即被分配到外地某研究所工作。邹曙文因一直与其儿子一起生活,故于1998年5月立下亲笔遗嘱,决定在其死后除将自己多年来珍藏的与其女儿专业有关的书籍由女儿邹雪冰继承以外,其余的书籍、字画以及所有的存款、家用电器等一并由其儿子邹健刚继承。由于邹曙文体弱多病,需邹健刚经常细心的照料。时间长了之后,邹健刚逐渐变得不耐烦起来,尤其是在其妻的挑唆之下,经常向邹曙文索要钱财,而且以锻炼身体为名,要求其老父干重体力活。在忍无可忍的情况下,邹曙文即搬到外地女儿邹雪冰家居住。邹雪冰在繁忙的工作之余,对邹曙文照顾得非常周到,邹曙文感到愧对其女儿,因而亲自到公证机关立下公证遗嘱,明确表示在其死后,除少部分存款由邹健刚继承外,其所有的书籍、字画、家用电器以及大部分存款指定由邹雪冰继承。2001年10月,邹曙文病重住院期间,全部由其女儿及女婿照顾,而邹健刚则不闻不问,使得邹曙文极为恼怒。邹曙文在其弥留之际,当着三个医生和一个护士的面,将其所有的财物决定由其女儿一人继承。邹曙文去世后,邹雪冰根据邹曙文的口头遗嘱,准备继承其父全部财产时,遭到邹健刚的反对,邹健刚亦持其父所立的自书遗嘱要求继承。邹雪冰遂向人民法院提起诉讼。[①]

---

① 杨振山主编:《民商法实务研究(继承卷)》,山西经济出版社1993年版,第134页。

（二）思考方向

遗嘱是遗嘱人单方的意思表示,又是于遗嘱人死亡继承开始之时才发生法律效力的法律行为,因此,在遗嘱发生效力前,遗嘱人得随时变更或撤销所立的遗嘱,而不必有任何事由或征得任何人的同意。上述案例中,邹曙文先后所立的三份遗嘱,在内容相抵触的情况下,应当以哪一份遗嘱作为继承根据,应当依照法律规定的遗嘱的变更和撤销的生效条件加以确定。

（三）法律规定

1.《继承法》第 20 条 遗嘱人可以撤销、变更自己所立的遗嘱。立有数份遗嘱,内容相抵触的,以最后的遗嘱为准。自书、代书、录音、口头遗嘱,不得撤销、变更公证遗嘱。

2.《继承法意见》第 39 条 遗嘱人生前的行为与遗嘱的意思表示相反,而使遗嘱处分的财产在继承开始前灭失、部分灭失或所有权转移、部分转移的,遗嘱视为被撤销或部分被撤销。

第 42 条 遗嘱人以不同形式立有数份内容相抵触的遗嘱,其中有公证遗嘱的,以最后所立公证遗嘱为准;没有公证遗嘱的,以最后所立的遗嘱为准。

（四）学理分析

本案中,应当以邹曙文所立的公证遗嘱进行继承。罗马法上有"死者之意思表示于生命最后存在为可动的"。遗嘱的变更、撤销自由为各国民法所继受,民法之所以赋予遗嘱人以变更、撤销遗嘱的自由,原因在于：一是最大可能地尊重死者的意思;二是立遗嘱到遗嘱人死亡,往往会有较长的一段时间,其间情事可能发生很大变化,如果不允许遗嘱人变更撤销当初立下的遗嘱,对遗嘱人要求未免过于严格;三是遗嘱是无相对人的单方民事法律行为,遗嘱的变更、撤销不会损害到第三人的利益。

根据我国《继承法》的有关规定,遗嘱人在作出遗嘱的变更、撤销的意思表示时应当具备一定的条件,该条件与遗嘱的设立是相同的。遗嘱人的意思表示除须满足法定条件,还需要通过一定的方式或者形式表现出来：(1)遗嘱人另立新的遗嘱,并且在新的遗嘱中明确表示变更或撤销原来的遗嘱。但对公证遗嘱的变更、撤销必须采用公证的方式。(2)遗嘱人立有数份遗嘱,但没有在后面的遗嘱中表示变更、撤销前面的遗嘱,如前后遗嘱内容相抵触的,推定变更、撤销前遗嘱;如前后遗嘱的内容部分抵触时,则视为遗嘱的变更,抵触部分按后遗嘱办理;如前后遗嘱不相抵触,两遗嘱可以并存,不发生变更和撤销的问题;如遗嘱无法认定先后顺序,则视为遗嘱内容互相抵触而无效。(3)遗嘱人生前的行为与遗嘱的内容相抵触的,推定遗嘱变更、撤销。(4)遗嘱人故意销毁、涂销或在遗嘱上有废弃的记载的,推定遗嘱人撤销原遗嘱。①

邹曙文所立的三份遗嘱第一份是自书遗嘱,第二份是公证遗嘱,第三份是口头遗嘱。三份遗嘱都是有效的遗嘱,但内容互相抵触。依照《继承法》以及司法实践,公民立有数份遗嘱,内容相抵触的,以最后的遗嘱为准。其中有公证遗嘱的,以最后所立公证遗嘱为准。自书、代书、录音、口头遗嘱,不得撤销、变更公证遗嘱。邹曙文立的三份遗嘱中,只有一份公证遗嘱,因而应当按照公证遗嘱来继承。

(五)自测案例

刘兴与妻戴敏共生育3个儿子,长子刘孝(现年48岁,农民)、次子刘林(现年45岁,工人)、三子刘平(现年41岁,无业)。1981年刘兴、戴敏经批准在海淀区四季青乡盖了3间北房、1间西房。刘林、刘孝分别自行申请盖房。1982年3月刘平与李珍结婚,生一女刘娜。1985年3月刘兴夫妇及刘平夫妇将1间西房翻建成2间西房。戴敏于1987年2月因车祸去世,未留遗嘱。李珍于1991年2月因病去世,亦未留遗嘱,其法定继承人未就其遗产进行分割。刘平于1993年2月与柳红结婚,并于1994年、1995年、1996年分别对3间北房、2间西房进行了装修,还在院里未经批准盖了1间小东房。刘兴在1987年2月写下遗嘱,将北房3间、西房1间留给刘平。但刘平再婚后,媳妇和刘兴关系不佳,柳红经常不给老人做饭、洗衣。刘兴非常气愤,1994年改写遗嘱,将3间北房和2间西房中的2间北房给刘孝、1间北房给刘林、2间西房给刘平。1998年2月刘兴因病去世。刘平拿着1987年的遗嘱要求继承。刘孝、刘林起诉刘平,要求按1994年的遗嘱继承。刘平辩称,刘孝、刘林的住房中有我父亲的份额,而且我父亲1994年的遗嘱不合法,其中西房1

---

① 史尚宽著:《继承法论》,中国政法大学出版社2000年版,第481页。

间有我的份额,侵犯了我的利益。我还要求执行1987年的遗嘱继承。①

问题:

1. 此案的继承应以哪份遗嘱为主?
2. 变更后的遗嘱是否合法?有哪些法律依据?

六、遗嘱的执行

遗嘱的执行,是指于遗嘱生效后为实现遗嘱的内容所必要的行为及程序。遗嘱的执行,应当按以下程序进行:(1)确定遗嘱执行人;(2)遗嘱执行人应当履行以下职责:查明遗嘱是否合法真实;清理遗产;管理遗产;按照遗嘱内容执行遗赠和将遗产最终转移给遗嘱继承人。

(一) 案情简介

案例

被继承人刘献,1954年与王蔷薇结婚,婚后一直未生育。1959年刘献夫妇收养一子,取名刘显涛。1964年,刘献夫妇又得一女,取名刘乙。1974年,刘献因病去世。刘献去世后,养子刘显涛不听养母的管教,下班后经常在外游荡,夜不归宿,并染上了赌博的恶习。1983年,王蔷薇因患重病,住院治疗,王蔷薇住院期间,均由其女儿刘乙精心照料。刘显涛对患病的养母不但不管不问,反而对病中的养母王蔷薇大吵大闹,索要钱财,以供其在外挥霍。因此,王蔷薇对养子刘显涛非常伤心和失望。1989年,王蔷薇即向领导表示:自己患病全靠女儿刘乙一人照料,所以,自己死后全部家产由女儿继承,并指定其单位领导赵易为该遗嘱执行人。王蔷薇自书写了上述遗嘱,并请单位领导、同事在遗嘱上签名作证。同年底,王蔷薇在医院病逝。王蔷薇死后,遗嘱便交给了遗嘱执行人赵易。赵易对王蔷薇的全部家产进行了清查,经查,王蔷薇所遗留的全部家产折合人民币6万元。事后,刘乙要求按遗嘱规定继承全部遗产,但赵易仅分给她4万元。分给刘显涛2万元(已被挥霍)。刘乙认为,赵易作为遗嘱执行人无权擅自变更遗嘱内容,向人民法院提起诉讼。

---

① 田岚、夏吟兰著:《婚姻家庭继承法教学案例》,中国政法大学出版社1999年版,第195—196页。

（二）思考方向

执行遗嘱的目的，是为了实现遗嘱人在遗嘱中所表示的意思，保护继承人与利害关系人的利益，这就要求遗嘱执行人在执行遗嘱时，须按照法律的要求和遗嘱人的遗愿，忠实地履行自己的职责。上述案例中，赵易作为遗嘱执行人是否有权变更遗嘱内容，应当依照遗嘱执行人的权利和义务内容加以确定。

（三）法律规定

《继承法》第 16 条　公民可以依照本法规定立遗嘱处分个人财产，并可以指定遗嘱执行人。

（四）学理分析

首先，根据我国《继承法》第 16 条的规定和司法实践，遗嘱执行人可以通过以下两种方式确定：(1) 遗嘱人在遗嘱中指定遗嘱执行人。(2) 法定继承人担任遗嘱执行人。赵易是遗嘱中指定的遗嘱执行人，赵易具有完全的民事行为能力，也没有表示不担当遗嘱执行人。因而赵易是合法的遗嘱执行人。

其次，遗嘱执行人执行遗嘱时，须按照法律的要求和遗嘱人的意愿，忠实地履行自己的职责。遗嘱执行人在执行遗嘱中非因可归责于自己的事由而受到损害的，可以请求继承人赔偿。遗嘱执行人因其故意或过失而给继承人和受遗赠人造成损害的，应负赔偿责任。遗嘱执行人不能忠实地履行职责，例如，不能及时清理遗产，不按照遗嘱内容执行，对遗嘱原意作不利于某继承人的不正确解释，侵占遗产为自己谋利等，遗嘱继承人和受遗赠人也可以请求人民法院撤销遗嘱执行人的资格。赵易作为遗嘱执行人，应当按照遗嘱的内容来执行遗嘱，尊重遗嘱人的真实遗愿。但赵易故意变更遗嘱内容，侵害了继承人刘乙的权利。因此刘乙可以请求法院撤销遗嘱执行人的资格，对赵易给刘乙造成的损害，赵易还应当承担赔偿责任。

七、遗嘱自由的限制——必继份制度

为保护没有劳动能力又没有生活来源的人利益，减轻社会负担，我国《继承法》规定，遗嘱当中应当为没有劳动能力又没有生活来源的人（包括胎儿)保留必要的份额。我国继承法理论上将其称为必继份制度。

(一) 案情简介

> **案例**
>
> 1998年3月3日,原告李雪花与被告范祖业、滕颖之子范顺祥登记结婚。2002年8月27日,范顺祥与秦淮区房产经营公司签订《南京市直管公有住房买卖契约》,购买位于本市秦淮区安居里、建筑面积为45.08平方米的306室房屋。同日,范顺祥交付购房款14582.16元,其中1万元系向被告范祖业、滕颖所借。同年9月,范顺祥以自己的名义办理了房屋所有权证、国有土地使用证。2005年3月、10月,原告李雪花分两次向范祖业、滕颖归还了1万元借款。2006年3月,受法院委托,南京大陆房地产估价师事务所有限责任公司对安居里306室进行评估,评估的房产现价为19.3万元。2004年1月30日,原告李雪花和范顺祥共同与南京军区南京总医院生殖遗传中心签订了人工授精协议书。通过人工授精,李雪花于当年10月22日产一子,取名范洋。2004年4月,范顺祥因病住院。5月20日,范顺祥在医院立下自书遗嘱,内容是:"1.通过人工授精(不是本人精子),孩子我坚决不要;2.1984年私房拆迁后分的一套房子,坐落在秦淮区安居里306室,当时由母亲出资壹万伍按房改政策以我的名义购买的房子,赠与父母范祖业和滕颖,别人不得有异议。"5月23日病故。另外,2001年3月范顺祥为开店,曾向滕颖借款8500元。李雪花现持有夫妻关系存续期间的共同存款18705.4元。原被告因房产和存款的继承问题发生。①

(二) 思考方向

我国《继承法》未规定特留份,仅规定了缺乏劳动能力又没有生活来源的继承人必要的遗产份额。在法定继承人不能通过自己的劳动保障自己的

---

① 摘编自 http://www.fsou.com/redirect/index.asp?url=http://vip.chinalawinfo.com/newlaw2002/slc/slc.asp?db=cas&gid=33621877,2008年12月13日访问。

基本生活需要时,被继承人应当为其保留遗产份额,以使其享有的受被继承人扶养的权利通过遗产继续得到实现。因为该规定是对遗嘱自由的限制,法律对其适用规定了严格的条件。只有在符合法律规定的条件下,遗嘱人的该部分遗嘱才是无效的。上述案例中,遗嘱中应否对范洋保留必要的遗产份额,应当依照法律规定的享有继承的"必要的遗产份额"的继承人的条件加以确定。

(三) 法律规定

1.《继承法》第 19 条 遗嘱应当对缺乏劳动能力又没有生活来源的继承人保留必要的遗产份额。

第 28 条 遗产分割时,应当保留胎儿的继承份额。胎儿出生时是死体的,保留的份额按法定继承办理。

2.《继承法意见》第 37 条 遗嘱人未保留缺乏劳动能力又没有生活来源的继承人的遗产份额,遗产处理时,应当为该继承人留下必要的遗产,所剩余的部分,才可参照遗嘱确定的分配原则处理。继承人是否缺乏劳动能力又没有生活来源,应按遗嘱生效时该继承人的具体情况确定。

3.《民法通则》第 57 条 民事法律行为从成立时起具有法律约束力。行为人非依法律规定或者取得对方同意,不得擅自变更或者解除。

4. 最高人民法院《关于夫妻离婚后人工授精所生子女的法律地位如何确定的复函》 在夫妻关系存续期间,双方一致同意进行人工授精,所生子女应视为夫妻双方的婚生子女,父母子女之间权利义务关系适用《婚姻法》的有关规定。

(四) 学理分析

范顺祥的遗产包括两部分:一是房屋;二是存款。范顺祥在遗嘱中处分了房屋,没有处分存款,所以房屋部分继承应当按照遗嘱继承办理,存款部分继承应当按照法定继承办理。在存款的法定继承中,应当先用存款偿还夫妻共同债务,剩余部分分割夫妻共同财产,属于范顺祥部分遗产由其继承人父母、子女和妻子共同继承。在房屋的遗嘱继承中,由于房屋是在夫妻关系存续期间购买,所以属于夫妻共同财产,范顺祥只有权利处分自己的一份。由于在处分遗产时范顺祥否认范洋为其子,否定其继承遗产的资格,所以范洋能否继承范顺祥的遗产是值得研究的。

首先,范洋是范顺祥的婚生子女,不因范顺祥的否认而改变。最高人民法院在1991年7月8日《关于夫妻离婚后人工授精所生子女的法律地位如何确定的复函》中规定:"在夫妻关系存续期间,双方一致同意进行人工授精,所生子女应视为夫妻双方的婚生子女,父母子女之间权利义务关系适用《婚姻法》的有关规定。"以及《民法通则》第57条的规定:"民事法律行为从成立时起具有法律约束力。行为人非依法律规定或者取得对方同意,不得擅自变更或者解除。"李雪花生育的范洋,是范顺祥的合法继承人。

其次,范顺祥在通过遗嘱处分其房屋时,应当为范洋保留必要的份额。根据我国法律规定,遗嘱当中应当为没有劳动能力又没有生活来源的人(包括胎儿)保留必要的份额。据此,该权利的享有应当具备以下条件:(1)权利主体为法定继承人范围以内的人。可以是第一顺序法定继承人,也可以是第二顺序法定继承人。(2)法定继承人应当是既没有劳动能力又缺乏生活来源的人员,即"双无人员"。(3)享有的权利范围为"必要的遗产份额"。必继份的份额依照法律规定是"必要"的遗产份额。"必要"是多少,法律上没有明确的规定。理论上认为,必要的继承份额应当根据实际情况来确定,它一方面取决于缺乏而又无生活来源的法定继承人的实际需要;另一方面取决于被继承人所留下的遗产的数额。通常沿法定平均继承份额上下浮动,可以高于法定继承份额,也可以低于法定继承份额。

(五)自测案例

1. 叶量妻子早年去世。1994年,叶量退休后,独自生活,女儿因为父亲曾经干涉过自己的婚事,已经多年不回家,1995年1月,叶量曾希望女儿回来一起生活,但被女儿拒绝,1995年6月,叶量雇请了一个小保姆吴某某,小保姆悉心照顾叶量,2003年1月,叶量知道自己将不久于人世,于是立下遗嘱,将自己的全部财产遗赠给吴某某,并办理了遗嘱公证。2002年3月,叶量病逝后,根据其生前所立遗嘱,百万元遗产遗赠给曾照顾其多年的小保姆吴某某。叶量女儿不服,擅自取走遗产。受遗赠人吴某某向法院提起诉讼,要求返还遗产。

问题:百万元遗产应当如何处理?

2. 王银苹1995年与吴俊新再婚。结婚后王银苹丧失了劳动能力,只能做些家务活。1998年,吴俊新立下遗嘱:"死后遗产全部归儿子吴明根所有,吴明根负责王银苹的生养死葬。"王银苹在遗嘱上也签名盖了章。1999年8月,吴俊新病逝。后吴明根认为王是累赘,经常制造家庭纠纷,并且认为房屋财产已归自己一人所有,拒绝分家。2000年3月28日,王银苹以自己享有吴俊新的遗产为由将吴明根推上被告席。

问题:王银平能否继承吴俊新的遗产?

八、遗赠的有效条件

遗赠是指公民以遗嘱的方式将其个人财产赠与国家、集体或者法定继承人以外的公民,而于其死亡后才发生法律效力的民事行为。遗赠是遗赠人单方的民事行为,必须具备一定的条件才能发生法律效力。

(一)案情简介

案例

杨志强是某大学退休教师,热心公益事业。杨志强中年丧妻,仅有一个儿子杨全智,已经长大成人并结婚另过。可儿子杨全智不孝,尤其对杨志强捐助公益事业十分不满。1996年5月19日,杨志强感到年纪不饶人,力不从心,所以亲笔立下书面遗嘱。在遗嘱中,杨志强表示将自己多年的积蓄42500元捐献给他工作过的某大学作为科研经费,其两室一厅的住房赠与本校住房有困难的青年学术骨干彭广平,希望他安心工作。该遗嘱一式两份,一份由杨志强保留,一份交给学校保存。当天下午,杨全智到父亲杨志强家中无意间发现这份遗嘱,十分恼火,与父亲争吵起来并当场把遗嘱给撕了。5月21日,杨志强突然精神失常。虽经治疗也不见好转;1997年3月,杨志强去世。丧事料理完毕,杨志强所属学校及彭广平在1997年4月要求按照遗嘱处分杨志强的遗产。杨全智则认为其父杨志强生前患精神病,神志不清,所立遗嘱无效,应由他继承全部遗产。双方为此发生纠纷,一起到法院,请求依法处理。①

---

① 林嘉著:《以案说法:婚姻家庭继承法篇》,中国人民大学出版社2000年版,第337页。

(二) 思考方向

遗嘱人通过遗嘱将其遗产处分给法定继承人以外的任何公民、国家和集体,发生遗赠。因为受遗赠人在接受遗赠后,遗嘱执行人应当按照遗嘱的指示将遗赠的遗赠物移交给受遗赠人,因此法律对遗赠的发生规定了严格的条件。上述案例中,杨志强将自己的财产通过遗嘱的方式处分给法定继承人以外的自然人、法人或者国家的行为是否有效,应当依照法律规定的遗赠的条件加以确定。

(三) 法律规定

1.《继承法》第 16 条　公民可以依照本法规定立遗嘱处分个人财产,并可以指定遗嘱执行人。公民可以立遗嘱将个人财产指定由法定继承人的一人或者数人继承。公民可以立遗嘱将个人财产赠给国家、集体或者法定继承人以外的人。

第 25 条　继承开始后,继承人放弃继承的,应当在遗产处理前,作出放弃继承的表示。没有表示的,视为接受继承。受遗赠人应当在知道受遗赠后两个月内,作出接受或者放弃受遗赠的表示。到期没有表示的,视为放弃受遗赠。

2.《继承法意见》第 53 条　继承开始后,受遗赠人表示接受遗赠,并于遗产分割前死亡的,其接受遗赠的权利转移给他的继承人。

(四) 学理分析

本案中,杨志强通过遗嘱的方式将自己所有的财产处分给学校和他人,该遗赠行为有效。

我国《继承法》规定,"公民可以立遗嘱将个人财产赠给国家、集体或者法定继承人以外的人"。遗赠是遗赠人单方的民事法律行为,必须具备一定的条件才能发生效力。这些条件包括:(1) 遗赠人须有遗嘱能力。(2) 遗赠人须为缺乏劳动能力又没有生活来源的继承人保留必要的遗产份额。(3) 遗赠人所立的遗嘱符合法律规定的形式。(4) 受遗赠人须为在遗赠人的遗嘱生效时生存之人。(5) 须受遗赠人未丧失受遗赠权。(6) 遗赠的财产须为遗产,且在遗赠人死亡时执行遗赠为可能和合法。

杨志强在5月21日精神失常,而遗嘱是在5月19日所立,立遗嘱时具有遗嘱能力,遗嘱的内容是其真实的意思表示,遗嘱也符合法律规定的形式,虽然其中一份已经被杨全智撕毁,但不影响遗嘱的效力,该遗嘱是一份有效的遗嘱。遗嘱将遗产处分给法定继承人以外的学校和彭广平,学校和彭广平是受遗赠人,在知道受遗赠后两个月内明确表示接受遗赠,其受遗赠的权利应当得到法律保护。

(五)自测案例

王某家境富裕,但在其妻的挑唆下,对其老母亲张氏拒不赡养,搬出去另过。张氏的邻居刘丽姑娘看到张氏有困难,即主动给予多方照顾。一天,张氏突然病危,刘丽急忙将其送往医院抢救,并通知王某。张氏想到儿子的不孝和刘丽对她的多年照顾,在手术前立下口头遗嘱,表示在她死后,将其出嫁时带到张家并埋在地下的一罐银元留给刘丽。有医生和护士在场见证。在手术进行过程中,王某夫妇赶到医院。当听说母亲将银元赠给刘丽时,王某夫妇便逼迫刘丽立下书据,写明刘丽将那罐银元转给王某夫妇。由于手术不成功,张氏死亡。一个星期后,在一次同学联欢会上,刘丽提起此事,同学们都劝刘丽找王某要回银元。刘丽找到王某要回银元未果,即起诉到法院。

问题:刘丽能否要回银元,为什么?

九、遗赠扶养协议

遗赠扶养协议是指遗赠人与扶养人订立的关于扶养、遗赠的协议。遗赠扶养协议作为扶养人和遗赠人之间的合同,在合同有效成立并生效之后,扶养人对遗赠人的遗产具有优先的权利。

(一)案情简介

案 例

1987年2月17日,出家人毛顺清、龙福臣请张廷亮、陈卫华等人在场,况廷达、肖光伦、况忠良代笔,立下遗嘱。遗嘱主要内容为:"毛顺清、龙福臣师徒二人生前生活要梅正仙负责,死后由梅正仙安埋,自立字据之日起毛的一三间房屋主权属梅正仙所有,任何人不得侵犯干涉。"同年3月6日,毛顺清、龙福臣与梅正仙到贵州省赫章县公证处公证。公证文书名为"赠与书",主要内容为:"赠与人毛顺清、龙福臣,受赠人梅正仙,赠与人毛顺清、龙福臣在赫章县城关镇解放东路299号有自己修建的土木瓦结构平房三间,面积约60平方米,价值11000元,现因年老多病,又无其他亲人,为减轻国家和人民负担,自愿将上述房屋和压面机及其他家具有条件的赠与侄女梅正仙,从赠与书生效之日起,产权即归梅正仙所有,同时梅正仙必须负责毛顺清、龙福臣的生养死葬。"协议签订后,毛、龙二人将房屋、压面机等交付梅正仙,梅正仙也给毛、龙二人提供了粮食、蔬菜等。同时,梅正仙在征得毛、龙二人同意后,对解放东路299号房屋进行重建,将该房屋拆除并修建成面积为120平方米砖混结构一楼一底的房屋,花费约15000元。拆房之初,毛、龙二人向城关镇居委会借房居住。但房屋建好后,梅正仙并未将毛、龙二人接回,而是将该房用作经营,楼上开旅馆,楼下开餐馆。1990年,雷先吉(女,系出家人)经介绍来到赫章县与毛、龙二人共居住,自食其力。梅正仙对此不满,双方产生矛盾,加之毛顺清的经书被当地公安机关没收,毛怀疑是梅正仙告发,双方关系进一步恶化。梅正仙即放弃了对毛、龙二人的扶养,毛、龙二人靠借种他人土地、捡拾破烂和群众的接济维持生活。毛、龙二人多次向居委会、公证处反映梅正仙不尽生养义务。赫章县公证处、城关镇居委会多次组织调解均无结果。在城关镇居委会和群众的支持下,毛顺清、龙福臣二人以"房屋赠与梅正仙,是有条件的赠与,现梅正仙对我们不尽义务"为由,于1991年6月5日向赫章县人民法院起诉,请求解除遗赠关系并归还房屋和其他财产。[①]

(二) 思考方向

遗赠扶养协议是我国法律上特有的一种遗产转移的方式。其双方法律

---

① 摘编自http://china.findlaw.cn/info/case/jdal/3379.html,2008年12月12日访问。

行为性质,决定了和遗赠的区别;有偿法律行为性质,决定了和赠与合同的区别;协议中有关遗赠的内容只能于受扶养人死亡后发生效力,决定了它与一般合同的区别。鉴于遗赠扶养协议的特殊性,法律对其效力规定了严格的条件。只有在符合遗赠扶养协议的条件下,才能产生按照协议转移遗产的效力。

(三) 法律规定

1.《继承法》第五条 继承开始后,按照法定继承办理;有遗嘱的,按照遗嘱继承或者遗赠办理;有遗赠扶养协议的,按照协议办理。

第31条 公民可以与扶养人签订遗赠扶养协议。按照协议,扶养人承担该公民生养死葬的义务,享有受遗赠的权利。公民可以与集体所有制组织签订遗赠扶养协议。按照协议,集体所有制组织承担该公民生养死葬的义务,享有受遗赠的权利。

2.《继承法意见》第55条 集体组织对五保户实行五保时,双方有扶养协议的,按协议处理;没有抚养协议,死者有遗嘱继承人或法定继承人要求继承的,按遗嘱继承或法定继承处理,但集体组织有权要求扣回五保费用。

第56条 扶养人或集体组织与公民订有遗赠扶养协议,扶养人或集体组织无正当理由不履行,致协议解除的,不能享有受遗赠的权利,其支付的供养费用一般不予补偿;遗赠人无正当理由不履行,致协议解除的,则应偿还扶养人或集体组织已支付的供养费用。

(四) 学理分析

本案中,毛顺清、龙福臣与梅正仙签订的"赠与书"为遗赠扶养协议。根据我国《继承法》第31条规定:"公民可以与扶养人签订遗赠扶养协议。按照协议,扶养人承担公民生养死葬的义务,享有受遗赠的权利。"遗赠扶养协议的效力表现在:(1) 遗赠扶养协议在处理遗产上有优先于遗嘱的效力。(2) 遗赠扶养协议一经签订,就在当事人间具有了法律效力。扶养人负有对遗赠人生养死葬的义务,享有在遗赠人死亡后承受其遗赠财产的权利;遗赠人负有将协议中约定的遗赠财产在其死后移转给扶养人的义务,享有接受扶养人生养死葬的权利。(3) 扶养人无正当理由不履行协议,致协议解除的,不能享有受遗赠的权利,其支付的供养费用一般不予补偿;遗赠人无正当理由不履行协议,致协议解除的,则应偿还扶养人已支付的供养费用。

本案中,从1987年2月18日毛顺清、龙福臣所立下的遗嘱,1987年3月6日与梅正仙到赫章县公证处签订的"赠与书"的内容,以及梅正仙对毛、龙所赠与的房屋进行修建需征求毛、龙二人同意的事实来看,梅正仙虽然占有毛、龙二人的财产,但房屋的所有权没有过户,其产权的合法转移应在梅正仙对毛、龙二人尽了生养死葬义务后才得以实现,梅正仙在接受遗赠财产的同时必须承担毛、龙二人的生养死葬义务,双方的法律关系应当属于遗赠扶养协议。梅正仙作为扶养人无正当理由不履行协议,毛顺清、龙福臣有权要求解除协议,请求归还房屋和其他财产。

(五) 自测案例

王某为某农村集体组织成员,终生未育,丈夫去世后,孤苦无依,但拒绝进福利院。邻居张某,为一乡村医生,为人忠厚善良。在王某失去生活能力后,主动担负起扶养老人的责任。王某对张某的为人和家庭生活环境都比较满意,遂提出和张某签订遗赠扶养协议:张某对其履行生养死葬的义务;王某去世后其所有的四间房屋归张某所有。协议签订后,张某就把王某接到自己家进行扶养。2002年10月23日,王某在其侄子的唆使下,委托侄子将自己所有的四间房屋出卖,但尚未办理产权转移登记手续。张某得知后,请求王某要回房屋,遭到王某的拒绝。张某向人民法院提起诉讼,请求确认王某和第三人的房屋买卖合同无效。

问题:

1. 协议生效后,王某对房屋是否有处分的权利?
2. 确认王某和第三人的房屋买卖合同无效的请求能否得到法律支持?
3. 如果张某的请求不能得到法院的支持,张某对王某的擅自处分行为可采取何种处理办法?

第十五章 遗产的处理

继承开始后,遗产转归全体继承人共同共有。继承人应当以遗产为限清偿被继承人的生前债务。无人继承、无人受遗赠的遗产归属于国家所有,死者生前为集体经济组织成员的,遗产归集体经济组织成员所有。

一、遗产债务的清偿

根据权利义务相一致的原则,继承人接受继承,应当承受被继承人的财产权利和财产义务。遗产债务的清偿应当符合以下条件:(1)遗产债务的范围为被继承人所欠债务。(2)遗产债务的承担主体为继承权人。继承人放弃继承的,可以不负偿还责任。(3)继承人承担遗产债务的范围,以被继承人的遗产为限。(4)清偿债务优先于执行遗赠。(5)保留必留份。(6)共同继承人对遗产债务承担连带清偿责任。

(一)案情简介

案例

1985年,李详明雇用两个待业青年经营饮食业,生意较好。1987年,李详明再婚,1990年妻子王华丧失劳动能力。儿子(与前妻所生)李光、李东和李明均参加工作,生活独立,经济分开。因为李详明经营有方,生意兴隆,于是意图扩大店面。1995年10月,李详明向有关部门申请扩大饮食店,经工商行政管理部门批准,由原先的一间饮食店扩展为楼上楼下共12间经营场所。由于扩建资金不足,李详明向银行贷款10万元。1998年8月,李详明因病住院,后医院确诊为癌症。在李详明住

> 院期间,经营照常进行,但未交纳税款。1999年11月,李详明去世,共欠税款3万元整。李详明生前立有遗嘱,将遗产2万元给负责照看妻子的侄女李男。李明、李东、李光在办完父亲的丧葬事宜后,将父亲的遗产折价出售获12万元人民币。分给李男遗产2万元,其余部分与王华各继承2.5万元。银行与税务机关向法院起诉。要求偿还欠款和税款。

(二) 思考方向

被继承人所欠的债务,应当由继承人在遗产范围限度内负责偿还。因为遗产债务的清偿涉及债权人和继承人双重权利利益的保护,因此法律规定了严格的条件。只有在符合法律规定的条件下,才能按照遗产债务清偿。上述案例中,李详明所欠债务的范围、清偿主体、王华保留必要的遗产份额的问题如何解决,应当依照法律规定的遗产债务的清偿条件加以确定。

(三) 法律规定

1.《继承法》第 19 条 遗嘱应当对缺乏劳动能力又没有生活来源的继承人保留必要的遗产份额。

第 33 条 继承遗产应当清偿被继承人依法应当缴纳的税款和债务,缴纳税款和清偿债务以他的遗产实际价值为限。超过遗产实际价值部分,继承人自愿偿还的不在此限。继承人放弃继承的,对被继承人依法应当缴纳的税款和债务可以不负偿还责任。

第 34 条 执行遗赠不得妨碍清偿遗赠人依法应当缴纳的税款和债务。

2.《继承法意见》第 61 条 继承人中有缺乏劳动能力又没有生活来源的人,即使遗产不足清偿债务,也应为其保留适当遗产。

第 62 条 遗产已被分割而未清偿债务时,如有法定继承又有遗嘱继承和遗赠的,首先由法定继承人用其所得遗产清偿债务;不足清偿时,剩余的债务由遗嘱继承人和受遗赠人按比例用所得遗产偿还;如果只有遗嘱继承和遗赠的,由遗嘱继承人和受遗赠人按比例用所得遗产偿还。

(四) 学理分析

本案中涉及遗产债务的清偿,遗产债务的清偿方法有两种:(1) 先清偿债务后分割遗产。(2) 先分割遗产后清偿债务。遗产已被分割而未清偿债务时,如有法定继承又有遗嘱继承和遗赠的,首先由法定继承人用其所得遗产清偿债务;不足清偿时,剩余的债务由遗嘱继承人和受遗赠人按比例用所得遗产偿还;如果只有遗嘱继承和遗赠的,由遗嘱继承人和受遗赠人按比例用所得遗产偿还。

本案中,李详明遗产实际价值为 12 万元,李详明生前所欠税款和债务为 13 万元,继承人为子李明、李东、李光,配偶王华,受遗赠人李男。王华丧失劳动能力又无生活来源。债务未被清偿遗产即被分割时,应当由法定继承人所得清偿债务,不足部分由受遗赠人李男以其所的偿还;但本案中王华是没有劳动能力又无生活来源的继承人,虽然遗产不足以清偿全部债务,也必须为王华保留适当的遗产份额。

(五) 自测案例

被告陈金生于 2006 年 4 月 28 日向原告杨纯来借款 65000 元,借款期限自 2006 年 4 月 28 日起至 7 月 28 日止,月利率 3%。被告陈金生在借款单的借款位置上签了名。欧阳良选(被告陈向花之子,吴丽屏之夫,欧阳江南、欧阳景山、欧阳玉玲、欧阳丽娜、欧阳景明之父)在借款单上表示愿将其厝字店面一间作为借款抵押物,并提供写明所有权人为他自己的地址在官桥镇中心大厦 507 号房屋的产权证(证号南证房管字第 950060 号)交原告收执。欧阳良选又在借款单上表示:"本人自愿为借款人陈金生提供担保,如债务人到期没有履行还款义务,本人自愿承担连带责任。"欧阳良选还在借款单上的担保人位置上签写自己的姓名。2006 年 7 月 24 日,欧阳良选去世。借款期满后,被告陈金生经原告多次催讨仍没有还款,原告遂向南安市人民法院提起诉讼。

问题:陈向花、吴丽屏、欧阳江南、欧阳景山、欧阳玉玲、欧阳丽娜、欧阳景明是否承担责任?

二、遗产的分割

遗产分割是指在共同继承人之间,按照各继承人的应继份额分配遗产的行为。遗产分割应当按照法定的原则和方法进行。

(一) 案情简介

> **案 例**
>
> 老人季某生前一直居住在包头市昆区,膝下有一女两子。老大是女儿,今年62岁;长子57岁,次子53岁。女儿、长子成家后就另过了,次子季书林于1978年成家后和父母居住在昆区一处平房里,一住就是10年。1988年,季某单位调房,次子季书林一家与两位老人又迁往昆区少先路27#街坊包六中家属楼1室半的楼房内。一住又是10年。次子与父母共同生活20年中,主要照顾两位老人的生活起居。
>
> 季书林的母亲于1995年去世后,其父也于1998年离开了人世。其父去世时,未留遗嘱,遗产有坐落在昆区少先路27#街坊包六中家属楼的楼房一套(评估价值43000元)、近3万元存款。安葬了老人之后,季家姐弟在遗产分割上发生争议。①

(二) 思考方向

父母去世后,子女不论儿子还是女儿都享有平等的继承权。但是,由于子女对父母还有赡养义务,所以在分割遗产时还需要考虑子女是否对父母尽过赡养义务,以及尽过多少赡养义务。对于尽赡养义务较多的子女应当多分些遗产,对于未尽赡养义务的子女应当部分或者少分遗产。本案需要思考的就是三个子女尽到的赡养义务的情况。

---

① 摘编自 http://news.sina.com.cn/s/2003-09-17/10411758162.html,2008年12月12日访问。

（三）法律规定

《继承法》第 13 条 同一顺序继承人继承遗产的份额，一般应当均等。对生活有特殊困难的缺乏劳动能力的继承人，分配遗产时，应当予以照顾。对被继承人尽了主要扶养义务或者与被继承人共同生活的继承人，分配遗产时，可以多分。有扶养能力和有扶养条件的继承人，不尽扶养义务的，分配遗产时，应当不分或者少分。继承人协商同意的，也可以不均等。

第 15 条 继承人应当本着互谅互让、和睦团结的精神，协商处理继承问题。遗产分割的时间、办法和份额，由继承人协商确定。协商不成的，可以由人民调解委员会调解或者向人民法院提起诉讼。

第 29 条 遗产分割应当有利于生产和生活需要，不损害遗产的效用。不宜分割的遗产，可以采取折价、适当补偿或者共有等方法处理。

第 58 条 人民法院在分割遗产中的房屋、生产资料和特定职业所需要的财产时，应依据有利于发挥其使用效益和继承人的实际需要，兼顾各继承人的利益进行处理。

（四）学理分析

本案中，次子季书林尽了较多的赡养义务，分配遗产应当多分。但如何分割遗产呢？一般说来遗产的分割应当坚持以下原则：分割自由原则、互谅互让协商分割原则、物尽其用原则。遗产的具体分割方法包括：实物分割、变价分割、补偿分割、将共同共有转为按份共有的分割。

三万元存款在当事人之间较为容易分配。可以按照尽义务多少按数额进行分配。但房屋如何分割呢？综合本案的实际情况看，房屋由原告季书林继承，按评估价格由季书林给另两位继承人折退房款较为合适。因为季书林对被继承人尽了较多的赡养义务，在遗产分割时本就应当予以照顾，而且其在房屋中生活多年，将房屋分给季书林更符合物尽其用原则。

（五）自测案例

1. 被告杨枚的丈夫李云志生前是一名教师，因被打成"右派"而入狱。为此李云志的前妻与李云志离了婚，他们的两个女儿李敏、李婕随母亲生活。后来,李云志得以平反,并于1973年与杨枚结了婚。杨枚与前夫生有一子一女,儿子周武独立生活,女儿周文因未成年,跟随李云志和杨枚共同居住直至成家。2001年李云志因病去世,留下住房一套、存款4万元。李云志的去世,引起了子女间的遗产争夺。先是李云志与前妻的两个女儿要求分得自己依法享有的遗产,接着杨枚的两个子女也参加到遗产争夺中来,闹得杨枚终无宁日。

问题:该笔遗产应当如何分割?

2. 费宝珍与费翼臣婚生三女一子,在无锡市有房产一处共241.2平方米。1942年长女费玉英与周福祥结婚后,夫妻住在费家,随费宝珍生活。次女费秀英、三女费惠英相继于1950年以前出嫁,住在丈夫家。1956年费翼臣、费宝珍及其子费江迁居安徽,无锡的房产由长女一家管理使用。1958年私房改造时,改造了78.9平方米,留自住房162.3平方米。1960年费翼臣病故,费宝珍、费江迁回无锡,与费玉英夫妇共同住在自留房内,分开生活。1962年费玉英病故。1985年12月,费宝珍、费江向法院起诉,称此房为费家财产,要求周福祥及其子女搬出。周福祥认为,其妻费玉英有继承父亲费翼臣的遗产的权利,并且已经占有、使用40多年,不同意搬出。原审在调查过程中,费秀英、费惠英也表示应有她们的产权份额。

问题:该产权能否作为遗产分割,如何分割?

三、无人继承又无人受遗赠的财产的处理

无人继承的遗产是指没有继承人或受遗赠人承受的遗产。无人继承的遗产依法应当归国家或生前所在的集体所有制组织所有。

(一) 案情简介

案例

1975年被告马以荣原住房屋因国家建设拆迁,经人介绍并见证,典进戴凤英的玉带路75号四小间房屋,典契载明:"玉带路86号(原门牌号)戴凤英有破旧瓦房四小间现要倒塌,典与马以荣,计人民币五百元,

不拿房租,不限年限,房屋由马以荣修建为两大间、一厨房,与戴凤英无关,修建费由马以荣负责。以后如戴凤英收回房子,除掉交五百元房金外并付给马以荣全部修建费用。"典契签订后,钱、房两清,马以荣即将房屋改建为三间,另有一天井,嗣后又增建了院墙、自来水等设施,居住使用至今。1980年,戴凤英丈夫死亡,原告沈玉根(戴凤英的侄子,戴凤英再无其他亲人)搬至玉带路陶家巷6号与戴凤英共同生活,承担了戴凤英的一切生活费用(包括医疗)和死后殡葬义务。1988年被告马以荣经城建部门批准,欲将房屋翻建为楼房,戴凤英曾出面阻止,致翻建未成。1993年戴凤英去世。1994年原告沈玉根以对其叔祖母戴凤英生前进行了赡养和死后遗留给其典契为据向原审人民法院提起诉讼,要求回赎房子。

(二) 思考方向

无人继承的遗产和无人承认继承的遗产是不同的。只有确定没有继承人时,才能认定该遗产为无人继承之遗产,因此应当严格确定无人继承的遗产范围。在上述案例中,戴凤英的遗产能否认定为无人继承的遗产,应当依照有关无人继承遗产范围的理论加以确定。

(三) 法律规定

《继承法》第32条　无人继承又无人受遗赠的遗产,归国家所有;死者生前是集体所有制组织成员的,归所在集体所有制组织所有。

第33条　继承遗产应当清偿被继承人依法应当缴纳的税款和债务,缴纳税款和清偿债务以他的遗产实际价值为限。超过遗产实际价值部分,继承人自愿偿还的不在此限。继承人放弃继承的,对被继承人依法应当缴纳的税款和债务可以不负偿还责任。

第14条　对继承人以外的依靠被继承人扶养的缺乏劳动能力又没有生活来源的人,或者继承人以外的对被继承人扶养较多的人,可以分配给他们适当的遗产。

(四）学理分析

首先,戴凤英的遗产为无人继承的遗产。无人继承的遗产是指没有继承人或受遗赠人承受的遗产。从实践来看,无人继承的遗产主要包括:(1)没有法定继承人、遗嘱继承人和受遗赠人的遗产;(2)法定继承人、遗嘱继承人全部放弃继承,受遗赠人全部放弃受遗赠的遗产;(3)法定继承人、遗嘱继承人全部丧失继承权,受遗赠人全部丧失受遗赠权的遗产。戴凤英无法定继承人,沈玉根并非戴凤英的法定继承人。

其次,沈玉根可以分得戴凤英的全部遗产。我国继承法通过如下方式处理无人继承遗产。原则上,死者是集体所有制组织成员的,归所在的集体所有制组织有,否则归国家所有。在例外情况下,对继承人以外的依靠被继承人扶养的缺乏劳动能力又没有生活来源的人,或者继承人以外的对被继承人扶养较多的人,可以分配给他们适当的遗产。对此,《继承法意见》第57条规定:"遗产因无人继承收归国家或集体组织所有时,按继承法第十四条规定可以分给遗产的人提出取得遗产的要求,人民法院应视情况适当分给遗产。"何谓适当遗产应当视具体情况而定,必要时可以是遗产的全部。沈玉根对戴凤英尽了生养死葬的义务,可以考虑分给全部遗产。而遗产本身包括被继承人生前享有的财产权利,典权属于可以作为遗产的权利,因此沈玉根有权分得戴凤英包括典权在内的全部遗产。

（五）自测案例

朱北安1956年10月来到王家做保姆,照料当时刚出生的王晓和王兵,直到1969年。朱北安与两姐弟之间建立起了深厚的感情。两姐弟工作后,常寄钱给朱北安(1983年至1996年间共计1617元),平时过年、过节也看望朱北安。朱北安无儿女,且无工作,丧失劳动能力后,受到部队官兵及邻居、社会好心人的照顾,且一直作为国家救济对象,不仅免除了所住公房的房租,同时每月从国家民政部门领取最低生活保障救助金,其中1997年1月至1999年9月,朱北安每季度领取375元,从1999年10月至2000年12月,每季度领取450元。2001年1月,朱北安去世后,居委会干部及其邻居在清理遗物时,意外地发现了老人留下的19323.93元钱。为该遗产的继承问题,居委会与王氏姐弟发生争议。

问题:该遗产应当如何处理?

第十六章 涉外继承

涉外继承是指具有涉外因素的财产继承法律关系。我国涉外继承的准据法是：动产继承适用被继承人住所地法；不动产适用不动产所在地法律。对于外国人在我国的无人承受的遗产则依遗产所在地法律处理。

（一）案情简介

> **案例**
>
> 中国公民白敬起1949年留居德国，并与英国公民安娜结婚，生有一子白汤姆。20世纪70年代二人双双加入德国国籍。1988年2月10日，白敬起在中国去世，在中国留有个人遗产房屋1栋，价值200万元，有母亲去世时留给他的钻石戒指1枚，价值3万元。白敬起在国内尚有父亲白万。白万在中国起诉要求继承儿子白敬起的遗产。

（二）思考方向

涉外因素是指继承法律关系的要素或者与遗产继承有关的法律事实中有的涉及外国。主要包括主体涉外、客体涉外以及与继承有关的法律事实涉外。本案纠纷是否属于涉外纠纷以及如何解决需要依照我国相关的法律确定。

（三）法律规定

1.《民法通则》第149条 遗产的法定继承，动产适用被继承人死亡时住所地法律，不动产适用不动产所在地法律。

2.《继承法》第36条 中国公民继承在中华人民共和国境外的遗产或

者继承在中华人民共和国境内的外国人的遗产,动产适用被继承人住所地法律,不动产适用不动产所在地法律。外国人继承在中华人民共和国境内的遗产或者继承在中华人民共和国境外的中国公民的遗产,动产适用被继承人住所地法律,不动产适用不动产所在地法律。中华人民共和国与外国订有条约、协定的,按照条约、协定办理。

3.《民事诉讼法》第34条 下列案件,由本条规定的人民法院专属管辖:(一)因不动产纠纷提起的诉讼,由不动产所在地人民法院管辖;(二)因港口作业中发生纠纷提起的诉讼,由港口所在地人民法院管辖;(三)因继承遗产纠纷提起的诉讼,由被继承人死亡时住所地或者主要遗产所在地人民法院管辖。

(四)学理分析

首先,对该案件我国法院有管辖权,我国法院可以受理白万的起诉。我国涉外继承的案件实行专属管辖。涉外继承需要通过冲突规范确定准据法,决定适用哪一个国家的法律。由于不同国家关于继承问题的规定差别很大,因而,适用哪一个国家的法律,直接影响到涉外继承的处理后果。所以,各国为维护本国公民的利益和保护本国境内的财产利益,对涉外继承案件多实行专属管辖。在国际上,一般是以被继承人的国籍、被继承人的住所或遗产所在地为依据,确定涉外继承案件的管辖权。所以,被继承人本国法院、被继承人住所地法院、遗产所在地法院都对涉外继承案件有管辖权。当然,具体涉外继承案件应由哪国法院管辖,应通过冲突规范加以确定。在我国,对于涉外继承案件亦实行专属管辖。我国《民事诉讼法》第34条规定:"不动产纠纷提起的诉讼,由不动产所在地人民法院管辖。""因继承遗产纠纷提起的诉讼,由被继承人死亡时住所地或者主要遗产所在地人民法院管辖。"

其次,对于白敬起房屋的继承,应当适用我国法律;对戒指和其他财产的继承,应当适用德国法律。我国《继承法》第36条规定:"中国公民继承在中华人民共和国境外的遗产或者继承在中华人民共和国境内的外国人的遗产,动产适用被继承人住所地法律,不动产适用不动产所在地法律。"《民法通则》第149条也规定:"遗产的法定继承,动产适用被继承人死亡时住所地法律,不动产适用不动产所在地法律。"由于白敬起遗留的价值200万元的房屋在我国境内,应当适用我国法律。尽管白敬起在中国死亡,但其住所地在德国,所以其不动产应当适用德国法律。

(五) 自测案例

1. 何其茂是香港人,有两个儿子:何德纳、何德素,妻子于1989年去世。1992年8月,何其茂经朋友介绍,认识了深圳丧偶的孔冬美女士,二人于1993年1月结婚。何其茂在香港还有母亲和生意,与孔冬美结婚后即在深圳与香港之间奔波,并于1994年6月在深圳投资20万元兴建厂房建立了K服装厂,孔冬美的儿子冯举出任经理。1996年12月14日,何其茂在深圳逝世。除上述资产外,何其茂在香港还有存款261万港币。由于香港的法律为妻子保留特殊的份额,何德纳、何德素要求按内地的法律分割父亲的遗产,而孔冬美知道后坚决要求适用香港的法律。而且双方对遗产的范围产生分歧。①

问题:继承何其茂遗产应适用内地的还是香港的法律?

2. 刘汉源与汪家旺有五个子女,即原告(刘岳华、刘靖华、刘湘华、刘树华)、被告(刘复华)。新中国成立前夕刘汉源定居台湾,汪家旺携子女在大陆生活,汪于1977年去世。刘汉源自1988年起五次回大陆探亲。1994年7月最后一次回长沙,居住在刘复华处,主要由刘复华照顾其生活,其所有财物也由刘复华保管。刘岳华、刘靖华、刘湘华、刘树华由于各种原因很少探望。1995年2月8日,刘汉源在水利电力部中南勘测设计院职工医院病逝。刘汉源生前由台湾汇款五笔至刘复华处,计17.031万美元,折合141.87万元人民币。刘汉源去世后,由刘复华出资5.1万元在刘树华处办理了丧事(尚未结账),另支付刘汉源住院费0.2万元,汪家旺迁坟费0.2万元。原告要求对刘汉源的遗产进行分割,被告则认为刘汉源无遗产,故原告诉至法院。②

问题:本案应当适用大陆地区的法律还是台湾地区的法律?

---

① 田岚、夏吟兰著:《婚姻家庭继承法教学案例》,中国政法大学出版社1999年版,第249—250页。

② 摘自http://www.lawyee.net/Case/Case_Display.asp? RID=24070&KeyWord=丧失继承权,2008年12月14日访问。

自测案例答案申请表

尊敬的老师：

您好！感谢您一直以来对北大出版社图书的关爱。北京大学出版社以"教材优先、学术为本"为宗旨，主要为广大高等院校师生服务。为了更有针对性地为广大教师服务，满足教师的教学需要、提升教学质量，在您确认将本书作为教学用书后，请您填好以下表格，通过电子邮件发回，我们确认后，将向您提供自测案例答案。在您教学过程中，若有任何建议也都可以和我们联系。

书号/书名	
您的姓名	
系	
院校	
您所主授课程的名称	
每学期学生人数	学时
您目前采用的教材	书名_____ 作者_____ 出版社_____
您的联系地址	
联系电话	
E-mail	
您对北大出版社及本书的建议：	

我们的联系方式：

北京大学出版社法律事业部

地　　址：北京市海淀区成府路205号　　　联系人：李铎

电　　话：010-62757785　　　　　　　　传　真：010-62556201

电子邮件：bjdxcbs1979@163.com

网　　址：http://www.pup.cn

北大出版社市场营销中心网站：www.pupbook.com

本案例配套教材

婚姻家庭继承法学
马忆南　著
定价：35.00元
ISBN 978-7-301-12417-8/D·1796

【内容简介】　本教材对婚姻家庭继承法进行了系统的介绍，并吸取了最新的立法、司法和学术研究成果，对学科体系结构和内容都作了新的设计；在系统描述婚姻家庭继承法知识的基础上，突出了以下三点：第一，精阐原理；第二，结合实践；第三，关注前沿。全书各章附有复习思考题、法规与司法解释以及阅读参考文献。

【作者简介】　马忆南，北京大学法学院教授、中国法学会婚姻家庭法学研究会副会长。